이 책은 소중합니다. 이 책에서 다루는 주제인 '주일'에 대한 이해가 지극히 소중하기 때문입니다. '주일'에 대한 올바른 이해와 실천은 그리스도인을 가장 그리스도인다운 모습으로 빚어주는 관건입니다. 그것은 그리스도인에게 신앙의 이유와 그 은택을 가장 풍성히 밝히며 또한 제공합니다. 이 책은 하나님을 예배하는 사람인 그리스도인에게 성경의 교훈과 그것에 따른 적절하면서도 필연적인 논리적 결론에 따라서 주일은 무엇이며 어떻게 지내야 하는지를 교훈합니다. 참으로 소중한 교훈을 담고 있습니다. 주일에 약속하신 안식이란 단순히 노동의 중지라는 의미에서의 휴식이 아니라, 하나님을 예배하는 데 있음을 강조합니다. 하나님을 예배하는 날이라는 관점에서 바로 주일을 어떻게 지내야 하는지를 풀어갑니다. 하나님을 예배하는 일이 하나님을 사랑하며 영화롭게 하는 일이라는 사실에 기초하여, 저자는 주일을 공예배에 초점을 맞추고 남은 하루를 상업적 일이나 세속적 오락을 행하지 않는다는 것의 의미를 밝혀줍니다. 그렇게 할 때 주일을 지키는 일이 결코 율법주의가 아니며, 도리어 하나님을 사랑하는 일임을 역설합니다. 현대 신앙의 세속화가 심화되는 이즈음에, 하나님의 교훈의 무지에 답을 주고, 경건을 회복하는 좋은 지침이며 도전이 됩니다. 그리스도를 사랑하는 모든 그리스도인이 마음에 담아둘 책입니다. 꼭 읽으시기를 바랍니다.

—김병훈, 합동신학대학원대학교 조직신학 교수

이 귀한 책은 주일을 억지로 지키는 사람들(율법주의형), 굳이 안 지켜도 된다고 생각하는 사람들(반율법주의형), 오락하듯이 놀면서 지켜도 된다고 생각하는 사람들(세속주의형)뿐 아니라, 주일을 잘 지키고 싶은 경건한 마음을 가진 모두에게도 반드시 필요한 책이다. 이 책 속에 왜 주일이 "영혼의 장날"이요 "즐겁고도 존귀한 예배의 날"이며 일주일 중에 가장 중요한 날인지가 놀랍도록 빠짐없이 담겨 있다.

—박재은, 국제신학대학원대학교 조직신학 초빙교수

일요일 아침 일찍 일어나 수많은 예배 중 하나를 선택해 7시 즈음 1시간 남짓 예배드린다. 그리고는 등산 가고 영화 보고 낮잠까지 푹 자고 일어나서는 이렇게 말한다. "이 정도면 하나님이 기뻐하시겠지?" 과연 이러한 모습을 가리켜 주일을 잘 보냈다고 말할 수 있을까? 아쉽게도 요즘 우리 주변에서 심심찮게 볼 수 있는 장면이다.

주일성수는 십계명의 가르침 중 한 부분이다. 살인하면 안 되고(제6계명), 간음하면 안 되듯(제7계명), 주일을 거룩하게 지켜야 한다(제4계명). 살인과 간음에 분노하듯 주일을 소홀히 한 것에 대해 분노해야 한다. 주일은 교회 역사에서 '영혼의 장날'로 불렸고, 다른 날과 달리 구별되어야 할 날이었다. 거룩한 성도들은 항상 주일 성수자들이었다.

여기 주일 성수에 관한 탁월한 책이 있다. 이 책은 주일 개념을 성경, 신앙고백, 교회사에 따라 논리적으로 설명한다. 어떻게 제4계명을 지켜야 할지를 친절하게 보여준다. 오늘날 주일 성수를 등한시하는 교회의 세속화 경향을 탁월하게 분석한다. 제4계명 실천에서 범하기 쉬운 율법주의의 오류를 예리하게 지적한다. 게다가 제4계명의 실천이라는 하나의 주제를 무려 270여 페이지나 할애하여 풍성하게 설명한 책은 지금껏 없었다. 내가 십계명에 관한 책을 쓰기 전에 이 책이 나왔더라면 얼마나 좋았을까?

저자 맥그로우는 『그리스도인이란 무엇인가?』라는 책을 통해 기독교의 기본 진리를 간명하고도 분명하게 잘 설명한 분이다. 그러니 염려나 의심

말고, 믿고 읽은 뒤 개혁하여 실천하자. 제4계명을 통해 그리스도인의 삶을 세상에 나타내자. 아참! 이 책은 무조건 이번 달 우리교회 추천도서다.

— 손재익, 한길교회 담임목사, 『십계명, 언약의 10가지 말씀』, 『특강 예배모범』 저자

『예배의 날』은 주일 성수를 성경과 개혁교회의 신조로부터 품위 있게 제대로 정리하고 확신시키는 책이다. 본서는 주일 성수를 거리낌으로가 아니라 긍정적이고 능동적으로 대하게 한다. 곧 주일 성수를 금지의 법이나 단순하게 쉬는 날의 관점이 아니라 예배의 날이요 삼위 하나님과 누리는 교제의 기쁨에서 접근한다. 나아가 주일 성수는 율법주의의 강요가 아니라 오히려 율법주의에 빠진 성경 해석자들에게 진정한 해방을 준다는 것을 강조한다. 특히 본서는 세속화에 대한 경고와 함께 주일 성수로 누릴 복을 강조한다. 한국 교회 안에서도 세속화가 가속되고 있는 이때에 주일을 예배로 성수하면서 말씀대로 살기를 원하는 모든 교인이 읽을 필독서이다.

— 유해무, 고려신학대학교 교의학 은퇴교수

웨스트민스터 신앙고백서의 전통을 유지하는 사람들은 주일을 그리스도인의 안식일로 언급하면서 이를 힘써서 지키려고 한다. 이는 그리스도의 부활로 말미암아 어떻게 유대인의 안식일에서 그리스도인의 안식일로 변화되었는지를 인정하는 구속사적인 행위이며, 또한 그럼에도 불구하고 어떻게 안식일의 정신이 우리에게 있는지를 잘 드러내는 작업이다. 여기 이런 전통을 분명히 하면서 주일이 왜 우리들의 예배일이며, 동시에 바르게 예배하기 위해서 그날에 다른 일들을 쉬는 것이 필수적인지를 제시하는 좋은 책이 우리에게 주어졌다. 찬찬히 묵상하면서 안식일에서 주

일에로의 변화가 어떻게 십자가와 부활을 의미 있게 생각하는 것인지를 생각했으면 한다. 그리고 이 시대에 어떻게 주일을 보내야 하는지를 깊이 생각하는 좋은 계기가 될 수 있었으면 한다. 주일을 그저 말로만이 아니라 진정 주님의 날로 보내기를 원하는 모든 분들께 이 책을 추천한다.

-이승구, 합동신학대학원대학교 조직신학 교수

리처드 백스터는 그의 책 『성도의 영원한 안식』에서 "안식이란 성도의 몸과 영혼이 최고로 완성된 상태에서 하나님의 영광을 가장 가까운 곳에서 바라보며 즐거워하는 것"이라고 정의하고 있다. 그렇다면 안식일이란 이 영원한 안식을 지상에서 누리게 하시는 하나님의 축복된 날이다. 우리의 신앙의 선배들은 이 축복을 "주일 성수"라는 말로 가르쳤다. 그 가르침을 따라 우리는 주일에는 육신의 일과 오락을 그치고 오직 하나님을 예배하는 일과 기도하는 일, 성도의 교제를 위하여 사용해야 했었다. 그러나 지금은 이러한 교훈이 희미한 흔적만 남은 상태이다. 맥그로우는 주일과 주일 성수를 소홀히 하는 이러한 현상의 배후로 세속주의가 교회에 침투한 것과 연관시키고 있다. 그는 주일을 경시하는 풍조가 교회를 약화시키는 가장 큰 원인 중 하나라고 지적하면서 교회가 하나님의 가장 큰 축복을 상실하는 불행을 겪게 될 것을 염려하고 있다. 그러나 저자는 이에 그치지 않고 이사야 58장 14절의 안식일과 관련된 종말론적 약속을 확신하면서 주일 성수가 교회의 영적 부흥을 가져올 것을 소망한다. 맥그로우의 메시지는 우리 시대를 새롭게 하고 다음 세대를 세우는 데 꼭 필요한 메시지이다. 이 책의 메시지를 통해 주일과 관련된 하나님의 축복을 회복하고 조국 교회의 영적 부흥이 이루어지기를 기도한다.

-장호익, 서대신교회 담임목사, 조에(조나단 에드워즈)클럽 대표

지난 15년 동안, 제4계명의 본질과 목적 및 많은 사람이 청교도적 안식일로 일컫는 것에 대한 관심이 새롭게 고조되었다. 하나님의 은혜로 주일을 좀 더 온전하게 이해해 지킬 수 있도록 도와주는 대화가 시작되었다. 그런 대화 속에서 들려오는 라이언 맥그로우 목사의 목소리에 귀를 기울여야 할 필요가 있다. 그는 '나는 주일 성수를 소홀히 하는 현상이 이처럼 만연하게 된 이유 가운데서 가장 일차적이고, 근본적인 이유라고 느끼는 것을 다루는 데 초점을 맞추었다.'라고 말했다. 맥그로우 목사의 책에는 기독교의 안식일에 새롭게 적용할 수 있는 성경적인 통찰력이 넘쳐난다. 나는 이 책을 통해 많은 도움을 받았다. 이 책을 읽는 다른 사람들도 모두 그럴 것이라고 확신한다.

－조셉 파이파 주니어, 그린빌 장로교신학교 학장

십계명 중에서 아홉 개의 계명만 믿는 그리스도인들이 너무나도 많다. 안식일에 언약의 하나님이신 성삼위 하나님을 예배하라는 계명이 부적절하거나 구속력이 없는 명령처럼 취급되고 있다. 이 책의 저자는 유익한 성경 해석과 신학적 사상을 바탕으로 제4계명의 지속적인 타당성과 필요성을 회복해야 할 중요한 이유를 교회에게 새롭게 일깨워주었다. 저자는 율법주의자가 아니다. 그의 논의는 모든 그리스도인에게 매주 주일마다 하나님을 예배하고, 안식을 누리며, 장차 다가올 하늘나라를 미리 맛보라고 권고한다.

－J.V. 페스코, 캘리포니아 웨스트민스터신학교 조직신학 부교수 겸 학과장

이 책은 안식일 준수에 관해 매우 새로운 목회적 가르침을 제공한다. 저자는 성경을 토대로 기독교의 안식일을 이해하는 데 필요한 중요한 원리

들을 제시했다. 그는 안식일을 지키기 싫어하는 현상의 배후에는 세상을 사랑하는 마음이 도사리고 있다는 것을 설득력 있게 논의했다. 이 책에는 제4계명을 지키는 데 도움이 되는 실천 방법이 많이 들어있다. 이 책은 단순히 요즘에 나온 안식일에 관한 책들을 개작한 것이 아니다. 안식일에 관한 책을 많이 읽은 사람들은 이 책을 통해 스스로의 지식을 보완할 수 있고, 또 개인적인 경건을 진작시켜 나갈 수 있을 것이다."

—월터 챈트리, 「Call the Sabbath a Delight」의 저자

예배의 날

예배의 날

지은이   라이언 M. 맥그로우
옮긴이   조계광
초판 발행 2019. 10. 28.
등록번호 제2018-000357호
등록된 곳 서울특별시 강남구 선릉로107길 15, 202호
발행처   개혁된실천사
전화번호 02)6052-9696
이메일   mail@dailylearning.co.kr
웹사이트 www.dailylearning.co.kr

책값은 뒤표지에 있습니다.
ISBN 979-11-89697-02-0 03230

개혁된
실천
시리즈

제4계명의 개혁된 실천

예배의 날

THE DAY OF WORSHIP

라이언 M. 맥그로우 지음

조계광 옮김

개혁된실천사

목차

감사의 글 · **12**

머리말 · **14**

1장 안식일의 일반적인 중요성 · **21**

2장 예배의 날의 중요성 · **46**

3장 이사야서 58장 13, 14절에 부여된 여러 가지 전제 · **62**

4장 이사야서 58장 13, 14절이 금지하는 것과 명령하는 것 · **78**

5장 세속성 · **101**

6장 무엇이 사라졌는가 · **121**

7장 개혁과 율법 적용 원칙 · **140**

8장 몇 가지 일반적인 실천 방법 · 158

9장 이것이 율법주의인가 · 175

10장 영원한 안식일 · 211

부록 1: 안식일의 성경적 근거 · 240

부록 2: 제이 애덤스의 《오늘날에도 안식일을 지켜야 하는가》에
　　　대한 서평 · 264

감사의 글

웨이드 화이트콤(Wade Whitecomb) 목사에게 특별한 감사를 드립니다. 그분은 몇 년 전에 내가 젊은 신자였을 때 나의 안식일 계명 어기는 모습을 꾸짖어주셨으며 주의 날에 관한 파이파 박사(Dr. Pipa)의 책을 읽도록 이끌어주셨습니다. 또한 조셉 파이파 박사에게 감사합니다. 그분은 믿음 안에서 아버지이자 멘토가 되어주셨으며 그분의 가정을 통해 기쁨이 넘치는 안식일 준수의 예를 보여 주셨습니다. 그분의 사역은 나의 영혼에 말로 표현할 수 없을 만큼 영향을 미쳤습니다. 한편 레포메이션 헤리티지 북스(Reformation Heritage Books)의 편집 팀은 책의 문체와 관련하여 매우 유용한 여러 제안을 해주어 더 나은 책을 쓸 수 있게 해주었습니다. RHB의 출판 책임자인 제이 콜리어(Jay Collier)에게 진심으로 감사합니다. 그분은 나의 책에 관심을 갖고 끊임없는 격려를 해주셨습니다. 조엘 비키 박사는 진리를 매력적으로 제시하는 본을 보여주셨고, 기타 경험적 경건에 대한 그의 사랑, 그의 겸손함, 그의 친절함 등을 통해 작가로서, 사역자로서, 그리고 그리스도인으로서 내게 큰 도움을 주었습니다. 비키 박사는 이 책 말고도 수많은 다른 아티클과 다른 일들에 관해서도 참으로 많은 도움과 격려를 주셨습니다. 나의 장모 되시는 실비아 스티븐스(Sylvia Stevens)는 편집과 관련한 탁월한 제안을 해주기 위해 많은 시간을 기꺼이 사용해주셨습니다. 나의 글에 어느 정도의 명료함이 보인다면 대부분 그분에게서 배운 것 덕분입니다. 또한 이 책에 나오는 가르침의 대부분을 성도석에서 잘 들어준 것에 대해 사우스캐롤라이나주 콘웨이에 위치한 그레이스장로교회에 감사합니다. 이 책이 이 사랑하는 회중의 모든 멤버들의 영혼에 유익되게 사용되기를 기도합니다. 마지막으로, 나의 아내인 크리스타(Krista)는 이 땅에서 내가 하는 모든 수고 안에서 나의 가장 큰 격려이자 축복입니다. 그녀는 나의 최고의 동료이자 삼위일체 하나님 외에 나의 가장 큰 기쁨입니다. 나와 함께 이 책을 읽어주고 기도와 교제로 나의 사역 중에 나의 손을 강하게 해준 것에 감사합니다.

  궁극적으로, 이 책 안에 무엇이든지 열매 맺을 만한 것이 있거든 그 모든 영광은 아버지와 아들과 성령님께 돌아가길 원합니다. 주여, 이 책의 글을 복주시고, 교회가 이 책으로부터 최고의 유익을 얻을 수 있게 교회를 복 주사 영광을 받으소서.

머리말

새 신자였을 때는 십계명의 제4계명(안식일)에 특별한 관심을 기울이지 않았다. 주일에는 직업 활동은 물론, 다른 날에 적법한 대화나 오락마저도 삼가야 한다는 목회자의 말은 나를 놀라게 했다. 그는 주일에는 하나님이 천국을 미리 맛보게 하려고 공예배와 개인 예배의 의무를 이행하는 일에 시간을 오롯이 바치도록 정해 놓으셨다고 가르쳤다. 나는 그 후로 성경에 근거해 주일, 곧 기독교의 안식일을 지키는 방법을 살펴보았고, 마침내 그날이 지극히 크고 보배로운 약속이 주어진 "영혼의 장날"이요, 일주일 중에 가장 중요한 날이라는 사실을 깨닫게 되었다.

이 책의 목적은 주일이 예배의 목적을 위해 거룩히 구별된 날로 정해졌고, 그런 일차적인 목적이 실제로 주일을 지키는 방법을 결정짓는다는 사실을 보여주는 데 있다. 한때는 장로교회, 침례교회,

감리교회, 회중교회, 네덜란드 개혁교회는 물론, 심지어는 일부 성공회 교회들까지도 기독교의 안식일인 주일을 지키는 방법에 대해 근본적인 일치를 이루었다. 이들 교단은 이른바 안식일에 관한 청교도의 견해를 공유했던 것이다. 청교도의 견해는 〈웨스트민스터 소요리문답〉에 이렇게 요약되어 있다. "안식일에는 온종일 거룩한 안식을 취하면서 불가피한 일이나 긍휼을 베푸는 일을 제외하고는 다른 날에 합법적으로 용인되는 세속적인 직업 활동과 오락까지도 모두 중단하고, 공적으로나 사적으로 하나님을 예배하는 일에 시간을 온전히 바쳐 거룩히 지켜야 한다."(60문). 오늘날에는 이런 견해를 주 예수 그리스도의 복음과 모순되며, 성경적 근거가 없는 율법주의로 간주해 무시하는 사람들이 많다. 심지어 개혁교회 안에서조차 이 입장을 성경적으로 옹호하는 말을 한 번도 들어보지 못한 사람들이 적지 않다. 내가 이 책을 쓴 이유는 "웨스트민스터 표준문서"가 제안하는 주일 성수 방법에 관한 성경적 근거를 제시하기 위해서다. 이 책은 익숙한 설교체로 여러 편의 설교를 직접 전하는 듯한 형식으로 구성되어 있다.

　최근에 주일 성수와 관련하여 이런 입장의 기본 취지를 훌륭하게 옹호한 책이 몇 권 출간되었다. 그러나 많은 사람이 그런 책들을 읽고서도 여전히 확신을 갖지 못하고 있다. 이 책의 내용은 10여 년에 걸친 연구와 교인들과의 다양한 의견 교환을 바탕으로 꾸며졌다. 나는 다른 저자들과는 다른 각도에서 웨스트민스터 표준문서의 입장을 뒷받침하는 성경적 근거를 제시함으로써 많은 사람의 양심을 만족하게 하는 방식으로 주일 성수의 문제들을 다루려고 노력했다. 따라서 이 책은 조셉 파이파, 월터 챈트리, 이얀 캠벨과 같은 사람들이 저술한 훌륭한 책들과 내용이 거의 중첩되지 않는다.[1] 나는 주일 성수를 소홀히 하는 현상이 이처럼 만연하게 된 가장 근본적이고, 일차적인 원인을 다루는 데 초점을 맞추었다.

먼저 1장과 2장은 성경에 근거해 주일 성수의 중요성을 다룬다. 나는 현대 개혁주의 공동체가 대체로 이 문제의 중대성을 과소평가해 왔다고 믿는다. 내가 성경에 근거해 주일 성수의 중요성을 가장 먼저 다루는 이유는 이 책의 나머지 내용을 위한 방향을 설정함과 동시에 교회에 이 문제의 심각성을 주지시켜 마음과 열정을 기울여 이 주제를 신중히 연구하도록 독려하기 위해서다.

3장과 4장은 이사야서 58장 13, 14절 해석에 영향을 미치는 요소들을 살펴보는 데 그 초점이 있다.

"만일 안식일에 네 발을 금하여 내 성일에 오락을 행하지 아니하고 안식일을 일컬어 즐거운 날이라, 여호와의 성일을 존귀한 날이라 하여 이를 존귀하게 여기고 네 길로 행하지 아니하며 네 오락을 구하지 아니하며 사사로운 말을 하지 아니하면 네가 여호와 안에서

---

1) Joseph A. Pipa, *The Lord's Day* (Fearn, U.K.: Christian Focus, 1996); Walter Chantry, *Call the Sabbath a Delight* (Edinburgh: Banner of Truth, 1991); Iain Campbell, *On the First Day of the Week: God, the Christian, and the Sabbath* (Leominster, U.K.: Day One, 2005.

즐거움을 얻을 것이라 내가 너를 땅의 높은 곳에 올리고 네 조상 야곱의 기업으로 기르리라 여호와의 입의 말씀이니라"(사 58:13,14).

이 본문은 주일 성수에 관한 논쟁에서 종종 핵심적인 역할을 한다. 사안의 전체적인 성패가 이 본문의 해석에 달려 있다. 주일 성수를 반대하는 사람들은 새로운 해석들을 제시하지만 양측 모두 자신들의 결론을 뒷받침해줄 기본적인 신학적 문제들과 문맥적 문제들을 다루는 데는 그다지 큰 관심을 기울이지 않는다. 나는 이 중요하고, 유용한 본문에 관한 이 두 요소를 좀 더 포괄적으로 철저히 다루려고 시도했으며 나아가 해당 장의 마지막 부분에 항목을 하나더 추가해 주일 성수가 교회의 부흥과 개혁에 미치는 영향을 논의했다.

5장과 6장은 주일 성수에 대한 반감이 단지 주석학적이거나 신학적인 문제에만 국한되지 않고, 좀 더 큰 맥락에서 세속주의가 교회에 침투한 징후와 연관이 있다는 점을 밝히는 데 그 초점이 있다. 5장과 6장의 논의와 적용은 주일 성수의 문제를 뛰어넘어 우리가 사는 세상을 바라보는 관점과 신앙생활 전체를 면밀하게 되돌아보도록 독려한다.

7장은 하나님의 율법에 관한 개혁파의 관점을 토대로 주일 성수의 구체적인 방법을 제시한다. 7장은 설혹 이사야서 58장이 기록되지 않았더라도 주일 성수는 우리의 생각과 언행과 여가 활동과 노동에 깊은 영향을 미친다는 점을 보여준다. 나는 신앙생활과 관련해 하나님의 율법을 해석하고, 적용하는 방법을 제시하기 위해 예수님과 사도들을 본보기로 내세웠다. 아울러 8장은 주일 성수에 도움이 되는 구체적인 실천 방법을 몇 가지 소개한다.

하나님의 율법에 대한 개혁파의(또는 성경적인) 견해와 관련해 흔히 제기되는 문제는 율법주의라는 비판이다. 따라서 9장에서는 율법주의의 본질 및 그 원인과 해결책을 살펴볼 생각이다. 어쩌면 독자들은 (토머스 보스턴의 견해에 근거해) 오히려 주일 성수를 비롯해 다른 하나님의 계명들을 해이한 태도로 대하는 것이 복음에 관한 율법주의적인 관점을 드러내는 징후라는 나의 주장에 놀랄는지도 모른다. 오늘날 율법과 복음의 관계에 대한 개혁파의 견해가 개혁파 교회들 안에서 거의 자취를 감추었다. 주일 성수는 좀 더 크고, 심각한 문제의 징후와 관련이 있다.

마지막 장(10장)은 안식일을 천국에 관한 성경의 증언과 결부시켜 주일 성수에 대한 "후험적 논증(a posteriori argument, 주일 성수의 개념이 어디에서 유래되었는지를 밝히는 논증-역자주)을 제시한다. 나는 이런 식으로 기독교의 안식일에 관한 연구를 마무리함으로써 안식일에 관한 웨스트민스터 신조의 관점과 청교도의 관점이 건전한 성경 해석에 근거하고 있고, 율법과 복음의 관계에 관한 성경적 견해를 따르는 것일 뿐 아니라, 신자들이 현세와 내세와의 관계 속에서 자신을 어떻게 바라봐야 하는지를 일관성 있게 표현하고 있다는 확신을 전하고 싶다.

이 책은 앞에서 언급한 책들을 대체하기 위해서가 아니라 보완하기 위해 쓰였다. 그런 이유도 있고, 논의도 간결히 하기 위해 기독교의 안식일이 일주일의 일곱 번째 날에서 첫 번째 날로 바뀌게 된 경위나 안식일이 항구적인 구속력을 지닌 계명이라는 사실은 굳이 다루지 않았다. 이 책을 읽고서도 안식일의 항구적인 성격을 확신하지 못하는 독자가 있다면 부록 1에서 소개한 워필드의 훌륭한 논문을 참고하기 바란다. 아울러 부록 2에는 주일 성수의 원리와 실천을 비판한 한 권의 책(제이 애덤스의 《오늘날에도 안식일을 지켜야 하는가》)에 대한 나의 서평이 실려 있다.

이 책은 주일 성수보다 훨씬 더 많은 문제를 다룬다. 독자들이 이 책을 읽고서도 주일을 거룩한 예배의 날로 지켜야 한다는 확신을 갖지 못한다면 나는 실망할 것이 틀림없다. 그럴 경우, 만일 나의 목적이 단지 주일을 예배의 날로 거룩히 구별해야 한다는 확신을 심어주는 것뿐이라면 결국 내가 원하는 목적을 전혀 이루지 못한 셈이 되고 말 것이다. 그러나 이 책은 복음이 요구하는 순종, 신자와 불신 세상과의 관계, 율법과 복음의 관계, 영원한 삶에 대한 소망과 같은 훨씬 더 중요한 문제들을 다룬다. 설혹 주일 성수에 관한 웨스트민스터 표준문서의 입장을 받아들이지 않는다고 하더라도 주님이 이 책을 도구로 사용해 이런 근본적인 문제들에 대한 많은 사람의 생각을 바로잡아주시기를 바라는 마음 간절하다.

이 책에서 무엇이든 자신의 영혼에 유익한 것을 발견하거든 하나님께 감사와 영광을 돌리기를 바란다. 아무쪼록 안식일의 주인이신 위대한 주님이 이 책을 통해 자신의 날을 회복시켜 그 기쁘신 뜻대로 계획하신 복된 목적을 이루어 주시기를 진심으로 기도한다.

1장
안식일의 일반적인 중요성

20세기에는 흡연을 즐기는 사람들이 많았다. 흡연이 건강에 해롭다는 것을 진지하게 생각했던 사람은 별로 없었다. 그러나 지금은 사회가 또 다른 극단에 치우칠 정도로 상황이 크게 변했다. 요즘에는 공공장소에서 흡연을 허용하지 않는 곳이 대부분이고, 합법적으로 적당히 흡연을 즐기는 것조차 탐탁하게 여기지 않는 사람들이 많다. 해로운 습관이 한 세대를 죽음으로 몰아넣을 수도 있지만, 그런 의심을 거의 하지 않고 오히려 당연시하는 경우가 종종 있다. 18세기에 해딩턴의 존 브라운은 이렇게 말했다. "안식일을 어기는 것이 큰 죄악인가? 물론이다. 그것은 위대한 사랑을 거스르는 죄이자 다른 많은 죄의 원인이다. 하나님은 안식일에 나무를 하는 사람을 돌로 쳐서 죽이라고 명령하셨고, 안식일을 어긴 민족들을 저주하고, 멸하셨다."[1]

우리는 주일 성수와 관련해 매우 위태로운 시대를 살아가고 있다. 심지어는 주일 성수의 가장 기본적인 요건(주일에 직업 활동을 중단해야 한다는 것)에 관해서조차 대다수 신자가 직장에서 요구한다면 얼마든지 주일에도 직업 활동을 하겠다고 말할 것이 틀림없다. 불편한 마음으로 그런 요청에 응하는 신자들도 더러 있겠지만 어쨌거나 양심을 저버린 채 고용주의 압력에 굴복하기는 매한가지다. 그들은 교회로부터 그렇게 해도 괜찮다는 말을 종종 듣는다. 십계명의 제4계명이 신자들에게 여전히 구속력을 지닌다는 것을 알면서도 주일 성수를 통해 하나님을 예배하고, 그분께 복종하려고 의식적으로 노력하는 사람들은 그다지 많지 않다. 이런 현상은 대다수 신자가 성경이 가르치는 주일 성수의 중요성을 경시하고 있다는 명백한 증거다. 이것은 또한 이 책에서 나중에 다루게 될 좀 더 근본적인 문제들을 드러내는 징후이기도 하다. 이것이 내가 이 책의 서두에서 주일 성수의 유익을 먼저 다루지 않은 이유다. 성경은 안식일을 어기는 행위가 교회를 약하게 만드는 가장 큰 원인 가운데 하나이며, 교회와 국가 위에 하나님의 심판을 불러들이는 계기가 된다고 가르친다. 교회가 그런 무서운 결과를 초래할 수 있는 일을 소홀히 한다면 크나큰 축복을 상실하는 불행을 맞이할 수밖에 없다. 그런 축복을 다시 회복하기 위한 과정은 대개 경각심을 일깨우는 데서부터 출발

---

1) John Brown, *Questions & Answers on the Shorter Catechism* (1846; repr., Grand Rapids: Reformation Heritage Books, 2006), 235.

한다.

나는 이번 장을 통해 주일 성수 문제를 성경이 가르치는 안식일의 중요성에 비춰 깊이 생각해 보라고 간곡히 권유하고 싶다. 안식일은 지엽적인 문제가 아니다. 그것은 교회의 행복과 번영에 큰 영향을 미치는 중대한 문제다. 안식일의 중요성은 그것이 창조 규례를 구성한다는 데서 밝히 드러날 뿐 아니라 그것이 은혜 언약의 표징이고, 성경에서(특히 선지자들에 의해) 자주 언급되었으며, 이스라엘의 유배와 관계가 있고, 예배의 날로서의 목적을 갖는다는 점을 미루어 보아도 그 중요성을 익히 짐작할 수 있다.

창조 규례

기하학을 배우는 학생들은 문제를 풀기 위해 먼저 특정한 공리들을 암기하는 데서부터 시작한다. "공리"는 주어진 분야에서 우리의 생각과 행위를 인도하고, 지배하는 근본 원리를 가리킨다. 하나님은 아담과 하와를 에덴동산에 두시면서 그들과 그들의 후손이 세상에서 살아가는 데 필요한 근본 원리를 몇 가지 정해주셨다. 종종 "창조 규례"로 일컬어지는 이 원리들은 이 세상의 근본 체계 안에 깊이 침투해 있다. 이 원리들은 하나님의 창조 목적 가운데 일부이며, 우리가 알고 있는 이 세상이 존재하는 한 끝까지 지속된다. 창조 규례는 기록된 하나님의 율법은 물론, 심지어는 인간의 타락과 구원이라는 문제와도 따로 독립되어 존재한다.

하나님의 창조 규례 가운데는 결혼, 노동, 안식일이 포함된다. 결혼을 예로 들어 하나님의 창조 규례의 본질과 중요성을 구체적으로 설명하면 다음과 같다. 하나님은 아담에게 친밀한 반려자를 허락하기 위해 결혼 제도를 제정하셨다. 예수님은 이 창조 규례를 본보기로 내세워 모든 창조 규례의 중요성을 강조하고, 그것들을 기반으로 어떤 추론이 가능한지를 보여주셨다. 바리새인들이 이혼과 재혼의 합법성에 관해 질문을 던졌을 때 예수님은 광범위한 영향을 미치는 한 가지 기본 원리를 토대로 결혼에 관한 긍정적인 가르침을 베푸셨다. 그분의 가르침은 창조 규례의 하나인 결혼의 본질에 근거했다. "예수께서 대답하여 이르시되 사람을 지으신 이가 본래 그들을 남자와 여자로 지으시고 말씀하시기를 그러므로 사람이 그 부모를 떠나서 아내에게 합하여 그 둘이 한 몸이 될지니라 하신 것을 읽지 못하였느냐 그런즉 이제 둘이 아니요 한 몸이니 그러므로 하나님이 짝지어 주신 것을 사람이 나누지 못할지니라 하시니"(마 19:4-6). 바리새인들이 이의를 제기하자 예수님은 "본래는 그렇지 아니하니라"(8절)라는 말씀으로 이혼을 논박하는 논증의 요지를 간단히 밝히셨다. 다시 말해 "하나님이 세상을 창조하면서 제정하신 모든 원리는 인류에게 항구적인 구속력을 지닌다. 결혼은 한 남자와 한 여자의 파기될 수 없는 결합으로 제정된 창조 규례 가운데 하나다. 따라서 한 남자와 한 여자의 결합은 피조 세계가 존속하는 한, 절대로 파기될 수 없다."라는 것이 예수님의 논리였다. 하나님이 피조 세계의 근본 체계 안에 구축해 놓으신 것을 어기는 행위는 그분이 인간의 삶을 항구적으로 지배하도록 제정하신 공리적 원리를 거부하는 것이다. 이것이 하나님이 "나는 이혼하는 것을…미워하노라"라고 분명하게 말씀하신 이유다(말 2:16). 이혼은 "하나님이 사랑하시는" 제도를 거부하는 행위다(말 2:11 참조).

안식일도 창조 규례 가운데 하나다. 창세기 2장 1-3절은 "천지와 만물이 다 이루어지니라 하나님이 그가 하시던 일을 일곱째 날에 마치시니 그가 하시던 모든 일을 그치고 일곱째 날에 안식하시니라 하나님이 그 일곱째 날을 복되게 하사 거룩하게 하셨으니 이는 하나님이 그 창조하시며 만드시던 모든 일을 마치시고 그날에 안식하셨음이니라"라고 말씀한다. 하나님이 일곱째 날을 거룩하게 하셨다는 말은 그날을 거룩하게 구별하셨다는 뜻이다. 하나님은 십계명을 주실 때 이 사실에 근거해 안식일을 지켜야 할 이유를 설명하셨다. 하나님의 백성이 안식일을 거룩하게 구별해 지켜야 하는 이유는 하나님이 세상을 창조하실 때 그날을 거룩하게 하셨기 때문이다. 안식일은 하나님이 십계명을 주실 때 제정되지 않았다. 십계명은 하나님이 태조에 제정하신 것, 곧 세상에 생명체가 창조되면서부터 구속력을 지녔던 원리를 집행하는 기능을 했을 뿐이다.[2] 안식

---

2) 다음의 자료를 참조하라. John Murray, *Principles of Conduct: Aspects of Biblical Ethics* (Grand Rapids: Eerdmans, 1957), 30-35. 나는 이 책의 논의를 간결히 하기 위해 독자들이 안식일이 항구적인 구속력을 지닌 창조 규례라는 사실을 인정한다는 것을 전제로 말하고 있다. 내가 말하려는 요점은 안식일의 항구성이 아닌 그 중요성이다. 안식일이 항구적인 구속력을 지닌다는 사실에 대해 좀 더 자세히 알고 싶으면 머레이의 논의와 이 책의 부록에 실린 워필드의 논문을 참조하라.

일을 어기는 것은 결혼이나 노동의 제도를 위반하는 것과 마찬가지다. 안식일은 하나님이 창조하신 세계의 일부다. 그것을 어기는 행위는 하나님이 피조 세계의 근본 체계 안에 구축하신 질서를 뒤엎는 것이다. 주일 성수는 결혼과 노동만큼이나 인간의 삶에 필수적이다. 인간이 타락하기 전이나 그리스도의 구속이 이루어지기 전에 확립된 원리들을 위반하는 것은 창조주 하나님의 권위에 대한 근본적인 도전이다. 나는 안식일을 가볍게 여겨 무시해도 좋은 일로 생각하는 사람들에게 예수님과 똑같이 "본래는 그렇지 아니하니라"라고 말해주고 싶다.

은혜 언약의 표징

안식일이 창조 규례의 하나라는 사실만으로도 그것을 어기는 죄가 심중함을 보이기에 충분하다. 더욱이 안식일이 은혜 언약의 표징이라는 사실은 그것을 어기는 죄의 심각성을 더할 나위 없이 크게 증폭시킨다.

출애굽 사건은 안식일을 지켜야 할 이유를 한 가지 더 추가시켰다. 출애굽 사건 이전에도 모든 피조물은 안식일을 지켜야 했다. 그 이유는 하나님이 태초에 일곱째 날을 거룩하게 하셨기 때문이다. 따라서 이스라엘 백성도 시내 산에서 십계명을 받기 전부터(출 16장) 창조 규례인 안식일을 기억하고 거룩히 지켜야 마땅했다. 출애굽기 20장 11절은 하나님의 백성에게 하나님의 창조 사역을 기억하고,

그분을 본받아 안식일을 지키라고 명령했다. 그러나 신명기 5장에는 그들이 안식일을 "지켜야 할" 이유가 한 가지 더 언급되었다. 즉 신명기 5장 15절은 "너는 기억하라 네가 애굽 땅에서 종이 되었더니 네 하나님 여호와가 강한 손과 편 팔로 거기서 너를 인도하여 내었나니 그러므로 네 하나님 여호와가 네게 명령하여 안식일을 지키라 하느니라"라고 말씀한다. 하나님은 모세를 통해 안식일이 출애굽에서 기원했다고 말씀하지는 않으셨지만 거기에 또 다른 의미를 부여하셨다. 모든 사람이 안식일을 지켜야 하는 이유는 하나님이 그들의 창조주이시기 때문이다. 그러나 하나님의 백성은 하나님이 또한 그들의 구속자가 되시기 때문에 안식일을 지켜야 한다.

하나님은 아브라함에게 이스라엘을 자기 백성으로 삼겠다고 약속하셨고, 마침내 그들을 출애굽을 통해 자기 백성으로 세우셨다(신 32:6). 그들은 홍해를 건너 애굽의 속박으로부터 해방되었다. 그러나 이 해방은 단순히 노예 상태로부터의 자유에 국한되지 않았다. 이스라엘 백성은 하나님의 진노와 저주로부터 구원받았다. 유월절이 처음 제정되던 날, 집 안에 있는 사람들이 파멸의 천사로부터 보호받으려면 문설주에 양의 피를 발라야 했다. 이렇듯 이스라엘 백성은 애굽인들에게서 구원받았을 뿐만 아니라 하나님의 진노로부터 구원받았다. 하나님은 이스라엘 백성이 안전하게 홍해를 건넌 후에 그들이 겪을 수 있는 가장 큰 위험이 자신의 진노와 저주라는 사실을 다시 되풀이하여 말씀하셨다. "너희가 너희 하나님 나 여호와의 말을 들어 순종하고 내가 보기에 의를 행하며 내 계명에 귀를 기울이며 내 모든 규례를 지키면 내가 애굽 사람에게 내린 모든 질병 중 하나도 너희에게 내리지 아니하리니 나는 너희를 치료하는 여호와임이라"(출 15:26). 이스라엘 백성은 애굽 땅과 속박의 집에서 구속받았지만 아직 하나님의 진노의 위협으로부터는 궁극적으로 구원받지 못했다. 이런 맥락에서 바울 사도가 그리스도를 우리를 위해 희생된 유월절 양으로 일컫은 것은 매우 의미심장하다(고전 5:7). 출애굽은 안식일에 구속적인 의미를 부여했지만 그 구속은 온전히 이루어지지 않았다. 출애굽과 안식일의 구원적 의미는 예수 그리스도의 희생을 통해 죄와 하나님의 진노로부터 구원을 받을 때 비로소 완전해진다. 그리스도께서는 세상 죄를 짊어지신 하나님의 어린 양이시다(요 1:29).

하나님은 안식일을 그리스도 안에서 궁극적으로 발견될 구속의 표징으로 삼으셨다. 다시 말해 안식일은 그리스도의 피로 세운 **은혜 언약의 표징**이었다(히 9:15-17). 하나님은 출애굽기 31장 13-16절을 통해 이런 사실을 분명하게 밝히셨다.

"너희는 나의 안식일을 지키라 이는 나와 너희 사이에 너희 대대의 표징이니 나는 너희를 거룩하게 하는 여호와인 줄 너희가 알게 함이라 너희는 안식일을 지킬지니 이는 너희에게 거룩한 날이 됨이니라 그날을 더럽히는 자는 모두 죽일지며 그날에 일하는 자는 모두 그 백성 중에서 그 생명이 끊어지리라…이같이 이스라엘 자손이 안식일을 지켜서 그것으로 대대로 영원한 언약을 삼을 것이니."

하나님은 세상을 창조하실 때 안식일을 거룩하게 하셨으며, 이제 언약의 관계에 근거해 안식일은 선택하신 백성을 거룩하게 구별하는 표징으로 기능할 것이다. 따라서 교회가 안식일을 무시한다면 그것은 곧 스스로가 거룩히 구별된 하나님의 백성이 아니라고 암묵적으로 선언언하는 것이 아니고 무엇이겠는가? 우리가 은혜 언약을 통해 하나님의 백성으로 거룩하게 구별되었다는 표징이 되는 날을 소중히 여기지 않아야 할 이유가 무엇인가?[3] 안식일을 기억하면 안식일의 주님이 영원한 언약의 피로 우리를 자기 백성으로 거룩히 구별하셨다는 사실을 항상 상기할 수 있다(히 13:20). 〈웨스트민스터 대요리문답〉은 안식일이 제정된 목적은 "신앙의 핵심에 해당하는 창조와 구속이라는 두 가지 위대한 은혜를 기억하게 함으로써 항상 감사하는 마음을 유지하게 하기 위해서다."라는 말로 주일 성수의 의미를 간결하게 요약했다(121문).

따라서 안식일을 무시하는 일의 심각성은 분명하게 드러난다. 하나님이 창조 규례를 거역하는 사람들을 벌하신다면 구원을 짓밟는

---

3) 1853년, 미국 장로교(the Presbyterian Church USA) 총회는 "안식일을 지키지 않는 교회는 배교자다. 이 거룩한 제도를 습관적으로 더럽히는 사람들은 사회적 질서와 정치적 자유를 지탱하는 대원칙 가운데 하나를 포기한 것이다."라고 담대하게 선언했다. 다음의 자료에 인용된 내용이다. Thomas Peck, *The Works of Thomas Peck* (1895; repr., Edinburgh: Banner of Truth, 1999), 1:195. 사람들이 이 말을 어떻게 생각하든 간에 여기에는 세상이 예수 그리스도의 복음에 대한 지식을 깨우쳐주기 위해 주일에 활용되는 은혜의 수단들에 크게 의존하고 있고, 안식일을 부정하는 교회는 그것이 상징하는 은혜 언약을 암묵적으로 거부하는 것이라는 의미가 내포되어 있다. 오늘날 주요 장로 교단 가운데 하나가 총회에서 이런 말을 언급했다면 얼마나 격한 반발이 일어날 것인지 상상해 보라. 이런 현실은 주일 성수에 대한 교회의 태도와 관련해 사람들의 생각이 이와 정반대되는 쪽으로 치우쳐 있다는 것을 분명하게 보여준다.

사람들은 더더욱 크게 벌하시지 않겠는가? 브루스 레이는 "안식일
은 은혜의 표징으로서 구원이 인간의 행위가 아닌 하나님의 능력에
달려 있다는 사실을 보여준다. 안식일에 일하는 사람은 하나님이
창조주이시라는 사실을 부인하고, 나아가 은혜로 말미암는 구원을
상징적으로 부정하는 것이다."라고 말했다.[4] 하나님이 그리스도 안
에서 우리와 맺으신 언약을 상기시켜 주기 위해 마련된 계명을 어
기는 것이 과연 작은 일일까? 하늘의 무지개를 보면 노아에게 주어
진 하나님의 은혜로운 약속을 기억해야 하는 것처럼 매주 안식일이
되면 애굽으로부터의 구원은 물론, 우리 주 예수 그리스도 안에서
이루어진 더 큰 구원을 상기해야 마땅하다. 안식일을 어긴 사람을
사형에 처하라는 구약 성경의 율법을 이해하기 어려워하는 사람들
이 많다. 그러나 안식일이 영광스러운 구원 계획과 밀접한 관계를
맺고 있다는 사실을 생각하면 안식일을 어긴 사람들을 사형에 처했
던 이유를 익히 짐작할 수 있을 것이다. 지금 중요한 것은 단지 고
용주를 불편하게 만드는 것을 피하기 위해 주일에 일터에 나가 일
을 하거나 마치 하나님이 안식일을 어기는 행위를 불문에 붙이기라
도 하시는 것처럼 행동하는 행위 자체가 아니다. 진정으로 중요한
것은 알고 했든 모르고 했든 안식일을 소홀히 하는 행위가 곧 은혜
언약을 멸시하는 의미를 지닌다는 사실이다. 지금까지 이런 관점에

---

4) Bruce A. Ray, *Celebrating the Sabbath: Finding Rest in a Restless World* (Philipsburg, N.J.: P&R, 2000), 36.

서 안식일을 어기는 행위를 생각해 본 적이 없는 까닭에 혹시라도 부지중에 죄를 지었거든 지금이라도 그 길을 돌이켜 하나님의 말씀에 복종하기를 간곡히 당부한다.

성경에 자주 언급된 안식일

젊은 시절에 안식일을 주제로 한 존 거스너(John H. Gerstner)의 연속 강의를 듣고서 놀랐던 기억이 난다. 당시에 내가 놀랐던 이유는 거스너 박사가 강의 시간에 단지 안식일과 관련된 성경 구절들만을 길게 읽어나갔기 때문이었다. 안식일과 관련된 성경 구절들의 내용이 매우 엄숙했을 뿐 아니라 그 숫자가 어찌나 많았는지 결코 잊지 못할 깊은 인상을 받았다. 성경에서 자주 반복되는 것이면 무엇이든 관심을 기울여야 마땅하다. 안식일을 뜻하는 히브리어가 구약 성경에만 최소한 159개 구절에 등장한다. 이 말이 가장 집중적으로 나타나는 곳은 에스겔서(28개 구절), 출애굽기(20개 구절), 레위기(20개 구절)이고, 이사야서(15개 구절)와 예레미야서(10개 구절)가 그 뒤를 잇는다. 모세 오경에는 안식일과 관련된 구절이 매우 빈번하게 나타나기 때문에 때로는 그것이 앞뒤 문맥과 어떤 연관성을 지니고 있는지 파악하기가 어렵다. 여기에서 다루게 될 사례는 그 가운데서 단지 몇 가지에 불과하다. 하나님은 출애굽기 20장에서 십계명을 주시고 나서 다시 23장에서 이스라엘의 연례 절기에 관한 지침을 하달하시기 전에 먼저 안식일을 지키라는 계명을 언급하셨다. 또한 앞에서 살펴본 대로 안식일은 31장에서 하나님과 이스라엘 백성 간의 특별한 관계에 대한 징표로 다시 나타난다. "너희 각 사람은 부모를 공경하고 나의 안식일을 지키라 나는 너희의 하나님 여호와이니라"라는 레위기 19장 3절 말씀에서 안식일에 대한 언급이 매우 특이하게 삽입되어 있다. 레위기 26장 2절에서는 안식일이 공예배와 연관되고 있고 언약의 축복과 저주를 명시한 내용을 이끄는 서론 역할을 한다. "너희는 내 안식일을 지키며 내 성소를 경외하라 나는 여호와이니라." 민수기 15장 32-36절에서는 안식일이 하나님의 명령을 고의로 범하는 죄(30-31절)의 결과가 어떤 것인지를 보여주는 사례 가운데 하나로 나타난다. 따라서 우리는 모세 오경을 읽을 때에, 모세가 안식일에 관한 율법을 이곳저곳에 아무렇게나 삽입시켰다고 결론짓든지, 아니면 하나님의 백성은 안식일을 기억하는 데 특별한 주의를 기울여야 한다는 사실을 강조하려고 하나님이 일부러 그렇게 안식일 율법들을 배치하셨다고 결론짓든지 둘 중에 하나다.

안식일의 의미는 선지자들의 글에서 가장 확실하게 나타난다. 누구든 우리나라에서 법을 어겨 재판정에 서게 되면 검사가 죄를 사정없이 추궁한다. 검사의 역할은 국가의 법률을 위반한 죄인의 행위를 제재함으로써 죄인의 죄가 법률의 지배를 받는다는 사실을 보여주는 것이다. 그와 비슷하게 구약 시대의 선지자들은 율법을 제정하는 역할이 아니라 죄를 지은 백성들에게 하나님의 율법을 집행하는 검사의 역할을 담당했다. 다시 말해 그들의 역할은 백성들에게 하나님의 율법으로 돌아가라고 촉구하는 것이었다. 이사야는 "마땅히 율법과 증거의 말씀을 따를지니 그들이 말하는 바가 이 말씀에 맞지 아니하면 그들이 정녕 아침 빛을 보지 못하고"(사 8:20)라는 말로 그런 선지자적 역할의 중요성을 부각시켰다. 선지자들이 안식일에 대해 언급한 내용들은 매우 인상적이다. 그들은 안식일을 지키는 문제의 중요성을 크게 강조했다.

논의를 간결히 하기 위해 이번에는 예레미야서와 에스겔서에서 각각 한 대목씩 발췌해서 주의를 집중해 보기로 하자.[5] 먼저 예레미야서 17장 19-27절을 인용하면 다음과 같다.

"여호와께서 내게 이와 같이 말씀하시되 너는 가서 유다 왕들이 출입하는 평민의 문과 예루살렘 모든 문에 서서 무리에게 이르기를 이 문으로 들어오는 유다 왕들과 유다 모든 백성과 예루살렘 모든 주민인 너희는 여호와의 말씀을 들을지어다 여호와께서 이와 같이 말씀하시되 너희는 스스로 삼가서 안식일에 짐을 지고 예루살렘 문으로 들어오지 말며 안식일에 너희 집에서 짐을 내지 말며 어떤 일이라도 하지 말고 내가 너희 조상들에게 명령함 같이 안식일을 거룩히 할지어다 그들은 순종하지 아니하며 귀를 기울이지 아니하

---

5) 선지자들의 가르침에서 안식일이 차지하는 역할을 좀 더 자세하게 논의한 내용을 살펴보려면 다음의 자료들을 참조하라. Campbell, *On the First Day of the Week*, 74 – 102. For a shorter treatment, see O. Palmer Robertson, *The Christ of the Prophets* (Phillipsburg, N.J.: P&R, 2004), 152 – 54.

며 그 목을 곧게 하여 듣지 아니하며 교훈을 받지 아니하였느니라 여호와의 말씀이니라 너희가 만일 삼가 나를 순종하여 안식일에 짐을 지고 이 성으로 들어오지 아니하며 안식일을 거룩히 하여 어떤 일이라도 하지 아니하면 다윗의 왕위에 앉아 있는 왕들과 고관들이 병거와 말을 타고 이 성문으로 들어오되 그들과 유다 모든 백성과 예루살렘 주민들이 함께 그리할 것이요 이 성은 영원히 있을 것이며 사람들이 유다 성읍들과 예루살렘에 둘린 곳들과 베냐민 땅과 평지와 산지와 네겝으로부터 와서 번제와 희생과 소제와 유향과 감사제물을 여호와의 성전에 가져오려니와 그러나 만일 너희가 나를 순종하지 아니하고 안식일을 거룩되게 아니하여 안식일에 짐을 지고 예루살렘 문으로 들어오면 내가 성문에 불을 놓아 예루살렘 궁전을 삼키게 하리니 그 불이 꺼지지 아니하리라 하셨다 할지니라 하시니라."

안식일에 짐을 지고 성문으로 들어오지 말라는 명령이 무슨 의미인지에 대해서는 잠시 뒤에 느헤미야서 13장을 논의할 때 자세하게 다룰 생각이다. 요즘처럼 안식일을 어기는 것이 큰 해가 없는 사소한(또는 쉽게 용서될 수 있는) 죄로 간주되는 시대에는 위의 본문에 나타난 대로 안식일을 지킬 때 주어지는 큰 축복과 그것을 어길 때 주어지는 무서운 저주에 대해 각별한 관심을 기울여야 할 필요가 있다. 안식일을 어기는 것은 모든 것을 태우는 불을 일으키는 것으로 묘사된다. 이런 규정은 구약 시대에나 통용되었고, 신약 시대의 신자들에게는 더 이상 적용되지 않는다는 말로 이 문제를 은근슬쩍 넘기려는 사람들이 많다. 그러나 이런 규정이 장차 올 메시아를 나타내고 가리키는 예표이자 그림자라는 것을 어떻게 입증할 수 있을까? 물론 "다윗의 왕위에 앉아 있는 왕들"이라는 표현은 다윗의 위대한 후손인 그리스도를 바라보게 하지만 그렇다고 해서 이것이 안식일의 중요성을 훼손하는 것은 아니다. 예레미야가 하나님의 영감을 받아 전한 무오한 말씀을 처음 들었던 이스라엘 백성만큼이나 오늘날의 우리도 안식일을 어기는 교회에 대한 그의 경고에 똑같이 마음을 기울여야 마땅하다.

에스겔 선지자는 에스겔서 20장에서 이스라엘이 저지른 반역의 역사를 되짚어 말하면서 그들을 엄중히 꾸짖었다. 그 내용을 보면 안식일을 줄곧 어긴 행위가 이스라엘 백성에게 하나님의 진노가 임하게 만든 일차적인 원인이었다는 사실이 거듭 강조되고 있는 것을 알 수 있다. 예를 들어 하나님은 이스라엘 백성을 애굽에서 구원해 그들에게 율례와 규례를 주신 사실을 되풀이하고 나서 다음과 같이 말씀하셨다.

"또 내가 그들을 거룩하게 하는 여호와인 줄 알게 하려고 내 안식일을 주어 그들과 나 사이에 표징을 삼았노라 그러나 이스라엘 족속이 광야에서 내게 반역하여 사람이 준행하면 그로 말미암아 삶을 얻을 나의 율례를 준행하지 아니하며 나의 규례를 멸시하였고 나의 안식일을 크게 더럽혔으므로 내가 이르기를 내가 분노를 광야에서 그들에게 쏟아 멸하리라 하였으나"(12, 13절).

하나님이 에스겔서 20장에서 자신의 율례와 규례를 어겼다는 이유로 이스라엘 백성을 네 차례나 엄히 꾸짖으면서 모든 율법 가운데서 안식일에 관한 율법을 어긴 것을 특별히 가증스러운 죄로 취급하셨다는 사실은 매우 의미심장하다. 사실, 선지서를 살펴보면 이스라엘 백성이 포로 생활을 하게 된 원인 가운데 이 죄와 우상숭배의 죄가 가장 자주 언급되고 있는 것을 알 수 있다. 안식일은 하나님이 자기 백성에게 베푸신 특별한 축복으로 종종 부각되었다(느 9:114 참조). 이처럼 안식일을 어기는 죄가 하나님의 특별한 진노를 초래하게 된 이유는 그것이 그분이 자기 백성에게 베푸신 특별한 축복이자 특권이었기 때문이다.

이와 관련해 꼭 짚고 넘어가야 할 한 가지 문제는 안식일에 관한 신약 성경의 가르침을 둘러싸고 빚어지는 혼란이다. 예수님이 다른 계명들을 다룰 때와 똑같은 태도로 제4계명을 가르치지 않으셨다고 주장하는 사람들이 많다. 그러나 주 예수 그리스도께서는 공관복음서에서 여섯 차례나 안식일을 주제로 삼아 가르침을 베푸셨다. 이런 사실을 지적해도 여전히 다른 계명들에 대한 예수님의 가르침에는 긍정적인 교훈이 담겨 있지만 안식일에 대한 가르침에는 그릇된 관행을 바로 잡는 의미만이 담겨 있을 뿐이라고 반박할 사람이 많을 것이다. 지면의 한계 때문에 예수님의 가르침을 세세하게 살펴보기는 어렵지만 종종 간과되는 한 가지 사실을 언급하면 다음과 같다. 예수님이 안식일에 관한 율법을 남용하는 바리새인들의 잘못을 바로 잡기 위해 가르침을 베푸신 것은 사실이지만 이것은 그분이 다른 계명들을 다룰 때 취하신 태도와 **똑같은 태도**였다. 예를 들어 산상 설교는 예수님의 "새로운 율법" 혹은 "십계명의 연장"이 아니다. 산상 설교의 가르침은 레위기에서 비롯했다. 신약 성경에서 "새로운 계명"으로 일컬어진 계명은 "내가 너희를 사랑한 것 같이 너희도 서로 사랑하라"는 예수님의 가르침 하나뿐이다(요 13:34, 요일 2:8-11). 이런 사실을 고려하면 예수님이 다른 계명들보다 안식일의 계명을 덜 중요하게 다루셨다는 주장이 틀렸다는 것을 알 수 있다. 오히려 예수님은 다른 계명들보다 안식일의 계명에 대해 더 자주 가르침을 베푸셨다. 예수님이 "부정적인" 태도로 바리새인들을 논박하며 가르침을 베푸셨다는 이유를 들어 안식일의 중요성을 폄하하려는 시도는 옳지 않다. 그분이 존중하지 않으신 것은 안식일이 아닌 바리새인들이었다.

안식일이 율법에 자주 언급된 사실과 그것을 집행했던 선지자들의 태도를 생각하면 교회는 서둘러 잠에서 깨어나 새로운 열정으로 안식일의 주인이신 주님의 뜻을 알리고 노력해야 마땅하다. 안식일이 성경에서 자주 언급되었고, 매우 진지하게 취급되었다는 사실을 알면 속히 잠에서 깨어나야 마땅하지 않겠는가?

안식일과 유배

안식일을 어긴 죄와 유배의 관계는 안식일이 그 어떤 요인보다 교회의 행복에 더 중요한 영향을 미친다는 사실을 분명하게 보여준다. 하나님은 일찍이 레위기 26장에서부터 언약을 어겼을 때 주어지는 결과에 대해 경고하셨고, 불순종을 고집할 경우에는 이방 땅에서 유배 생활을 하게 될 것이라고 말씀하셨다. 하나님은 "언약을 어긴 원수를 갚으실 것이며"(25절), 자기 백성을 여러 나라에 흩어 이스라엘 땅을 황무하게 할 것이라고 약속하셨다(32, 33절). 신명기 4장과 32장에도 이스라엘 백성이 하나님께 불순종한 탓에 타국에 유배될 것이라는 예언과 함께 동일한 경고의 말씀이 또다시 언급되었다. 잘 알려진 대로 하나님은 먼저 북왕국 이스라엘을 앗수르의 손에 넘겨 주셨고, 나중에는 느부갓네살 왕의 시대에 남왕국 유다를 바벨론에 넘겨 주셨다. 구약 시대의 선지자들은 하나님이 모세 오경에 기록된 경고의 말씀을 반드시 이루실 것이라는 사실을 들어 이스라엘 백성의 양심을 압박했다. 예레미야 선지자는 이스라엘의 유배가 불가피해진 상황에서 성령의 영감을 받아 그들이 반드시 포로 생활을 하게 될 것이고, 그 기간이 70년에 달할 것이라고 선언했다(렘 25:11, 29:10, 단 9장). 이 사건은 구약 성경에서 많이 언급되었기 때문에 성경을 읽어 본 사람이면 누구나 익히 아는 사실이다. 그러나 안식일을 어긴 죄가 이스라엘 백성의 유배에 큰 영향을 미쳤다는 사실은 간과될 때가 많다.

하나님이 왜 이스라엘 백성을 정확히 70년 동안 유배에 처하셨는지 그 이유가 궁금하지 않은가? 그 이유는 안식일을 어긴 죄와 밀접하게 관련되어 있다. 하나님은 죄를 지으면 자기 백성을 그들의 땅에서 쫓아낼 것이라고 말씀하시고 나서 "너희가 원수의 땅에 살 동안에 너희의 본토가 황무할 것이므로 땅이 안식을 누릴 것이라 그 때에 땅이 안식을 누리리니 너희가 그 땅에 거주하는 동안 너희가 안식할 때에 땅은 쉬지 못하였으나 그 땅이 황무할 동안에는 쉬게 되리라(너희가 거주하는 동안에 땅이 안식일에 쉬지 못한 만큼 쉬게 될 것이라는 의미)"(레 26:34, 35)라고 덧붙이셨다.[6] 이 경고의 말씀대로 유배의 기간은 하나님의 백성이 안식일을 소홀히 한 시간의 길이와 정비례했다. 언약의 축복과 저주의 내용이 주어지기 전에 그 서두에 제2계명과 함께 안식일 계명이 언급된 것은 안식일이 언약의 축복과 저주와 관련해 특별한 중요성을 부여받았다는 사실을 잘 보여준다(레 26:1, 2). 안식일은 언약의 저주를 이끄는 서론으로 사용되었을 뿐 아니라 저주를 명시한 내용 가운데서도 특별한 위치를 차지했다. 마침내 유배가 실현되고 느부갓네살 왕이 예루살렘을 파괴하고, 성전을 불태웠을 때, 역대기하 저자는 "칼에서 살아남은 자를 그가 바벨론으로 사로잡아가매 무리가 거기서 갈대아 왕과 그의 자손의 노예가 되어 바사국이 통치할 때까지 이르니라 이에 토지가 황폐하여

---

6) 히브리어 원문은 이스라엘 백성이 안식일을 어긴 시간의 길이만큼 땅이 황무할 것이라는 의미가 함축된 개념을 강조하고 있지만 〈킹 제임스 성경〉은 그런 개념을 충분히 살려 나타내지 못했다.

땅이 안식년을 누림 같이 안식하여 칠십 년을 지냈으니 여호와께서 예레미야의 입으로 하신 말씀이 이루어졌더라"(대하 36:20, 21)라고 증언했다. 안식일을 어긴 죄가 유배의 유일한 원인은 아니었지만 유배의 기간이 결정된 것은 오직 그 이유 하나 때문이었다. 이런 사실을 생각하면 주일을 어기는 행위가 만연한 오늘날을 살아가는 우리로서는 크게 경각심을 가져야 마땅하지 않겠는가?

어떤 사람들은 이 성경 본문에 언급된 안식이 일주일에 한 번씩 돌아오는 안식일이 아닌 7년에 한 번씩 돌아오는 안식년, 즉 땅을 쉬게 하라는 하나님의 명령에 따른 안식년을 가리킨다고 주장할지도 모른다. 본문을 보면 우선 그것을 염두에 두고 있음이 분명해 보인다. 하나님은 땅에 거하는 백성들이 악하게도 그곳에 사는 동안 땅이 쉬도록 허용하지 않았기 때문에 그들이 그곳을 비웠을 때 땅이 안식을 누리게 될 것이라고 말씀하셨다. 그러나 이스라엘 백성이 다양한 형태의 "안식일들"을 가지고 있었고(레 23장 참조), 그 모든 안식일을 제정하는 기본 원리가 제4계명이었다는 사실을 기억하는 것이 중요하다. 7년에 한 번씩 돌아오는 "안식년"은 그리스도로 말미암는 새 언약의 도래와 더불어 사라지게 될 의식법의 하나였다(골 3:16 참조). 하지만 7년에 한 번씩 돌아오는 안식년을 어기는 행위는 곧 제4계명의 원리를 거스르는 것이었다. 〈웨스트민스터 소요리문답〉이 진술하는 대로 제4계명의 요지는 "하나님이 말씀으로 지정하신 대로 그런 설정된 시간을 그분 앞에서 거룩하게 지키는 것"에 있다(58문). 이 말은 오직 하나님이 말씀으로 지정하신 날과 때만을 그분 앞에서 거룩하게 지켜야 한다는 의미를 담고 있다. 따라서 이 제는 7년에 한 번씩 돌아오는 안식년, 유월절, 속죄일과 같은 절기 에 관한 명령을 지켜야 할 필요가 없어졌다. 왜냐하면 하나님의 말 씀이 그것들을 더 이상 요구하지 않기 때문이다. 이와 비슷하게 제2 계명은 오직 하나님이 지정하신 방법대로 그분을 예배하라고 명령 하지만 동물 제사를 요구하는 구약 시대의 계명들을 신약 시대에는 더 이상 지킬 필요가 없어졌다. 이처럼 십계명을 지키는 외적인 방 법이나 형식은 하나님의 뜻에 따라 달라질 수 있지만 그 배후에 있 는 기본 원리는 절대로 변하지 않는다.

위에 인용한 성경 본문들의 핵심은 이스라엘 백성이 제7년 안식 년을 어긴 데 있는 것이 아니라 그러한 안식을 요구하는 제4계명을 어겼다는 데 있다. 과연 이 본문들이 땅이 적절히 안식하지 못한 것 이 하나님의 가장 큰 관심사였다고 말하려는 의도를 지녔을까? 오 히려 그보다는 안식년을 지키지 않은 것이 제4계명을 멸시한 증거 였다고 생각해야 옳지 않을까? 느헤미야서는 이 결론을 지지한다. 느헤미야서 13장 15-18절은 다음과 같이 말씀한다.

"그 때에 내가 본즉 유다에서 어떤 사람이 안식일에 술틀을 밟고 곡식단을 나귀에 실어 운반하여 포도주와 포도와 무화과와 여러 가지 짐을 지고 안식일에 예루살렘으로 들어와서 음식물을 팔기로 그날에 내가 경계하였고 또 두로 사람이 예루살렘에 살며 물고기 와 각양 물건을 가져다가 안식일에 예루살렘에서도 유다 자손에게 팔기로 내가 유다의 모든 귀인들을 꾸짖어 그들에게 이르기를 너희가 어찌 이 악을 행하여 안식일을 범하느냐 너희 조상들이 이같이 행하지 아니하였느냐 그래서 우리 하나님이 이 모든 재앙을 우리와 이 성읍에 내리신 것이 아니냐 그럼에도 불구하고 너희가 안식일을 범하여 진노가 이스라엘에게 더욱 심하게 임하도록 하는도다 하고."

느헤미야가 안식일을 어긴 죄를 하나님의 진노가 이스라엘 백성에게 임해 그들이 유배 생활을 하게 된 가장 큰 이유 가운데 하나로 간주했다는 사실을 보면 그가 레위기 26장이나 역대하 36장 같은 성경 본문을 염두에 두고 있었던 것이 분명해 보인다. 그러나 보다시피 느헤미야서 13장은 안식년이 아닌 안식일을 어긴 사람들을 책망하고 있다. 안식년을 무시한 행위는 제4계명을 무시한 이스라엘 사회의 병적 징후 가운데 하나였을 뿐이다.

느헤미야서 13장에 언급된 사람들이 안식일을 어긴 방식에 주목해야 할 필요가 있다. 그들은 안식일에 술틀을 밟아 안식일을 범했다. 또한 그들은 "음식물을 팔았고", 언약의 공동체에 속하지 않은 사람들에게서 물건을 샀다(16, 20절). 10장에서 유다 백성은 그런 일을 하지 않겠다고 분명하게 맹세했다. 그들은 "혹시 이 땅 백성이 안식일에 물품이나 온갖 곡물을 가져다가 팔려고 할지라도…그들에게서 사지 않겠고"(느 10:31)라고 말했다. 이 맹세에 의거하여 느헤미야는 성문을 걸어 잠그라고 명령하고, 다음 안식일에 또다시 장사를 하려고 생각했던 이방인들을 체포하겠다고 경고하였다(느 13:19, 21). 이런 사실에 함축되어 있는 의미는 분명하다. 그것은 안식일에는 일을 하거나 물건을 사고파는 행위를 해서는 안 된다는 것이다. 이 점을 오늘날 우리에게 어떻게 적용해야 할까? 우선 주일에 장을 보는 일을 해서는 안 된다. 주일에 예배를 마치고 나서 음식점에 가서 음식을 사 먹는 그리스도인들이 많은 것도 부끄럽게 생각해야 할 일이다. 또한 토요일에 자동차 연료를 미리 점검하지 않고, 주일에 불가피하게 연료를 사 넣는 것도 온당하지 않다. 다음 토요일에는 미리 연료를 점검해 그런 잘못을 되풀이하지 않도록 주의해야 한다.

느헤미야는 안식일에 상거래를 하는 백성들을 엄히 꾸짖었다. 우리가 선한 양심을 가졌다면 어떻게 하나님이 사형에 처하라고 명령하신 일을 스스럼없이 행동에 옮기는 사람들에게 동조해 물건을 살 수 있겠는가? 오늘날에는 그런 형벌이 적용되지 않는다고 해서 하나님이 죄에 비해 너무 터무니없는 형벌을 부과하셨다고 누가 감히 말할 수 있겠는가? 내가 한다면 죄가 될 일을 하는 사람들과 어떻게 상거래를 할 수가 있겠는가? 솔직히 요즘 신자들의 생각은 참으로 위험천만하다. 불신자들은 우리의 동조 여부와 상관없이 항상 일할 것이기 때문에 주일에 값을 치르고 그들의 용역을 이용하는 것은 전혀 죄가 아니라고 주장하는 신자들이 많다. 그러나 그런 식의 논리는 남의 물건을 훔친 사람이 어떤 식으로든 그 물건을 처분할 것이기 때문에 그것이 훔친 물건이라는 사실을 알고 그것을 사더라도 괜찮다고 주장하는 것과 조금도 다르지 않다. 음식점과 식료품 가게에서 일하는 불신자들은 안식일을 인정하지 않기 때문에 주일에 값을 주고 그들의 용역을 사는 것이 정당하다는 주장이 과연 온당할까? 예루살렘 성문에 있던 두로 사람들이 율법을 아는 이스라엘 사람들이었는가? 느헤미야가 그들이 불신자라는 이유로 이스라엘 백성이 그들과 상거래를 하는 것을 용납했는가? 나는 안식일에 다른 사람들의 그릇된 노동 행위에 동조해서는 안 된다는 원리를 거부하는 사람들에게 "만일 느헤미야서 13장에 기록된 경고의 말씀을 그런 상황에 적용하지 않는다면 과연 어떻게 적용할 수 있겠는가? 만일 적용할 수 없다면 이 말씀이 어떻게 의로 교육하기에 유익한 말씀(딤후 3:16)이 될 수 있겠는가?"라고 묻고 싶다. 불가피한 일이나 긍휼을 베푸는 일이 아닌 이상, 안식일에는 절대로 일을 해서는 안 되고, 다른 사람들이 일을 하도록 허용해서도 안 된다는 것이 주일 성수의 기본 원리라는 것을 명심해야 한다.[7]

안식일을 어긴 죄가 이스라엘 민족이 유배 생활을 하게 된 원인이었다면 하나님은 주일을 무시하는 우리의 죄를 과연 언제까지 참고 계시다가 혹독하게 징계하실 것인지 참으로 두렵기만 하다. 안식일을 어기는 죄는 이스라엘 민족의 경우처럼 우리의 교회와 국가를 황폐하게 만드는 지름길이다. 교회가 안식일을 어김으로써 새로운 "바벨론 유수"를 재촉하고 있는가? 아니면 이미 포로로 사로잡히기 시작했는가? 이런 점에서 "주일에 하나님을 존귀하게 여기지 않는 것이 교회가 영적으로 연약해진 이유 가운데 하나가 아닐까?"

라는 조셉 파이파의 말은 매우 지당하다.[8]

7) 내가 "원리"라는 용어를 강조하는 이유는 정확히 이 시점에서 내가 "해야 할 일"과 "하지 말아야 할 일"을 목록화시켜 제시하려는 의도를 지니고 있다는 비판을 받게 될 가능성이 있기 때문이다. 다른 사람들이 일하도록 허용해서는 안 된다는 말은 구체적인 행위를 열거한 목록이 아니라 여러 가지 구체적인 상황에 적용해야 하는 원리에 해당한다. 원리는 적용되어야만 한다. 이것이 내가 확실하면서도 논란의 여지가 덜한 사례들을 제시하려고 노력했던 이유다. 주일에 교회에 가기 위해 대중교통을 이용하는 것이 불가피한 상황에 해당하는지는 해결하기가 좀 어려운 문제다. 불행히도 "안식일 엄수주의자"로 알려진 존 머레이는 이 문제를 양심의 자유에 따라 결정하게 했다는 이유로 스코틀랜드 고향 교회에서 면직되었다. 다음의 자료를 참조하라. Iain Murray, *The Life of John Murray, in The Colleted Writings of John Murray* (Edinburgh: Banner of Truth, 1982), 3:35-36. 원리 적용의 문제를 논의할 때는 항상 어느 정도는 논쟁이 있기 마련이지만 안타깝게도 어떤 사람들은 항상 성경을 넘어선 바리새주의로 기우는 경향이 있다. 그러나 현대 교회는 느헤미야서 13장에서 도출되는 것과 같은 안식일 준수의 "원리"조차도 전혀 염두에 두고 있지 않다. 만일 우리가 정직하다면 우리가 주일 성수를 위해 기울이는 유일한 실천적 시도가 고작 종종 안식일에 노동을 멈추거나 최소한 어느 정도의 시간 동안 노동을 삼가는 것뿐이라고 자인하지 않을 수 없을 것이다. 원리에 대해 좀 더 자세히 살펴보려면 4장을 참조하라.

8) Pipa, *The Lord's Day*, 13.

2장
예배의 날의 중요성

하나님은 에스겔서 8장에서 이스라엘 백성의 우상숭배를 적나라하게 드러내셨다. 그분은 선지자에게 환상을 통해 성전에서 어떤 우상숭배의 죄가 자행되고 있는지를 보여주셨다. 하나님은 우상숭배의 죄를 경중에 따라 구분하셨다. 즉 환상이 한 단계씩 진행될 때마다 하나님은 "더 큰 가증한 일을 보리라"라고 말씀하셨다(6, 13, 15절). 이것은 종종 에스겔서의 "우상의 방"으로 일컬어진다(겔 8:12 참조).[1] 앞장에서도 이와 비슷하게 점진적인 방식을 적용해 안식일이 하나님 앞에서 얼마나 중요한지를 설명했다. 창조 규례를 어기는 행위는 큰 죄에 해당하고, 은혜 언약을 어기는 것은 그보다 더 가증스러운 죄에 해당한다. 성경이 제4계명을 자주 언급하는 사실은 이 문제

---

1) 예를 들어 존 오웬과 토머스 펙은 이 표현을 사용해 로마 가톨릭교회를 묘사했다.

의 심각성을 더욱 확실하게 드러내며, 안식일을 어긴 죄가 하나님의 백성이 유배 생활을 하게 된 가장 큰 이유 가운데 하나였다는 사실도 이 문제의 중요성을 한층 더 크게 강화한다. 안식일의 영광은 하나님을 예배하고, 그분과 교제하는 일에만 전념해야 하는 날로 지정되었다는 데에 있다. 이 점을 고려하면 안식일을 어기는 행위는 너무나도 사악하고, 배은망덕한 죄가 아닐 수 없다. 따라서 이제부터 나는 안식일을 어기는 죄가 앞에서 말한 것보다 "더 큰 가증한 일"에 해당한다는 것을 보여줄 생각이다.

안식일에 무엇이 합법적인 일인지에 대한 논의의 핵심은 그날의 목적이 "안식"인지, 아니면 "공적으로나 사적으로 하나님을 예배하는 일에 시간을 온전히 바치는"(웨스트민스터 소요리문답 60문) 것인지를 밝히는 데 있다. 이 문제에 어떻게 답변하느냐에 따라 안식일을 지키는 방법이 달라진다. 다시 말해 이 문제에 대한 답변에 따라 안식일에 어떤 생각과 말과 일이 적절한지, 또 다른 날에 합법적인 오락이 안식일에도 똑같지 합법적인지가 결정된다. 예를 들어 안식일의 목적이 "안식"이라고 믿는다면 안식일에 가장 편안한 느낌을 느낄 수 있는 방식을 취할 것이고, 반대로 그 목적이 공예배, 개인예배, 가정예배를 위해 시간을 사용하는 데 있다고 믿는다면 예배를 독려하지 않거나 그와 상반되는 행위는 모두 배제할 것이다. 이 문제는 4장과 6장에서도 다시 논의될 테지만 접근 방식만 약간 다를 뿐 결론은 마찬가지일 것이다. 에덴동산에 살았던 아담과 하와의 상황, 하나님이 안식일을 "거룩하게" 하셨다는 사실, 안식일이 십계명에서 차지하는 위치, 안식일 준수와 관련된 의무들의 성격을 토대로 안식일의 목적이 직업 활동을 멈추고 하나님을 예배하며 그분과 교제하는 일에 온전히 전념하는 데 있다는 것을 보여주는 네 가지 이유를 추론할 수 있다.

에덴동산

첫째, 에덴동산에서의 상황은 하나님이 안식일을 **예배와 교제의 날**로 정하셨다는 것을 보여준다. 하나님은 6일 간의 창조 사역을 다 이루시고 나서 안식일을 거룩하게 하셨다(창 2:1-3). 십계명은 창조시에 하나님이 예를 들어 보여주신 것이 인류가 따라야 할 패턴으로 확립되었다는 사실을 상기시킨다. 안식일은 아담과 하와가 타락하기 이전에 주어졌다. 안식일은 처음에는 죄나 구원과 아무런 관계가 없었다. 그것은 구속자이신 그리스도를 가리키는 예표가 아니었다. 왜냐하면 구원받아야 할 죄나 죽음이 존재하지 않았기 때문이다. 안식일은 구원의 예표가 아니었다. 타락하지 않은 남자와 여자에게 구원은 필요하지 않았다. 아담과 하와는 에덴동산에서 날마다 하나님을 섬기며, 그분을 예배했다. 하나님이 그들에게 맡기신 노동도 즐거운 섬김의 일부였다. 그들은 하나님이 자신이 안식한 대로 안식하라고 명령하신 날에 그분과 교제하는 일 외에 다른 일은 아무것도 하지 않았다. 죄를 짓지 않은 남자와 여자가 그 이상 더 갈망할 것이 무엇이 있었겠는가? 안식일이 낙원에서 그 외에 또 달리 무슨 목적을 수행할 수 있었겠는가?

안식일에 요구되는 "안식"은 무활동과 동일시될 수 없다. 섭리의 일을 한시도 중단하지 않으시는 하나님께 무활동이란 있을 수 없기 때문에(요 5:17 참조) 그분의 안식을 본받아야 할 피조물도 당연히 그럴 수밖에 없다. 레이먼드는 이렇게 말했다. "'안식'은 피로를 회복하기 위한 휴식이나 노동의 중단을 의미하지 않는다…'안식'은 전혀 다른 의미에서 새로운 활동에 종사하는 것을 의미한다. 그것은 엿새 동안의 노동을 중단하고, 주님의 날에 합당한 일을 하는 것을 의미한다. 안식일에 하는 일이 무엇인지는 '주님께 바치는'이라는 문구로 적절하게 정의될 수 있다. 다시 말해 안식일에 하는 일 가운데는 공예배, 개인예배, 하나님의 영광에 대한 묵상 등이 포함된다."[2] 우리는 무엇을 하든지 모두 하나님의 영광을 위해 해야 하기 때문에(롬 12:1, 2, 고전 10:31) 안식일에 주중에 하는 활동들을 통해서도 하나님을 예배할 수 있다고 결론짓지 않도록 조심해야 한다. "날마다 무슨 일을 하든지 주님을 섬겨야 한다는 것은 분명한 사실이지만 다양한 방식으로 하나님을 섬길 수 있다는 사실도 잊어서는 안 된다. 우리는 늘 똑같은 일로 하나님을 섬기지 않는다. 만일 그렇게 한다면 정신이 나갔거나 심각하게 왜곡되었거나 둘 중 하나일 것이다. 인간의 소명은 매우 다양하다. 그런 다양성을 무시한다면 곧 대

---

2) Robert L. Reymond, "Lord's Day Observance," in *Contending for the Faith: Lines in the Sand That Strengthen the Church* (Fearn, U.K.: Christian Focus Publications, 2005), 181.

가를 치르고야 말 것이다."라는 존 머레이의 말은 그런 논리가 터무니없다는 것을 여실히 보여준다.[3] 엿새 동안 무엇을 하든지 하나님의 영광을 위해 해야 하지만(골 3:23), 안식일의 "예배"도 그런 활동의 하나로 간주하는 것은 결단코 옳지 않다.

틀림없이 아담과 하와는 안식일을 그 본래의 목적(하나님과 중단 없이 직접 교제를 나누고, 그분을 예배하는 것)에 따라 온전히 지켰을 것이다. 이런 이유로 머레이는 다음과 같이 덧붙였다.

> 엿새 동안의 노동에서 해방된다 하지만 그 해방은 또한 하나님의 영광을 묵상하기 위한 해방이다. 주중의 일을 멈추는 것은 하나님께 대한 순종에 그 근원과 근거를 두어야 하며, 그런 순종의 동기요 열매인 감사의 마음은 안식일에 안식하는 특정한 방식, 곧 예배에 이바지할 것이다. 주중의 노동을 쉬는 것과 특정한 예배의 실천은 서로 떼려야 뗄 수 없는 관계를 맺고 있다. 하나가 없으면 나머지 하나가 온전하지 않다. 안식일의 안식은 다름 아닌 **주님을 향한 안식**이다. 둘 중 어느 하나를 배제하고 나머지 하나만을 가질

---

3) John Murray, "The Sabbath Institution", in *Collected Writings*, 1:209. 청교도 데이비드 딕슨은 안식일은 단지 그날에 드리는 특정한 예배 행위에만 그치지 않고 하루를 모두 예배에 할애할 때 올바로 지켜질 수 있다고 강조하면서 안식일에 요구되는 것이 그런 특정한 예배 행위가 전부라면 주중에 공예배로 모이는 다른 날과 본질적으로 아무런 차이가 없을 것이라는 흥미로운 요점을 제시했다. David Dickson, *Truth's Victory over Error: A Commentary on the Westminster Confession of Faith* (1684; reprint, Edinburgh: Banner of Truth, 2007). 제4계명이 요구하는 예배는 하루의 전부를 예배에 할애하라는 의미를 담고 있다. 만일 제4계명이 단지 휴식만을 강조한다면 안식일에 요구되는 예배는 다른 날에 요구되는 예배와 조금도 다르지 않을 것이다.

수는 없다.[4]

안식일의 목적은 무활동이 아니다. 그것은 바리새인들의 견해였다. 안식일에 직업 활동을 중단하는 이유는 그날 전부를 공적으로나 사적으로 하나님을 예배하는 일에 바치기 위해서다. 따라서 머레이는 "심지어 인간이 죄를 짓지 않았을 때에도 특별한 예배의 시간을 할애하라는 요구가 주어졌다. 우리는 죄가 없는 순결한 상태에서의 종교는 그 어떤 제도도 표현의 수단으로 요구하지 않는다는 개념을 너무 쉽게 받아들이는 경향이 있다⋯타락하지 않은 상태의 인간도 집중적인 예배 활동을 통해 자신을 새롭게 하기 위해 한 주간의 노동을 쉬어야 할 필요가 있었다."라고 결론지었다.[5]

하나님이 안식일을 "거룩하게 하셨다"

둘째, 하나님이 안식일을 "거룩하게 하셨다"는 사실은 그날을 **예배를 위해 따로 구별**하셨다는 뜻이다.[6] 레위기 27장은 거룩히 구별되어 하나님께 바쳐진 사람들과 동물들과 다양한 물건과 헌물들을 다

4) Murray, "Sabbath Institution," 210 (emphasis original).

5) Murray, *Principles of Conduct*, 34.

6) 이 점을 좀 더 자세히 살펴보고 싶으면 다음의 자료들을 참조하라. Campbell, *On the First Day of the Week; God, the Christian, and the Sabbath*, 45-48. Pipa, Lord's Day, 32-34. 이 점은 4장에서 다시 다룰 생각이다.

루고 있다. 그런 사람들과 물건들은 성막에서 하나님을 섬기고, 예배하는 일에 사용하기 위해 봉헌되었다. 하나님을 위해 거룩히 구별된 물건들은 특별히 그분의 소유로 간주되었다. "어떤 사람이 자기 소유 중에서 오직 여호와께 온전히 바친 모든 것은 사람이든지 가축이든지 기업의 밭이든지 팔지도 못하고 무르지도 못하나니 바친 것은 다 여호와께 지극히 거룩함이며"(레 27:28). 따라서 하나님이 안식일을 "거룩하게" 하셨다는 것은 그날을 예배를 위해 따로 구별하셨다는 의미를 내포한다. 어떤 물건이든 하나님께 봉헌되어 거룩하게 구별되었다면 항상 그분만을 위한 섬김에 전적으로 사용되어야 마땅하다. 이런 사실은 "아무 일도 하지 말라"가 아닌 "거룩히 지키라"는 말이 제4계명의 핵심 문구라는 것을 분명하게 보여준다.[7]

안식일이 십계명에서 차지하는 위치

셋째, 제4계명이 **십계명에서 차지하는 위치**도 예배를 강조하는 의미를 지닌다. 일반적으로 처음 네 계명은 하나님과의 직접적인 관계에서 그분을 예배하고, 섬기는 일을 다루고, 나머지 여섯 계명은 이웃을 섬김으로써 하나님을 섬기는 일을 다루는 것으로 이해된다.

---

7) See my "Five Reasons Why the Sabbath Is Designed for Worship," *Puritan Reformed Journal* 1, no. 2 (2009): 218–25.

제1계명은 예배의 대상에, 제2계명은 예배의 방법에, 제3계명은 온당한 예배의 태도에, 제4계명은 예배를 위해 전적으로 구별된 시간에 각각 초점을 맞춘다.[8] 내가 지금까지 발견한 증거 가운데, 교회가 안식일을 예배의 날로 이해하는 데서 이탈했다는 가장 노골적인 증거는 "휴식을 취하라. 여러분은 그럴 자격이 충분하다."라는 제목을 붙인 제4계명에 대한 설교였다. 사람이 안식일을 위해 만들어진 것이 아니라 안식일이 사람을 위해 만들어진 것은 사실이다(막 2:27). 그러나 오늘날의 그리스도인들 가운데는 이 원리를 남용해 예배 중심의 안식일이 아닌 인간 중심의 안식일을 추구하는 사람들이 너무나도 많다.

안식일과 관련된 의무들

넷째, 안식일과 관련된 의무들은 **모두 다 예배와 밀접하게 관련된다.** 이스라엘 백성은 안식일에는 항상 하나님 앞에서 "성회"로 모여야 했다(레 23:3). 성전 예배의 필수 요소였던 아침과 저녁의 희생 제사를 안식일에는 갑절로 드려야 했다. "안식일의 찬송시"라는 제목이 붙은 시편 92편은 하나님의 손이 행한 일로 인해 그분의 백성

---

8) 존 오웬은 제4계명을 "첫 번째 돌판의 수호자"로 일컬었다. 그 이유는 제4계명이 처음 세 계명이 요구하는 예배를 올바로 실행하게 할 목적으로 주어진 것이기 때문이다. John Owen, "A Day of Sacred Rest," in *An Exposition to the Epistle to the Hebrews* (n.d.; repr., Edinburgh: Banner of Truth, 1991), 2:289.

이 승리한 것을 기리기 위해 아침과 저녁으로 지극히 높으신 하나님께 감사하고, 악기를 연주하면서 즐겁게 그분의 이름을 찬양하는 백성들의 모습을 묘사한다(시 92:1-4). 신약 성경에서는 신자들이 한 주간이 시작되는 첫째 날에 모였고, 바울은 그들에게 말씀을 전했다(행 20:7-9). 또한 가난한 신자들을 구제하기 위해 헌금을 드렸던 날도 매주 첫째 날, 곧 주일이었다(고전 16:1, 2). 간단히 말해 신구약 성경에서 안식일 준수와 관련된 명령들은 모두 공예배나 개인예배와 연관된다. 그런 명령들을 하나씩 따로 분리해서 생각하면 안식일이 예배의 의무가 부가된 휴식의 날이라고 결론짓기 쉽지만, 앞에서 언급한 네 가지 사실과 연관해서 그 명령들의 성격을 따져보면 안식일은 예배의 날이고, 직업 활동을 중단하는 것은 그날을 예배의 날로 지키기 위한 **필요적 전제 조건**이라고 결론지을 수밖에 없다. 하나님을 위해 하루를 따로 구별하는 목적이 곧 예배에 있다고 추정된다.[9]

하나님이 우리에게 안식일을 허락하신 이유는 직업 활동을 중단하고, 하루를 예배의 날로 지키며 자기와 교제를 나누게 하시기 위함이다. 그날에는 하나님의 아들이신 그리스도의 영광스러운 복음을 통해 하나님을 예배하고, 그분과 교제를 나누는 데 모든 관심을 집중해야 한다. 그러면 안식일에 어떤 생각과 말과 오락이 적절한

---

9) 이 점에 대해 좀 더 자세히 알고 싶으면 다음의 자료를 참조하라. Reymond, "Lord's Day Observance," 180.

지를 자연스레 알 수 있을 것이다. 스코틀랜드 신학자 존 딕은 "안식일을 거룩히 지킨다는 것이 무엇을 의미하는지 이해하는 사람은 제4계명을 어기는 죄들에 어떤 것들이 있는지 누누히 지적될 필요가 없다."라고 말했다.[10] 약간 과장된 말이긴 하지만 안식일 준수를 둘러싸고 벌어지는 논쟁의 대부분은 그날을 거룩히 지키는 일의 본질을 명확하게 이해하지 못하는 데서 비롯하는 것이라는 점을 옳게 지적하고 있다. 안식일은 우리에게 참으로 영광스러운 특권이자 축복의 날이 되어야 마땅하다. 한 주간 동안 우리의 정신을 산만하게 만들었던 것들로부터 온전히 자유로운 상태에서 하루를 오롯이 하나님을 기뻐하며 지낼 수 있다는 것은 진정 크나큰 은혜가 아닐 수 없다. 따라서 그런 날을 소홀히 하는 것은 감사를 모르는 후안무치한 행위일 것이 분명하다. 아담과 하와가 타락하기 이전에도 예배의 날이 필요했다면 우리에게는 그런 날이 더욱더 필요하지 않겠는가? 하나님의 말씀에 순종하기보다 고용주의 뜻이나 육신의 정욕을 따르기 위해 양심을 저버리고 안식일을 더럽힌다면 그것은 곧 예배의 특권을 멸시하는 행위가 아니고 무엇이겠는가? 그런 경우는 단지 하나님의 명령 가운데 한 가지를 거부하는 것이 아니라 그분이 인류에게 허락하신 가장 큰 선물 가운데 하나를 경멸하는 것이다. 안식일이 하나님을 예배하고, 그분과 교제하는 날로 정해졌다는 사

---

10) John Dick, *Lectures on Theology* (Edinburgh: Oliver & Boyd, 1838; repr., Stoke on Trent, U.K.: Tentmaker Publications, 2004), 4:459.

실은 에스겔서의 "우상의 방"과 같이 온갖 가증한 일로 안식일이 더럽혀지고 있는 현실을 뚜렷하게 상기시켜 준다. 다른 요인은 모두 차치하고, 이 사실 하나만 보아도 안식일이 얼마나 중요한지를 분명하게 알 수 있다.

결론

지금까지 안식일 준수과 관련해 논란이 되는 세부적인 문제를 몇 가지 살펴보았다. 이 문제들은 나중에 뒤에서 좀 더 자세히 살펴볼 생각이다. 안식일이 항구적인 구속력을 지닌 계명이라고 믿는 사람들은 모두 그날에는 직업 활동을 중단해야 한다는 데 동의한다. 그러나 고용주가 주일에 딱 한 번만 나와서 일을 해달라고 요청한다면 어떻게 해야 할까? 소방관, 경찰, 의사, 간호사 등 불가피한 일을 해야 하는 직업을 제외한[11] 나머지 직업에 종사하는 사람들의 경우에는 상황의 심각성을 진지하게 고려해야 마땅하다. 개인의 죄는

---

11) 예수님의 가르침과 본보기에 따르면 안식일이더라도 불가피한 일이나 긍휼을 베푸는 일은 해도 아무 문제가 되지 않는다. 존 딕은 이 점에 대해 매우 유익한 기준을 제시했다. 그는 "불가피한 일이란 전날에 미처 다 끝마치지 못했고, 또 다음 날까지 미룰 수 없는 일을 가리킨다…긍휼을 베푸는 일이란 동료 인간에 대한 동정심에서 우러나온 행위를 가리킨다."라고 말했다. Dick, 4:460. Timothy Dwight는 불가피한 일과 긍휼을 베푸는 일을 남용해 안식일에 개인의 목적을 이루고자 하는 것을 방지하기 위해 "불가피한 일과 긍휼을 베푸는 일은 우리의 욕망을 채우기 위한 수단이 아니라 반드시 해야 할 의무로서 간주해야 마땅하다."라고 적절하게 경고했다. *Theology Explained and Defended* (New York: Harper & Brothers, 1850; repr., Birmingham: Solid Ground Christian Books, 2005), 3:267–68.

그 자신만이 아니라 온 교회에 영향을 미친다. 아간 한 사람의 죄가 이스라엘 군대 전체에 패배를 안겨주었다(수 7장). 한 사람이 안식일을 어겼을 경우, 그 죄를 올바로 처리하지 않으면 그 죄책이 온 백성에게 미쳤고(민 15:30-36 참조), 사울이 기브온 사람들에게 지은 죄 때문에 다윗의 치세 때 이스라엘 민족 전체가 하나님의 징벌을 받아야 했으며(삼하 21장), 간음을 저지른 한 사람 때문에 온 교회가 수치를 당해야 했다(고전 5장). 우리는 세상이 압력을 가할 때 단지 갈등을 일으키는 것이 두려워 너무 쉽게 죄를 짓는 경향이 있다. 이런 사실은 우리의 몸과 영혼을 모두 지옥에 보내 벌하시는 하나님보다 오직 몸만을 해칠 수 있는 사람을 더 두려워한다는 명백한 증거다. 하나님의 명령을 딱 한 번만 어기고 편리함과 편안함을 누린다고 해서 해가 될 것이 무엇이냐고 생각하기 쉽다. 그러나 그런 생각의 이면에는 하나님의 권위와 그분의 말씀보다 우리 자신의 안락함을 더 중시하는 태도가 숨어 있다. 그런 태도는 정도만 약할 뿐, 본질상 배교 행위와 아무런 차이가 없다.

안식일에 단 한 차례의 일조차 허락하지 않는 것 때문에 혹시라도 직장을 잃을 위기에 처한다면 어떻게 해야 할까? 결국 가장에게는 가족을 부양해야 할 책임이 있지 않은가? 하나님은 이미 그런 반론을 예상하고, 자신의 권위를 대답으로 제시하셨다. 즉 그분은 "너는 엿새 동안 일하고 일곱째 날에는 쉴지니 밭 갈 때에나 거둘 때에도 쉴지며"(출 34:21)라고 명령하셨다. 심지어 농작물이 다 익어 추수할 때가 되었고, 다음 날 날씨가 어떨지 알 수 없더라도 안식일을 지키는 것이 우선이다.[12] 하나님이 정하신 거룩한 날에 일하는 것을 거부한 탓에 가족들에게 피해가 갈까 봐 두려운가? 오히려 그날에 일하는 것을 선택한 까닭에 가족과 교회와 국가에 하나님이 경고하신 저주가 임하는 것을 더 두려워해야 마땅하지 않을까? 안식일에 스스로 원해서 의도적으로 일만 하지 않는다면 제4계명을 충실하게 잘 지키고 있다고 생각하는 사람들이 많다. 그러나 하나님이 아닌 고용주가 우리의 가족을 먹여 살리고 있는 것처럼 행동하지 않도록 주의해야 할 필요가 있다. 순교자들은 하나님께 죄를 짓기보다는 차라리 죽음을 선택했다. 모든 신자가 다 순교를 당하는 것은 아니지만 신자는 모두 잠재적인 순교자라는 청교도 제레마이어 버러스의 말은 매우 지당하다.[13] 그리스도께 순종하려다가 직장에서 불이익을 당한다면 힘든 시련을 겪게 되겠지만 그래도 고문을 당하

---

12) "밭을 갈 때나 추수할 때에도 안식일에 일하는 것이 금지되었다(출 34:21). 아마도 그 이유는 백성들이 그 시기를 놓치면 그 일을 완수할 수 없다는 이유를 들어 안식일을 어기는 행위를 정당화하려는 주장을 펼쳤기 때문인 듯하다." Rowland S. Ward, "The Lord's Day and the Westminster Confession", *The Faith Once Delivered* (Phillipsburg, N.J.: P&R, 2007), 198. John Owen은 이 구절이 유대 사회의 경제 체제와 관련된 엄격한 규정을 나타낸다는 이유로 그것의 계속적인 적용을 인정하지 않았다. Owen, Hebrews, 2:401-2. 그러나 오웬이 같은 문맥에서 유대의 사법적인 율법조차도 도덕법을 적용한 것이라고 주장한 것을 고려하면 이것은 그의 논리에서 조금 벗어난 것처럼 느껴진다. 아마도 오웬은 이 구절에 명시된 금지 사항과 불가피한 일을 용인하신 그리스도의 태도가 서로 모순을 일으키는 것을 우려했던 듯하다. 그러나 아무런 모순이 없다. 왜냐하면 출애굽기 34장 21절이 묘사하는 사람의 경우는 불가피한 일이라는 핑계를 내세워 밭을 갈 때와 추수할 때에 안식일을 어기고 일하는 것을 정당화했을 것으로 추정되기 때문이다.

13) Jeremiah Burroughs, *The Saints Happiness: 41 Sermons on the Beatitudes* (1660; repr., Morgan, Pa.: Soli Deo Gloria, 1996), 203-4.

거나 죽는 것에 비하면 훨씬 쉽다. 아마도 미국의 그리스도인들에게 고난이 이토록 적은 이유는 사탄이 하나님보다 사람에게 순종하는 것이 더 낫다는 논리를 주입해 이미 승리를 거두었음을 보여주는 증거인지도 모른다. 안식일은 그런 현실을 보여주는 많은 지표 가운데 하나다.

불순종은 우리를 어려움에서 구원하는 효과적인 수단이 될 수 없다. 이것은 지금까지도 그랬고, 앞으로도 변하지 않을 확실한 사실이다. 불순종은 궁극적으로 하나님의 주권을 부인한다(히브리서 13장 5, 6절은 이에 대한 해결책을 제시한다). 경제적인 소득으로 가족을 부양하는 일을 우리 자신이 궁극적으로 주관한다고 생각하는가? 고용주에 의해 어려움을 당하는 것보다 하나님께 불순종한 탓에 겪게 되는 어려움이 더 크다고 생각하지 않는 것인가? 하나님이 고용주들을 주권적으로 통제하실 뿐 아니라 그들이 하나님께 대한 우리의 순종심을 시험하는 상황까지도 그분이 주관하신다는 것을 믿지 않는 것인가? 하인리히 불링거는 "가족을 부양하려면 어쩔 수 없다는 핑계로 경건함과 안식일의 거룩한 휴식을 무시한 채…주중에 하는 것처럼 그날에 일을 하는 사람은 진리로부터 엄청나게 멀리 벗어나 있다."라고 말했다.[14] 사랑하는 독자들이여, 주일에 일하기를 거절하는 것은 주일을 거룩히 지키는 가장 손쉬운 방법에 해당한다. 그렇게 작

---

14) Henry Bullinger, *The Decades of Henry Bullinger*, ed. Thomas Harding (Parker Society 1849 – 1852; repr., Grand Rapids: Reformation Heritage Books, 2004), 1:259.

은 일에 충성하기를 거부한다면 그보다 더 큰 일에는 어떻게 충성하겠는가?

물론 세상과 교회가 모두 안식일을 멸시하는 오늘날, 이런 말이 매우 어렵게 들릴 것이 분명하다. 그러나 이 말을 따르지 않는 것은 더더욱 어려운 상황을 초래한다. 하나님을 거역할 것인지, 아니면 그분께 겸손히 순종함으로써 사람들을 거역할 것인지 선택해야 한다. 지금까지 교회는 주일 성수의 중요성과 안식일을 어기는 행위에 대한 하나님의 징벌을 과소평가해 왔다. 위에서 인용한 성경 말씀이 더이상 하나님의 틀림없고 변개할 수 없는 뜻으로서 교회 위에 하나님의 권위를 끼치지 않는 것이 아니라면, 안식일을 무시하는 태도가 이미 만연한 상태에서 더더욱 크게 확대되어 암세포처럼 교회의 심장을 갉아 먹을 것이다. 하나님의 사랑과 은혜를 처음 경험한 때를 기억하고, 크게 경각심을 가지지 않으면 안 된다. 위대한 의원이신 주님은 때리셨다가도 기꺼이 치료해 주신다. 그분은 긍휼을 베풀기를 기뻐하는 하나님이시다(미 7:18). 하나님은 안식일을 어긴 교회를 향해 이렇게 말씀하신다. "하나님을 가까이하라 그리하면 너희를 가까이하시리라 죄인들아 손을 깨끗이 하라 두 마음을 품은 자들아 마음을 성결하게 하라 슬퍼하며 애통하며 울지어다 너희 웃음을 애통으로, 너희 즐거움을 근심으로 바꿀지어다 주 앞에서 낮추라 그리하면 주께서 너희를 높이시리라"(약 4:8-10).

이번 장에서는 주로 위협과 경고의 내용을 강조했지만 두 가지 사실을 기억해주기를 바란다. 하나는 그런 위협과 경고가 하나님에게서 비롯한 것이라는 사실이고, 다른 하나는 그것들이 죄의 무서움과 그리스도 안에서 나타난 하나님의 영광스러운 긍휼을 일깨워주기 위한 하나님의 부성적 사랑의 발로라는 사실이다. 하늘에 계신 우리 아버지께서는 자기가 사랑하는 자들을 징계하신다. 대개 사랑에서 우러나는 아버지의 징계는 책망의 말에서부터 시작한다. 성경은 "너희가 참음은 징계를 받기 위함이라 하나님이 아들과 같이 너희를 대우하시나니 어찌 아버지가 징계하지 않는 아들이 있으리요"(히 12:7)라고 말씀한다.

주일 성수에 대한 이견으로 인해 성도의 교제가 훼손되어서는 안 된다. 안식일의 교리는 칭의의 교리나 성경의 권위만큼 중요하지는 않다. 그러나 성경은 안식일을 지엽적인 문제로 다루지 않는다. 과연 현대 교회가 하나님만큼 안식일을 거룩히 지키는 것을 중요하게 생각하고 있다고 솔직하게 주장할 수 있을까? 주일 성수에 대한 입장이 어떻든 간에 성경이 이 문제를 매우 중요하게 다루고 있다는 사실을 기억하고, 더욱 큰 열정을 기울여 이 문제를 깊이 연구함으로써 하나님의 뜻을 이해하려고 노력해주기를 바란다.

3장
이사야서 58장 13, 14절 해석을 위한 전제들

의사소통에 문제가 생기면 극복하기가 어렵다. 두 사람이 문제를 논의할 때 "서로의 의도가 제대로 전달되지 않는" 경우가 있다. 누구나 한 번쯤은 어떤 문제를 논의하면서 서로를 이해시키지 못한 채 엇갈린 주장만 늘어놓았던 고통스러운 경험을 해본 적이 있을 것이다. 주일 성수와 관련해 하나님이 무엇을 요구하시는지를 논의할 때도 그런 상황이 종종 벌어진다. 주일의 중요성을 이해하는 것과 주일을 어떻게 지켜야 하는지 이해하는 것은 전혀 별개의 문제다. 주일 성수 방법에 관한 논의는 대개 이사야서 58장 13, 14절에 대한 해석을 중심으로 전개될 때가 많다. 이 이사야서 본문은 16세기 말부터 지금까지 주일 성수의 문제를 다루는 **표준 성구**로 일컬어져 왔다. 그러나 이 본문에 대한 의견의 차이는 우리가 거기에 어떤 전제를 부여하고 있는지를 의식하지 못하는 데서 비롯할 때가 많다. 한쪽이나 양측이 자신의 전제나 상대방의 전제를 의식하지 못하면 혼란이 야기되고, 더 이상의 논의의 진전이 이루어지지 않는다. 그렇게 되면 한쪽이 다른 쪽을 이해시키는 일이 아예 불가능하지는 않더라도 극도로 어려워지는 결과가 발생한다. 안타깝게도 우리는 마치 어린아이들처럼 "이것이 본문의 의미다", "아니다. 그렇지 않다"라고 서로 일방적인 주장만 앞세운 채 논의를 끝마칠 때가 너무나도 많다.

안식일에 관한 "청교도의" 관점을 논박하는 주장은 크게 두 가지다. 하나는 웨스트민스터 표준문서에 제시된 주일 성수의 방법이 이사야서 58장 13, 14절에 대한 의심스러운 해석에 근거하고 있다는 주장이고, 다른 하나는 그 방법이 거의 전적으로 이 하나의 본문에만 의존하고 있다는 주장이다.

그 중 첫 번째 주장에 대해 다루겠다. 이 본문을 둘러싼 논쟁의 초점은 주일에 "세속적인 직업 활동"과 "세속적인 오락"이 모두 금지되었느냐는 것이다. 나는 이번 장과 다음 장의 논의를 통해 안식일의 본질과 목적에 대한 우리의 전제가 이사야서 58장 13, 14절 해석의 방향을 이끌고, 결정하고, 한정한다는 점을 일깨우고 싶다.[1] 하나님이 안식일 하루 **전부를** 공예배와 개인예배를 드리는 날로 정해 거룩하게 하셨다고 전제하면 "안식일에는 온종일 거룩한 안식을 취하면서…다른 날에 합법적으로 용인되는 세속적인 직업 활동과 오락까지도 모두 중단하고, 공적으로나 사적으로 하나님을 예배하는 일에 시간을 온전히 바쳐 거룩히 지켜야 한다."라는 결론에 도달하기 마련이다(웨스트민스터 소요리문답 60문).[2] 나는 다른 사람들이 이 본문을 옳게 주해한 내용을 되풀이할 생각은 없다. 나는 단지 이 본문에 대한 의견들이 종종 엇갈리는 이유를 밝히고, 이 본문에 부여하는 전제들의 중요성을 재검토하도록 독려하고 싶을 뿐이다. 이를 위해 먼저 이사야가 무엇을 전제하면서 이 본문을 기록했는지 살펴보고, 또 이 본문이 무엇을 명령하고, 무엇을 금하고 있는지를 살펴보고, 그런 다음에는 지금까지 제대로 다루어지지 않았던 몇 가지 중요한 반론에 대해 대답하고 나서 안식일 준수와 관련된 영광스러운 약속들을 간단히 살펴보는 순서를 따르기로 하겠다. 그런 약속들을 생각하면 교회가 안식일을 무시함으로써 성경에 나타나는 가장 큰 축복 가운데 일부를 스스로 거부해 왔다는 사실을 알게 될 것이다.

---

1) 오웬은 늘 그렇듯이 빈틈없는 안목으로 공적으로나 사적으로 하루를 송두리째 "엄숙히 하나님을 예배하는 일"에 바쳐야 하느냐 하는 문제가 주일 성수와 관련된 모든 문제를 결정하는 열쇠라고 생각했다. "이 문제와 관련해 지금까지 일어났고, 또 여전히 진행 중인 갈등의 가장 중요한 원인이…여기에 은밀하게 감추어져 있다. 만일 사람들이 **의무의 정확한 준수**를 권하지 않고, 경건하고 신중한 태도로 공적으로나 사적으로 하나님을 예배하는 일에 참여해야 한다고 다른 사람들의 양심을 속박하지 않고, 그날의 의무에서 이탈하게 하는 모든 유희와 취미 활동을 경계하라고 요구하지 않는다면 그들은 자기가 내키는 원칙에 따라 스스로 좋다고 생각하는 대로 안식일의 교리를 가르칠 것이다. 아마도 그들은 큰 반대에 부딪칠 염려 없이 자유롭게 그런 가르침을 전할 것이다. 왜냐하면 교리와 견해들 가운데 실천이 필요한 일들이 모두 그런 생각에 따라 규정될 것이고, 그런 실천 행위가 내키는지 내키지 않은지에 따라 받아들여지거나 거부될 것이기 때문이다." Owen, "Day of Sacred Rest", 27. 간단히 말해 안식일에 하루를 오롯이 공적이거나 사적인 예배에 바쳐야 한다고 생각하지 않으면 결국에는 각자 자신이 좋은 대로 할 수밖에 없다.

2) 60문에는 "불가피한 일과 긍휼을 베푸는 일"은 제외된다는 내용도 아울러 포함되어 있다.

문맥의 중요성

사람들은 기지의 개념과 신념을 가져와서 어떤 논의에 적용하곤 한다. 성경의 저자들도 앞선 성경의 계시에서 전제를 가져와서 그들의 영감받은 기록에 적용했다. 따라서 모세 오경을 모르면 사무엘서, 열왕기서, 역대기서에 기록된 사건들의 본질을 이해하기가 어렵다. 아울러 이스라엘의 선지자들은 모세 율법은 물론, 아브라함의 언약, 이삭의 언약, 야곱의 언약을 전제로 삼아 자신이 전하는 경고와 약속의 말씀을 뒷받침하였다. 그들은 그런 진리에 관한 신학을 새로 수립하지 않고, 그것을 있는 그대로 자신의 글의 전제로 삼았다. 그들은 종종 그런 진리들을 좀 더 넓게 확장하고, 더 명확하게 드러냈지만 그것을 위한 토대를 다시 구축하지는 않았다. 이것은 선지자들이 자신의 메시지를 지지하고, 강화해주는 역사적, 신학적 체계를 전제했다는 것을 의미한다.

따라서 안식일의 목적에 관한 선지자들의 가르침은 간접적인 성격을 띤다. 그들의 가르침은 그 전에 기록된 성경의 가르침과 거기에 함축된 의미에 비춰 생각해야만 옳게 이해할 수 있다. 이사야서 58장의 전후 문맥은 이사야가 안식일을 예배를 위해 하나님께 따로 구별해 바쳐야 할 날로 이해했다는 것을 보여준다. 이사야서의 문맥에서 이 사실을 입증해주는 증거가 최소한 두 개가 발견된다. 하나는 이사야서 56장과 66장에 언급된 안식일에 관한 내용이 안식일 준수를 새 언약 아래에서의 **예배 행위**와 밀접하게 연관시키고 있다는 사실이고, 다른 하나는 바로 이 58장 안에서 안식일과 금식의 관계에 관해 말해주고 있다는 사실이다. 이 두 가지 사실을 고려하면 우리가 이사야서 58장 13, 14절의 배후에 깔린 신학적 전제들이 어떻게 이 구절의 해석에 영향을 미치는지를 이해하기가 조금 쉬워질 것이다. 안식일에 관한 이사야의 가르침에서 기본적으로 가정하고 있는 사실들은 안식일이 예배를 위해 거룩히 구별된 안식의 날로 정해졌다는 확신을 더욱 견고히 한다.

광범위한 문맥

이사야서에 나타난 안식일에 관해 내가 말하려는 내용은 지금까지 없었던 새로운 주장도 아니고, 중요한 학문적인 성과도 아니다. 예를 들어 주일을 주제로 다룬 조셉 파이파의 책이나 알렉 모티어의 이사야서 주석에서도 이사야서를 중심으로 안식일 준수와 새 언약의 관계를 훌륭하게 파헤친 내용을 발견할 수 있다.[3] 이사야서 56장과 66장의 관련 본문은 안식일을 새 언약의 예배와 밀접하게 연관시키고 있다. 이 사실을 이해하는 것은 매우 중요하다. 그러나 이 본문들이 안식일의 중요성은 예배와의 관계 안에서 발견된다고 가정하고 있다는 단순한 사실을 간과하기는 매우 쉽다.

56장에서 안식일은 세 차례 언급되었다. 문맥을 보면 안식일 준

---

3) Pipa, *Lord's Day*, 15–16; J. Alec Motyer, *The Prophecy of Isaiah: An Introduction & Commentary* (Downers Grove, Ill.: InterVarsity, 1993), 459–67, 478–84.

수가 "정의를 지키며 의를 행하는" 사람의 가장 중요한 특징으로 제시된 것을 알 수 있다(1절). "안식일을 지켜 더럽히지 아니하며 그의 손을 금하여 모든 악을 행하지 아니하여야 하나니…여호와께서 이와 같이 말씀하시기를 나의 안식일을 지키며 내가 기뻐하는 일을 선택하며 나의 언약을 굳게 잡는 고자들에게는…또 여호와와 연합하여 그를 섬기며 여호와의 이름을 사랑하며 그의 종이 되며 안식일을 지켜 더럽히지 아니하며 나의 언약을 굳게 지키는 이방인마다"(2, 4, 6절).[4] 전체적인 문맥은 고난받는 종(주 예수 그리스도)이 올 것을 약속하고 있다. 고난받는 종은 하나님의 백성이 저지른 죄 때문에 상함을 받고, 자신의 영혼을 속건제물로 드릴 것이며, 만국의 구원을 위한 언약으로 주어지게 될 것이었다(사 53:5, 10, 42:6). 파이파는 "이사야서의 이 부분은 궁극적으로 예수 그리스도와 새 언약의 백성을 가리킨다."라고 말했다.[5]

하나님의 백성에 합류하게 될 두 부류의 사람들은 "고자들"과 "이방인들"이었다(4, 6절). 그들은 하나님의 성전 안에서 아들이나 딸보다 더 나은 자리와 이름을 부여받게 될 것이었다(5절). 그들은 "만민이 기도하는 집"에 와서 기도와 희생 제사를 드릴 것이었다(7절). 본래 옛 언약 아래에서는 이방인들과 고자들이 이스라엘의 예배에 참여하는 것이 금지되었다(레 21:20, 신 23:1, 겔 44:9 참조). 비록 이사야는

---

4) 안식일을 지키는 것과 언약을 지키는 것이 은연중에 서로 연관되어 언급되고 있는 것에 주목하라. 이것은 출애굽기 31장과 같은 성경 본문들을 상기시킨다.

5) Pipa, *Lord's Day*, 15.

구약 시대의 예배 용어를 사용하고 있지만 긍휼의 수문이 활짝 열려 하나님의 은혜가 만국 백성에게 강물처럼 흘러내릴 때를 바라보았다. 그날에는 고자들이 주님의 이름으로 부르심을 받아 구원을 얻고(행 8:27, 38-40), 이방인들과 유대인들이 한가지로 예수 그리스도를 믿는 믿음으로 구원을 받게 될 것이었다(행 15:11).[6] 이사야가 안식일 준수 하나만을 뚝 떼어서 언약에 대한 신실함의 표로 제시할 때 공예배에 참여하는 일에 즉각 관심을 돌린 것은 매우 의미심장하다. 예배는 율법에서 안식일과 관련된 가장 중요한 활동이었다. 이사야는 공예배에 참여하는 것을 안식일을 충실하게 지키는 증거로 간주했다. 예배는 안식일에 수행하는 의무들 중에 하나가 아니라 안식일 준수의 개념 자체를 지탱하는 필수 요소로 다루어져야 한다.

이사야서를 끝맺는 마지막 내용에도 안식일이 언급되었다(사 66:22-24). 이사야서 예언의 절정에 해당하는 그 앞의 문맥을 보면 모든 민족이 하나님의 영광을 보기 위해 몰려올 것이라는 예언이 발견된다(18절). 그런 민족들 가운데 일부는 하나님의 백성의 "형제들"이 될 것이다(20절). 하나님은 "나는 그 가운데에서 택하여 제사장과 레위인을 삼으리라"(21절)라고 약속하셨다. 이방인들은 그리스도로 말미암은 새 언약 안에서 그런 놀라운 축복을 누리게 될 것이었다. 이사야는 새 하늘과 새 땅이 존재하는 한, 그들의 이름과 후손들이

---

6) 다음의 자료를 참조하라. Allan Harman, *Isaiah: A Covenant to Be Kept for the Sake of the Church* (Fearn, U.K.: Christian Focus Publications, 2005), 377–79.

영원할 것이라고 약속하고 나서(22절. 56장 5절에서 이방인들과 고자들에게 "이름"과 "자리"가 주어진 것과 비교하라) "여호와가 말하노라 **매월 초하루와 매 안식일에** 모든 혈육이 내 앞에 나아와 예배하리라"(23절)라고 말했다. 이 본문의 세부 내용을 어떻게 이해하든지 간에 안식일이 새 언약과 연관된 것은 너무나도 분명하다.[7] 안식일을 공예배와 연관시킨 것은 주목할 만한 가치가 있다. "초하루"는 옛 언약 아래에서 예배를 위해 따로 구별된 날 가운데 하나였다. 물론 "초하루"의 절기는 지금은 더 이상 지킬 필요가 없다(골 2:16). 여기에서 중요한 것은 이사야가 하나님 앞에서 예배를 드리는 일을 초하루나 안식일에 해야 할 가장 중요한 활동으로 간주했다는 사실이다.

이사야서의 본문들에서 안식일과 예배가 밀접하게 연관된 사실에 주목하라. 고자와 이방인들이 안식일에 한 일이 무엇일까? 그들은 성전에 나와 공예배에 참여했다. 66장에 언급된 사람들은 안식일에 무엇을 했을까? 모든 혈육이 나와 하나님을 예배했다. 이사야가 안식일을 예배의 날로 전제했고, 그의 글을 읽는 독자들이 안식일에 공예배를 드리는 장소에 참여하는 것을 안식일을 충실하게 지키는 증거로 이해했다는 사실은 매우 중요하다. 이사야는 마치 자기 학생들이 자신의 강의를 듣기 위해 먼저 다른 과목들을 이수했을 것이라고 전제하고 그들을 가르치는 교수와 비슷하다. 구약 시

---

7) 이 본문과 안식일의 영속성과 관련된 그 의미를 좀 더 자세하고, 흥미롭게 논의한 내용을 살펴보려면 다음의 자료를 참조하라. Campbell, *On the First Day of the Week*, 84-85.

대에는 안식일에 성전 예배에 참여할 상황이 되든 안 되든, 모든 이스라엘 백성에게 안식일마다 "성회"로 모이라는 명령이 주어졌다(레 23:3). 안식일은 하나님이 자기를 예배하고, 섬기게 하기 위해 "거룩히 구별하신" 날이었다(창 2:2, 3 참조). 이사야서의 본문들은 하루 전체를 전적으로 예배만을 위한 날로 구별해 "하나님께 거룩히 바쳐야 한다"는 주장과 일맥상통한다. 이사야는 백성들에게 안식일에 휴식을 취하라고 명령하지 않았다. 그는 안식일에 예배를 드리라고 명령했다. 만일 이사야가 하나님의 영감을 받아 노동을 중단하고 휴식을 취하는 것을 안식일 준수의 중요한 골자로 생각했다면 예배를 안식일에 해야 할 유일한 활동으로 간주했을 리가 만무하지 않겠는가? 아담과 하와가 낙원에서 일주일에 하루 동안 노동의 즐거움을 중단한 이유는 아무런 방해도 받지 않고 하나님을 예배하며, 그분과 교제하는 더 큰 즐거움을 누리기 위해서였다. 그와 마찬가지로 이사야서 56장과 66장에 언급된 이방인과 고자들도 안식일에 함께 모여 예배를 드림으로써 하나님께 대한 신실함을 나타냈다. 이사야서 58장 13, 14절을 옳게 이해하려면 이 점을 꼭 기억해야 한다.

직접적인 전후 문맥

이사야서 58장을 읽으면서 안식일 준수를 다룬 두 구절이 금식을 다룬 내용에 이어 갑작스레 툭 튀어나온 이유를 궁금하게 생각해 본 적이 있는가? 이사야서의 내용은 대개 하나의 주제를 몇 장에 걸쳐 연속해서 다루는 형태를 띠고 있다. 예를 들어 13-24장은 당시에 가장 강대했던 몇몇 나라들에 대한 하나님의 심판을 다루면서 그런 나라들이 멸망한 후에 땅이 "공허하고" "황폐하게" 되었다는 말로(24:1) 전체적인 내용을 간결하게 요약했다. 또한 40-46장은 우상숭배의 죄를 주의 깊게 다루고 있다. 이런 사례들은 이밖에도 많다. 이사야가 자신의 예언을 "아무렇게나" 되는 대로 언급했다고 생각하는 것은 바울이 로마서에서 오직 그리스도를 믿는 믿음으로 의롭다 하심을 받는다고 말하고 나서 성화와 개인적인 경건에 관한 논의를 "아무렇게나" 되는 대로 다루었다고 생각하는 것과 같다.[8]

그렇다면 이사야서 58장에서 금식과 안식일이 연결되어 나타나는 것을 어떻게 합리적으로 설명할 수 있을까? 이미 앞에서 안식일 준수가 그리스도를 통한 새 언약의 도래라는 광범위한 주제와 어떤 관련을 맺고 있는지를 살펴보았다. 그런데 특별히 이 시점에서 다시 안식일이 언급된 이유는 무엇일까? 이사야는 55장에서는 하나님이 값없이 긍휼을 베푸신다고 말했고, 56장에서는 하나님이 만민을 권고하시며, 그들에게 약속을 주셨다고 말했으며, 57장에서는 하나님이 회개를 촉구하신다고 말했다. 그리고 나서 그는 58장에서 백성들의 "여러 가지 반론에 대답하기" 시작했다. 하나님은 58장 1절에서 그에게 "크게 외치라 목소리를 아끼지 말라 네 목소리를 나

---

8) 이사야서의 예언은 처음부터 끝까지 매우 부드럽게 끊김 없이 일관되게 이어지고 있다. 따라서 이사야서가 여러 저자가 쓴 글을 편집한 것이라는 주장은 설득력이 없다. 그런 상상의 저자들을 떠올리는 이유는 이사야의 논증이 다음 단계로 발전하면서 그에 따라 주제가 적절하게 변경되는 것을 그릇 이해하기 때문이다.

팔 같이 높여 내 백성에게 그들의 허물을, 야곱의 집에 그들의 죄를 알리라"고 명령하셨다. 2, 3절은 백성들이 자신들을 단죄하는 하나님의 말씀에 반론을 제기하는 내용을 다룬다. 그들은 하나님이 정해주신 의식들을 잘 지켰는데 하나님이 자신들을 돌아보지 않으신다고 불평했다.

하나님은 먼저 그들이 언급한 의식, 곧 금식에 대해 말씀하셨다. 하나님은 그들의 금식이 어떻게 잘못되었는지를 지적하시면서 하나님을 기쁘시게 하는 금식에 대해 가르쳐 주셨다. 그분의 말씀에는 금식 자체를 경건의 증거로 삼는 그들의 생각이 잘못되었다는 의미가 담겨 있다. 그들은 금식을 자신의 경건을 자랑하는 수단으로 이용했다(2, 5절). 그렇게 자랑하면서 불의를 저지르고, 일꾼들을 압제하고(3절), 폭력을 즐기고(4절), 가난한 자를 멸시하는(6, 7절) 행위는 그들의 종교적인 위선을 여실히 드러냈다. 하나님은 그들에게 두 가지 방법으로 회개를 촉구하셨다. 첫 번째로 그들에게 합당하게 금식하는 방법과 그들이 저지른 불의를 회개하는 방법을 가르치셨고, 두 번째로 안식일 준수를 통한 진정한 순종과 섬김의 길을 알려주셨다. 1장에서 우리가 살펴본 것처럼 안식일은 하나님의 백성의 영적 상태를 진단하는 "시금석"에 해당한다. 이사야서 58장에서 안식일과 금식이 연결되어 나타나는 이유는 금식은 하나님을 섬기는 보조적인 수단이고, 안식일은 절대적으로 필요한 핵심적인 수단이기 때문이다. 금식은 하나님이 제정하신 것이지만 그 시기와 빈도수는 상황의 요구에 따라 인간이 결정한다. 그러나 안식일은 하나님을 예배하고, 섬기는 날로 매주 어김없이 찾아온다. 하나님이 덜 중요하게 여기시는 의무는 강조하고, 성경적인 종교의 핵심에 해당하는 의무는 무시하는 행위는 인간들의 고질적인 병폐다. 이스라엘 백성은 인간 중심적인 "종교적" 금식의 형태를 즐겨 행했다. 안식일이 그들의 문제를 해결하는 방책으로 제시된 이유는 그것이 하나님 중심적인 특성을 지니고 있기 때문이다. 아이러니하게도 이스라엘 백성은 애통하며 금식하는 것을 자랑으로 내세웠지만 하나님은 기뻐하며 즐거워하는 그분의 날을 강조하셨다. 일주일 가운데 하루를 하나님을 예배하고, 그분과 교제하는 일에 온전히 헌신하는 것보다 형식적 종교성과 교만과 속된 마음을 죽일 수 있는 더 좋은 방법은 없다.

그러나 금식과 안식일의 관계가 지니는 의미는 이것이 전부가 아니다. 지난 10여 년 동안 이 본문에 대해 많은 사람에게 말씀을 전하면서 13, 14절에 대해 의견들이 엇갈리는 이유가 58장에 나타나는 금식과 안식일의 관계를 이해하는 방식 때문이라는 확신이 차츰 커졌다. 우리가 서로를 이해하지 못하는 이유 가운데 하나는 이둘의 관계에 대한 각자의 관점이 다르고, 그것이 논의 중에 분명하게 드러나는 경우가 드물기 때문이다. 서로가 이 본문에 상반되는 전제들을 적용하다 보니 충돌을 일으킬 수밖에 없다. 가장 흔한 현상은 한쪽에서는 금식에 관한 가르침이 이 장의 마지막 부분에 기록된 안식일 준수에 관한 논의의 한계를 설정한다고 생각하는 반면에, 다른 한쪽에서는 광범위한 문맥에만 초점을 맞추면서 58장

1-12절을 무시한 채 56장과 66장의 내용만을 근거로 58장 13, 14절을 해석하려고 시도하는 것이다. 그러나 나는 제3의 방법을 제안한다. 이 방법은 금식에 관한 가르침을 완전히 무시하지도 않고, 또 그것을 안식일 준수를 위한 패턴으로 간주하지도 않는다. 이 방법은 오히려 안식일을 금식을 위한 패턴으로 간주해 둘의 관계를 파악하려고 시도한다.[9]

안식일 준수와 금식은 다양한 각도에서 비교가 가능하다. 안식일은 십계명의 일부로서 매주 반드시 지켜야 하는 의무이고, 금식은 적절한 때에만 이행하는 의무다(슥 7:1-7, 8:18, 19 참조). 이 두 의무를 이행하는 방식은 서로 비슷하다. 금식의 목적은 단지 음식을 먹지 않는 데 있지 않다. 그런 목적의 금식은 그냥 다이어트에 불과하다. 금식의 목적은 겸손한 태도와 간절한 기도로 하나님을 구하는 것이다(느 1:4-6).[10] 이것은 금식의 날이 노동과 활동을 줄이고, 더 많은 시간을 기도에 할애하는 날이라는 것을 의미한다. 안식일과 금식의 목적은 극과 극이라고 일컬어질 만큼 서로 판이하지만(이것이 많은 사람이 안식일에 금식하지 말라고 조언하는 이유다),[11] 둘 다 좀 더 직접적이고, 전

---

9) 오웬은 이 개념을 온전히 발전시키지도 않았고, 이 본문을 구체적으로 다루지도 않았지만 금식과 안식일 준수를 이런 식으로 연관시키는 단초를 제공했다. Owen, *Hebrews*, 2:281.

10) 청교도 헨리 스쿠더는 종교적인 금식은 "자발적으로 음식과 음료와 세상의 일과 즐거움을 삼가고, 하나님 앞에서 몸과 마음을 철저하게 겸손히 낮춰 간절히 기도하기 위해 하루를 거룩히 구별해 주님께 바치는 것을 의미한다."라고 말했다. Henry Scudder, *The Christian's Daily Walk* (repr., Harrisonburg, Va.: Sprinkle Publications, 1984), 49.

폭적으로 하나님을 구하기 위해 따로 구별된 날이라는 점에서는 서로 비슷하다. 이런 점에서 안식일은 예배의 날이요 축제와 기쁨의 날이지만 금식의 날(곧 겸손히 의지하는 태도로 애통해할 뿐 아니라 심지어는 깊은 자책감을 느끼면서까지 하나님을 예배하는 날)을 위한 패턴이 된다(단 9:3-19 참조). 안식일이 단지 금식의 날 외에도 유대력에 명기된 모든 종교적인 절기를 위한 패턴이었다는 사실을 기억해야 한다. 이것이 속죄일, 나팔절, 장막절을 비롯해 이스라엘의 모든 절기와 금식의 날이 "안식일"로 일컬어졌던 이유이자(레 16:31, 23:24, 32, 39 참조), 안식일이 다른 모든 절기의 서두를 장식했던 이유다(레 23:3). 매주의 안식일은 유대 사회에서 한 해 동안 이루어지는 중요한 이벤트들을 모두 아우르는 청사진을 제시했던 항구적인 원리였다. 결국 이사야서 58장은 금식이라는 하위 개념에서 안식일이라는 상위 개념으로 나아간 것이다. 따라서 13, 14절에 나타나는 모든 용어의 의미를 전적으로 1-12절의 관점에서만 파악하려고 시도해서는 안 된다. 그것은 몸을 보고 그림자의 형상을 이해하려고 하기보다 그림자의 형상을 보고 몸을 묘사하려고 하는 오류에 빠지는 길이다.

1-12절에 나오는 일꾼들에 대한 압제와 물질적인 욕망과 탐심

---

11) 예를 들면 다음의 자료를 참조하라. Richard Baxter, *A Christian Directory* (Grand Rapids: Reformation Heritage Books, 2005). Dabney도 안식일은 기뻐해야 할 날이기 때문에 그날에 금식하는 것이 "잘못"이라고 주장했던 테르툴리아누스와 같은 초기 교부들의 말을 인용했다. R. L. Dabney, "The Christian Sabbath: Its Nature, Design, and Proper Observance," in *Discussions* (1890; repr., Harrisonburg, Va.: Sprinkle Publications, 1982), 1:537.

에 초점을 맞춰, 하나님이 13절에서 단지 상거래를 하는 행위에만 관심을 기울이신 것처럼 생각하는 사람들이 많다.[12] 그들은 금식에 관한 가르침을 안식일 준수의 패턴에 적용하는데 이는 부적절하다. 안식일이 예배가 아닌 노동의 중단에 중점을 두고 있다고 전제하면 그렇게 생각하는 것이 당연하다. 안식일의 목적을 휴식으로 전제하면 금지되는 것은 단지 노동뿐일 것이다. 그러나 하나님이 자신을 위해 하루를 온전히 거룩하게 하셔서 그분의 피조물들이 주중에 하는 모든 종류의 활동으로 인한 주의분산에서 벗어나서 하나님과의 교제를 누리게 하신 것이라면, 이사야서의 본문은 단지 노동의 중단을 훨씬 넘어서는 의미를 지니고 있게 된다. 한 마디로 안식일 계명은 공적이거나 사적인 예배의 의무를 방해하는 모든 종류의 활동을 금지한다. 이사야는 안식일의 본래 목적이 예배이며 예배가 안식일에 관한 우리의 모든 생각과 견해를 지배하는 요인이 되어야 한다고 강력하게 시사하고 있다. 만일 제4계명의 초점이 "아무 일도 하지 말라"가 아니라 "거룩히 지키라"에 있다는 확신을 갖지 못한다면 이사야서 58장 13, 14절의 세부 내용을 논의할 때마다 서로 엇갈린 주장을 펼칠 수밖에 없다. 안식일의 목적에 관한 성경적인

---

12) 예를 들어 *Reformation Study Bible*은 13절을 설명하면서 "그들의 목적은 사회적인 위신과 경제적인 이익과 정치적인 지위에 있었다."라고 주장했다. R. C. Sproul, ed., *The Reformation Study Bible* (Orlando: Ligonier Ministries, 2005), 1035. 그것이 그들의 목적일 수도 있었을 테지만 인간의 목적이 안식일 준수에 관한 하나님의 목적을 제한한다고 생각할 수는 없다. 그런 식의 주장에는 하나님이 인간의 방식을 자신의 방식과 대조시켜 능동적으로 가르침을 베푸실 수는 없고 단지 인간의 잘못에 수동적으로 반응하거나 그들의 잘못을 바로잡아 주실 수만 있다는 의미가 내포되어 있다.

전제를 토대로 이사야서 본문에 접근해야만 비로소 그 의미와 적용
을 옳게 이해할 수 있다.

4장
이사야서 58장 13, 14절이
금지하는 것과 명령하는 것

안식일의 목적이 하나님을 예배하고, 그분의 백성과 교제를 나누는
데 있다고 전제하고 이사야서 58장 13, 14절이 금지하는 것과 명령
하는 것을 살펴보면, 〈웨스트민스터 소요리문답〉의 결론이 이상하
게 보이지 않을 것이다. 나는 논의를 간결히 하기 위해 이사야서 본
문이 금지하는 것은 세 항목으로, 명령하는 것은 두 항목으로 간단
히 정리해서 살펴볼 생각이다. 이 본문은 안식일 준수의 지침이 되
는 실천 원리를 몇 가지 가르친다.

금지하는 것과 명령하는 것

금지하는 것

하나님은 이사야를 통해 이스라엘 백성에게 "안식일에 네 발을

금하라"고 요구하셨다(13절). 이 말씀은 안식일을 발로 짓밟아서는 안 된다는 개념을 담고 있다. 안식일은 거룩한 날이다. 하나님은 자신이 임한 곳은 거룩하기 때문에 모세에게 신발을 벗으라고 명령하셨다(출 3:5). 그분은 우리에게도 예배의 목적을 위해 "거룩하게 한" 날을 발로 짓밟지 말라고 명령하신다. 하나님이 이사야서 본문에서 안식일을 더럽히는 일이 없도록 금지하신 일은 모두 세 가지("네 길로 행하지 않는 것", "네 오락을 구하지 않는 것", "사사로운 말을 하지 않는 것")이었다.

"네 길로 행하지 말라." 이 문구에서 가장 먼저 주목해야 할 사실은 이사야가 어느 날에든 죄가 되는 행위를 삼가라고 명령하지 않았다는 것이다. 그것은 명백한 일이었기 때문에 굳이 말할 필요가 없었다. 죄는 언제 어느 때고 항상 죄다. 따라서 죄를 금지하는 것은 안식일 준수와 특별한 관련이 없다. 장로교 신자인 윌리엄 플러머는 이렇게 말했다.

> 어떤 사람들은 복음의 시대는 영적인 시대이기 때문에 주일에는 노동이나 장사를 중단할 필요는 없고, 단지 죄만 짓지 않으면 된다는 식으로 말한다. 그런 주장에 대한 답변으로는 어떤 날이든 죄는 무엇이든 삼가야 한다는 한 마디면 충분하다. 혹시라도 엿새 동안 자유롭게 실컷 죄를 짓다가 단 하루만 죄를 삼가면 된다는 주장을 뒷받침해줄 증거를 제시한다면 언제라도 충분히 시간과 정성을 들여 자세하게 대답해줄 용의가 있다.[1]

따라서 여기에서 "네 길"은 주중에 일상적으로 이루어지는 활동을 가리키는 것이 분명하다. 안식일은 하나님의 거룩한 날이다. 그날은 일상적인 삶의 활동이 중단 없이 진행되는 날이 아니다. 일꾼들은 노동을 쉬고, 사업가는 업무 출장을 삼가고, 학생들은 공부를 중단하고, 가정주부는 집안일을 미뤄야 한다. 〈웨스트민스터 소요리문답〉이 말하는 "세속적인 직업 활동과 오락"에서 "세속적인"은 "죄가 되는"이 아닌 "일상적인, 또는 일반적인"을 의미한다.

　　"네 오락을 구하지 말라." 이 금지 명령은 13절에서 두 차례나 강조되었다. 다른 두 가지 금지 명령이 이 금지 명령에 모두 요약되어 있다. 이는 "네가 좋은 대로 행동하지 말라"라는 뜻이다. 간단히 말해 하나님을 기쁘시게 하는 일이 아니라 우리를 즐겁게 하는 일을 함으로써 안식일을 범할 수 있다. 보다시피 이 본문의 금지 명령은 모두 다 "너 자신의"라는 말로 시작되고 있다. 본문은 "너 자신의 길", "너 자신의 오락", "너 자신의 말"을 하나님의 길, 하나님의 즐거움, 하나님의 말씀과 은연중에 대조하고 있다. 안식일은 우리의 날이 아닌 하나님의 거룩한 날이다. 안식일은 우리를 즐겁게 하는 일을 우리 스스로 결정할 수 있는 "쉬는 날"과는 전혀 다르다. 우리는 항상 "예배를 위해 따로 구별된 날에 무엇으로 하나님을 기쁘시게 해드릴까?"라고 물어야 한다. 단지 일반적인 차원에서 "하나

---

1) 1. William S. Plumer, *The Law of God* (1864; repr., Harrisonburg, Va.: Sprinkle Publications, 1996), 307.

님이 기뻐하시는 일이 무엇일까?"라고 묻는 것만으로는 충분하지 않다. "이날에 하나님을 기쁘시게 하는 것이 무엇일까?"라고 물어야 한다. 안식일의 목적이 노동으로부터의 휴식에 있다고 생각하면 "네 오락", 곧 "너 자신의 즐거움"을 주중의 노동과 일상의 일을 쉰다는 관점에서 이해할 가능성이 크다. 그러나 안식일을 예배를 위해 거룩히 구별된 날로 생각하면 "네 오락"을 그것이 다른 날에 얼마나 합법적이고, 적절한 것인지에 상관없이 그날에 적합하지 않은 활동을 가리키는 의미로 이해할 수 있을 것이다. (잠시 뒤에 다루게 될) 이사야서 58장 13절의 긍정적인 명령들을 살펴보면 비록 합법적인 즐거움일지라도 안식일에는 모두 중단해야 하는 이유가 하나님이 그날에 의도하신 더 큰 즐거움을 누리기 위해서라는 것을 분명하게 알 수 있다.

여기에서 안식일과 관련된 오락의 문제를 살펴보는 일이 적절한 이유는 그것이 웨스트민스터 표준문서가 가르치는 안식일에 관한 내용 가운데서 가장 흔한 반론을 일으키는 요인이기 때문이다. 왜 다른 날에는 합법적인 오락이 안식일에는 금지되는 것일까? 그 이유는 그것이 안식일의 목적에 부합하지 않기 때문이다. 많은 사람이 다양한 이유를 들어 이 원리를 거부한다. 어떤 사람들은 안식일에 예배를 방해할 수도 있는 "계획적인 오락 활동"만을 삼가면 된다고 주장한다(그렇다면 무계획적인 오락 활동은 괜찮다는 것일까?). 또 어떤 사람들은 안식일에 부적절하다고 생각하지 않는 "무해한 여가 활동(예를 들면 자전거 타기, 수영, 골프 등)"을 제시하기도 한다. 내가 보기에 그런 반론들은 잘못된 관점에서 오락의 문제를 다루는 것처럼 보인다. 세속적인 오락이 예배를 위해 구별된 날에 어울리지 않는 이유는 사사로운 말을 하지 말라는 문제를 다룬 아래의 논의를 통해 더욱 분명하게 드러날 것이다. 안식일에 오락을 비롯한 다른 활동들이 가능한지에 관한 문제는 "그런 활동이 왜 잘못인가?"가 아니라 "그런 활동이 안식일의 목적에 부합하는가?"라는 관점에서 다루어져야 마땅하다. 안식일에 단지 휴식의 목적으로 이루어지는 활동은 무엇이든지 안식일의 목적에 부합하지 않는다. 오직 하나님을 예배하는 데 이바지할 수 있는 활동만이 그날의 목적에 부합한다.[2] 사실 오락은 다른 활동에 생각을 집중하는 것조차도 못하게 방해한다. 그러니 그것이 하나님을 기쁘시게 해야 할 그분의 "거룩한 날"에 "우리 자신을 기쁘게 하는" 일을 하는 것이 아니고 무엇이겠는가?

오늘날과 같은 세상에서 주일은 오락, 스포츠, 직업 활동으로부터 자유로운 상태에서 영원한 현실에 생각과 관심을 집중할 수 있는 유일한 시간이다. 물론 오락과 여가 활동을 통해서도 하나님께 영광을 돌릴 수 있다. 그러나 내가 "자유로운"이라고 말한 이유는 오락과 여가 활동에 모든 것을 소진하는 요즘 같은 시대에는 그렇게 하기가 불가능하기 때문이다. 조나단 에드워즈는 "안식일에는 우스갯소리나 장난스러운 농담"은 절대 하지 않겠다고 결심했다.

---

2) 나는 이 점을 이번 장에서 좀 더 자세하게 논의할 생각이다. 안식일에 오락을 즐기는 것에 관해 좀 더 자세히 살펴보고 싶으면 다음의 논문을 참조하라. Lane Keister, *The Confessional Presbyterian Journal* 5 (2009), 229-38.

처음에는 그의 말이 좀 아리송하게 느껴졌다. 그러나 에드워즈의 말은 왕 중 왕이신 하나님을 예배하는 일에 바쳐진 날은 온전히 거룩하고, 진지하게 보내야 한다는 의미였다. 물론 여기에서의 요점은 유머도 없고, 기쁨도 없이 안식일을 지내야 한다는 것이 아니다. 찰스 스펄전과 같은 사람들은 그날의 엄숙함을 깨뜨리지 않으면서도 경건한 방식으로 유머를 사용할 줄 아는 능력이 있었다. 안식일의 기쁨은 그야말로 최상의 기쁨이어야 한다. 왜냐하면 그날은 신자들이 가장 큰 특권을 누리는 날이기 때문이다. 안식일에 오락을 즐기는 것은 신랑이 결혼식 도중에 축구 경기의 점수에 관심을 기울이는 것이 부적절한 것만큼이나 부적절한 일이다. 오락은 노동을 쉬는 날에는 아무런 상관이 없지만 예배의 즐거움을 위해 정해진 날에는 전혀 적합하지 않다.

　"사사로운 말을 하지 말라." 아마도 이것이 안식일 준수의 가장 어려운 부분일 것이다. 우리는 다른 모든 계명의 경우에 행위만이 아닌 말로도 얼마든지 하나님의 율법을 어길 수 있다고 생각한다. 그렇다면 안식일은 어떤가? 말로 안식일을 어긴 적은 없는지를 마지막으로 생각해본 적이 언제인가? 혹시 제4계명을 십계명 중에서 아무런 말이나 행위를 하더라도 상관없는 유일한 계명으로 생각하고 있지는 않은가? 설혹 안식일의 목적이 노동을 쉬는 것으로 축소될 수 있다고 생각하더라도 행위는 물론, 마음과 말로도 그날을 거룩히 지켜야 할 의무는 여전히 존재한다. 아무리 줄여 말하더라도 안식일에 우리의 일에 관해 불필요한 말을 늘어놓아서는 안 된다는 것은 두말할 필요조차 없다. 제4계명이 금지하는 활동들에 대한 말을 마구 늘어놓으면서 어떻게 그 계명을 잘 지키고 있다고 말할 수 있겠는가? 이 문제는 실제로 간음을 저지르지는 않았지만 항상 친구들과 아내에게 다른 여자들과 관계를 맺고 싶다고 말하는 사람의 경우와 비슷하다. 마음에 있는 것이 입으로 나오는 법이다(마 15:19, 20). 안식일에 마음으로 세상의 일을 생각하며 입으로 말한다면 비록 일하러 가지 않더라도 어떻게 안식일을 옳게 지키고 있다고 말할 수 있겠는가? 그것이 곧 위선의 본질이 아니겠는가?

그렇다면 오락의 경우는 어떨까? 안식일에 세속적인 오락이 금지되었는데 그것을 생각하고, 말하는 것이 과연 온당할까? "스포츠 경기"를 보기 위해 예배가 끝나자마자 서둘러 달려가는 행위는 속마음을 고스란히 드러내는 것이 아니겠는가? 언젠가 주일에 한 친구의 집에서 교제를 나눈 적이 있었다. 그 자리에 같이 있던 한 사람이 시간이 흐를수록 초조한 기색을 드러내기 시작했다. 마침내 그는 더는 참을 수가 없었던지 거실로 가서 "슈퍼볼 경기"를 보기 위해 텔레비전을 켰다. 우리 일행 중에 대다수는 그날에 "슈퍼볼 경기"가 있다는 사실조차 까맣게 잊고 있었다. 결국 스포츠 경기 때문에 신자들의 은혜로운 교제의 시간이 취소되고 말았다. 그리고 일단 그것에 대해 말하기 시작하자 모두 영원히 거기에 빠져들어 나오기를 원하지 않았다. 나를 안타깝게 만드는 것은 "슈퍼볼 경기인데 그 정도는 이해해야죠."라고 말할 사람들이 있을 것이 틀림없다는 사실이다. 이것은 다음 장에서 다루게 될 신앙생활의 큰 문제를 단적으로 보여준다.

불신자의 관점에서 우리 자신을 바라보면 상당한 도움을 얻을 수 있다. 우리는 하나님이 영광스럽고, 완전한 속성을 지니고 계신다고 말한다. 그분의 완전한 정의는 죄인이 영원하신 주님을 거역했기 때문에 영원한 지옥의 형벌을 받아야 마땅하다고 요구한다. 또한 하나님이 인류 가운데서 단 한 사람도 죄와 비참에서 구원하지 않더라도 여전히 정당하고, 의로우시지만 그분은 온전한 하나님이자 온전한 인간이신 아들을 보내 죄인들을 구원하셨다. 우리는 둘째 아담이신 예수님이 우리를 대신해 십자가를 짊어지고, 하나님 앞에서 죄인이 되어 그분의 진노와 저주를 남김없이 감당하신 덕분에 우리가 그분 안에서 하나님의 의가 되었다고 고백한다(고후 5:21). 우리는 하나님이 우리의 의로운 행위가 아닌 은혜로 우리를 구원하셨고, 믿음으로 자신의 약속을 받아 누리게 하신다고 믿는다(딛 3:5). 우리는 다른 사람들에게 성령께서 우리 안에 거하시고, 하나님 앞에 나아갈 수 있는 특권이 우리에게 주어졌다고 말한다. 하나님의 아들이 우리를 위해 이루신 일 때문에 우리는 하나님을 아버지라고 부를 수 있다. 우리 가운데 두세 사람이 주님의 이름으로 모이면 주님이 그들 중에 거하신다(마 18:20). 우리는 영적 예배의 행위를 통해 우리 자신을 산 제물로 드리려고 노력한다(롬 12:1, 2). 우리는 매주 공예배를 드릴 때마다 불신자들이 찾아와서 죄를 깨닫고, 엎드려 "하나님이 참으로 너희 가운데 계신다"(고전 14:25)라고 말하게 해달라고 기도한다.

그러나 불행하게도 정작 불신자들이 우리에게 찾아오면 우리는 주님의 영광과 지식에 넘치는 그리스도의 사랑에 관해 말하기보다 골프 일정, 슈퍼볼 경기, 월드시리즈, 축구 경기에 관해 말한다. 불신자들이 그런 말을 들으면 어떤 생각을 할까? 그들이 엎드려 "당신들 가운데 하나님이 계십니다."라고 말하기를 기대할 수 있을까? 과연 그들이 영광스러운 구원의 계획을 경이로워하며, 영광스러운 하나님이 자기 백성을 어떻게 변화시키셨는지를 보고 놀라워할까? 우리의 생각은 온통 우리 오락의 성소에 거할 뿐인데 우리가 하늘의 지성소에 들어갔다고 생각해주기를 바랄 수 있을까? 이런 점들을 생각하면 오락이 예배의 날과 양립할 수 없는 이유를 분명히 알 수 있지 않은가? 우리가 주일에 하나님의 임재에 조금도 영향을 받지 않는 것처럼 자유롭게 말하다가 낯선 방문객이 보이면 급히 행동과 말을 바꾸는 모습을 보여준다면 과연 어떤 인상을 주게 될까? 주일에 동료 신자들과 덕스러운 교제를 나누기를 바라면서 한 주, 한 주를 힘겹게 살아가는 과부나 힘든 직장 생활에 지친 몸을 이끌고 위로와 영광을 갈망하는 마음으로 주일에 예배당에 나온 경건한 신자를 생각해야 옳지 않을까? 안식일에 관해 어떤 신념을 가지고 있든 상관없이 은혜롭지 못한 대화를 남발한다면 그런 사람들을 해롭게 하고, 슬프게 할 것이 분명하다. 주일 예배 전과 후에 신자들이 나누는 대화를 들어보면 우리의 믿음이 얼마나 보잘것없는 것인지를 생생하게 알 수 있다. 이런 현상은 주일 예배에만 국한되지 않고, 주님께 거룩히 바쳐야 할 주일 전체에 걸쳐 나타난다. 무분별한 말과 대화로 우리 자신과 다른 사람들에게 주어진 안식일과 공예배의 축복을 어떻게 훼손하고 있는지 깊이 생각해봐야 할 필요가 있다.

명령하는 것

이사야서 58장 13절이 안식일 준수와 관련해 명령하는 것은 "안식일을 일컬어 즐거운 날이라 하라"라는 문구로 간결하게 요약된다. 참으로 놀라운 명령이 아닐 수 없다. 이 계명은 "어렵지만 잘 감당해야 한다."라고 말씀하지도 않고, "단조롭고 지루한 날을 위해 네 즐거움을 잠시 중단하라."라고 명령하지도 않는다. 이 계명은 안식일을 즐거워함으로써 그날을 존귀하게 여기라고 명령한다. 다시 말해 안식일을 지키는 일이 기쁘지 않으면 그날을 올바로 지켰다고 말할 수 없다.

안식일의 기쁨은 그날의 목적과 밀접하게 연관된다. 안식의 날을 지킴으로써 얻어지는 심신의 유익에 초점을 맞춰 다른 사람들에게 안식일을 지키라고 권유하는 것은 문제가 있다. 워필드는 그런 식의 논리는 안식일을 완전히 망치는 결과를 초래할 수밖에 없다고 옳게 지적했다.[3] 안식일에 누리는 사사로운 즐거움은 하나님 중심적이라기보다는 인간 중심적이다. 월터 챈트리는 이렇게 말했다.

---

3) 이것이 워필드가 그의 논문을 쓴 이유였다. 다른 사람들은 안식일의 유익에 근거해 그날을 옹호했지만 워필드는 성경에 근거해 그날을 옹호했다. B. B. Warfield, "The Foundations of the Sabbath in the Word of God," in *Selected Shorter Writings*, ed. John E. Meeter (Phillipsburg, N.J.: P&R, 1970), 1:308–9.

"매일 비슷한 활동만 반복하는 일을 중단하면 심리적으로나 육체적으로 많은 유익이 있다. 그러나 안식일의 목적은 어느 모로 보나 휴식이 아니다. 그날에 일을 중단하는 이유는 우리 자신을 하나님께 바치기 위해서다."[4] 이사야서 58장 13절이 안식일에 관해 명령하는 것은 "예배를 통해 하나님 안에서 즐거워하라. 칠 일 중에 하루를 온전히 그렇게 하라."는 말로 요약할 수 있다.

우리는 하나님의 계명을 지키는 일에 적극적이지 못할 때가 많다. 우리는 일을 중단하는 최소한의 조건만 충족시키면 그만이라고 생각하기 때문에 우리에게 "해야 할 일"과 "하지 말아야 할 일"을 요구하며 그 이상의 의무를 짐 지우려고 하는 사람들을 경멸하는 경향이 있다. 그러나 아이러니하게도 그런 태도를 취하면 안식일 준수가 소극적이고, 부정적인 성격을 띠기 쉽다. 신앙생활은 항상 긍정적인 면에 초점을 맞춰야 한다. 공적으로나 사적으로 하나님을 예배하는 일에 하루를 모두 바친다면 안식일에 합법적인 일과 그렇지 않은 일에 관한 문제가 대부분 저절로 해결된다. 하늘의 성소에 들어가서 수많은 천사와 더불어 살아 계시는 참된 하나님을 예배하고 나왔는데 세상의 일에 관해 말하고 싶은 생각이나 스포츠 경기에 관심을 기울이고 싶은 마음이 조금이라도 들겠는가? 성자 예수님을 통해 하나님의 임재와 성령의 능력을 맛보았는데 어떻게 예배

---

4) Walter Chantry, *Call the Sabbath a Delight* (Edinburgh: Banner of Truth, 1991), 22 (emphasis original).

의 날을 온전히 지키지 않고, 예배가 끝나자마자 서둘러 오락을 즐기러 달려갈 수가 있겠는가? 혹시 하나님이 24시간 동안 관심을 온전히 집중할 만한 자격을 지니고 있지 않으신 것처럼 그분을 하찮게 여기고 있는 것은 아닌가? 안식일은 사람을 위해 만들어졌고, 사람은 하나님을 위해 만들어졌다. 안식일이 사람을 위해 만들어진 이유는 일주일에 하루를 온전히 바쳐 영혼에 가장 유익한 것을 추구하기 위해서다. 하나님을 예배하고, 그분과 교제하는 일은 현세와 내세의 가장 큰 기쁨의 원천이다.

몇 가지 중요한 반론

이사야서 58장을 위와 같이 해석하는 것에 대해 가장 중요한 반론을 제기한 사람은 스프로울이다. 스프로울은 웨스트민스터 표준문서의 가르침을 철저하게 이해한 상태에서 솔직하고, 진지한 태도로 이 주제를 다루었다. 그는 안식일에 관한 청교도적인 입장이 "즐거움"이라는 용어를 오해해 오락을 비롯해 다른 합법적인 즐거움까지 안식일에 금지해야 한다고 그릇 추론한 데서 기인했다고 주장했다. 그는 오락과 같은 "즐거움"보다는 상업적인 이윤을 추구하는 데 초점이 있다고 강조했다. 그러나 그의 반론 가운데서 가장 중요한 부분은, 이사야서 본문을 위와 같이 해석하는 것이 옳다면 이사야가 모세의 율법이 요구하는 것을 더 많이 늘리는 결과가 발생했을 것이라는 주장이다. 그러나 이스라엘의 선지자들은 그런 역할을 하지 않았다. 그들은 입법자가 아닌 검사와 같은 역할을 담당했다. 바꾸어 말해 그들은 율법 수여자가 아닌 개혁자였다. 스프로울은 이사야 이전에는 안식일에 오락을 금지하는 율법이 없었기 때문에 이사야가 이 본문에서 그런 의도를 품었다면 그것은 선지자의 역할과 모순된다고 주장했다.[5]

스프로울의 견해는 두 가지 측면에서 강점을 지닌다. 첫째, 그는 (다른 많은 사람과는 달리) 새 언약 아래에서 율법이 폐지되었다거나 느슨해졌다고 주장하지 않았으며 율법이 안식일에 오락을 금지한 사실이 없다는 것에 강조점을 두었다. 둘째, 그는 청교도의 입장에 이따금 공감을 나타내면서 친절한 태도로 공정하게 다루었다. 내가 볼 때 안식일에 오락이 금지되었다는 것을 논박하기 위해 스프로울이 제시한 논거는 율법의 영속성에 관한 개혁주의의 입장에 부합할 뿐 아니라 그것을 매우 공정하게 다루고 있는 듯하다. 이 반론은 오락에 관한 웨스트민스터 표준문서의 입장에 반대하고 있지만 그럼에도 표준문서의 입장은 여전히 흔들림 없이 건재하다. 그 이유는 두 가지다.

첫째, 율법이 안식일에 세속적인 일과 오락에 관한 생각이나 말이나 활동을 금지한 적이 없다는 주장은 사실이 아니다. 율법에 그런 금지 조항이 명시적으로 존재하지 않는 것은 사실이지만 "바르

---

5) R. C. Sproul, *Truths We Confess: A Layman's Guide to the Westminster Confession of Faith* (Phillipsburg, N.J.: P&R, 2007), 2:343–44.

고, 필연적인 귀결"의 방법을 통해 율법이 그런 것을 요구한다고 추론할 수 있다(웨스트민스터 신앙고백 1장 6항 참조). 성경에서 합법적으로 도출된 추론도 명시적인 명령과 똑같은 구속력을 지닌다. 어떤 계명들이 처음 주어졌을 때 그 안에 필연적으로 함축되어 있던 적용이 나중에 명시적으로 표현된다. 예를 들어 하나님은 항상 일부다처가 아닌 일부일처의 결혼 제도를 의도하셨다. 또한 그분이 항상 이혼을 미워하신 것도 사실이다. 그러나 후자는 율법에 명시되지 않은 상태로 있다가 말라기 선지자를 통해 명시적으로 표현되었고(말 2:16 참조), 전자는 그리스도께서 세상에 오시고 나서야 비로소 분명하게 드러났다. 결혼의 창조 규례 안에 이 두 가지가 필연적으로 내포되어 있었으며, 하나님의 백성들은 그 두 가지를 지키도록 기대되었다. 비록 그들이 처절하게 실패한 것이 사실이지만 말이다. 그와 마찬가지로 이사야도 하나님의 율법에 무언가를 추가한 것이 아니라 안식일이라는 창조 규례 안에 내포되어 있었던 "필연적인 귀결"을 다만 명확하게 드러냈을 뿐이다. 따라서 스프로울이 사용한 이 구절의 해석 기준은 합법적이고, 유익하지만 그의 결론은 그렇지가 못하다. "안식일에는…공적으로나 사적으로 하나님을 예배하는 일에 시간을 온전히 바쳐"라는 말에는 다른 날에 적법한 오락과 일까지도 배제하라는 의미가 내포되어 있다.

둘째, "즐거움"이란 용어에 관한 스프로울의 주장은 원리의 적용을 원리 자체와 혼동하게 만든다. 안식일에 노동을 금하는 것은 그날에 "우리 자신의 즐거움"을 추구하지 말라는 명령의 한 가지 **적**

용이다. 노동은 그것을 사람에게 하듯 하지 않고 주님께 하듯 하면서 "즐거움"을 얻어야 하는 하나님의 선물이다(골 3:23, 24). 그리스도인들은 일하기를 좋아해야 한다. 그러나 "즐거움"이 되는 노동도 하나님을 예배하고, 그분과 그분의 백성과 교제를 나누게 하기 위해 정해진 날에는 중단해야 한다. 물론 이사야 당시의 사람들은 경건한 이유에서 노동 가운데 "즐거움"을 얻은 것이 아니라 단지 노동을 통해 얻는 이윤 때문에 "즐거움"을 얻었을 수도 있다. 설혹 이 본문의 문맥에서의 "즐거움"이 직접적으로 상행위만을 가리킨다고 하더라도 이것이 사사로운 즐거움 추구를 뜻하는 것은 변함이 없다. 이 경우, 그들을 즐겁게 만든 것은 상행위를 통해 얻어진 이윤이었다. 이에 반해 하나님이 금지하신 **원칙**은 안식일에 그들 자신을 즐겁게 하는 일은 무엇이든 해서는 안 되고, 오직 하나님을 기쁘시게 하는 일만을 해야 한다는 것이었다. 이 원리를 나타내는 표현이 이사야서 본문에 분명하게 나타나 있다. 우리를 즐겁게 하는 일을 일체 중단하는 것이 이사야가 강조한 안식일 준수의 원리다. 안식일에 상행위를 통해 이윤을 얻는 행위를 금지한 것은 이 원리의 한 가지 적용이다. 결과적으로 스프로울은 안식일 준수의 원리를 단 한 가지의 적용에 국한시킨 셈이다. 그런 입장은 "안식일에 상행위만 하지 않으면 나의 즐거움을 추구하는 것이 아니다."라고 말하는 것이나 마찬가지다. 이것은 "나는 아무도 죽인 적이 없기 때문에 제6계명을 어기지 않았다."라고 말하는 사람들과 동일한 오류를 저지르는 것이다. 원리를 더 확장시켜 적용할 수 있도록 몇 가지 적용 사례를 덧붙이면서 일반적인 원리를 제시하는 것이 성경의 특징이다. 웨스트민스터 총회에 참석한 목회자들이 "즐거움"이란 용어가 적법한 노동뿐만 아니라 적법한 오락마저 안식일에서 배제한다고 주장한 것은 바로 이런 원칙에 따른 것이다. 안식일의 참된 즐거움은 휴식과 오락이 아닌 하나님과의 교제와 예배다.

약속의 의미

마지막으로 살펴봐야 할 중요한 문제는 안식일과 관련된 약속이다. 나의 멘토이기도 한 친구는 우리가 어떤 대가를 치르더라도 반드시 약속을 취하려고 해야 한다는 방식으로 이사야서 58장 14절에 약속된 축복들을 제시하기를 좋아한다. 우리는 14절의 축복을 갈망하고, 열망해야 한다. 그런 축복을 누리기 위해서라면 어떤 일도 힘들게 여겨서는 안 된다. 안식일 준수와 관련된 축복은 구체적으로 세 가지로 압축된다. 여기에서는 그것들의 의미를 단지 수박 겉핥기식으로 다룰 수 있을 뿐이다.

"네가 여호와 안에서 즐거움을 얻을 것이라." 이 축복의 의미는 명백하다. 이 축복은 죄에 짓눌려 지친 신자의 마음에 정통으로 와닿는다. 주님 안에서 기쁨을 누리지 못하는 것을 한탄한 적이 많지 않은가? 우리를 먼저 사랑하시고, 우리에게 자신을 내주신 주님을 너무나도 적게 사랑한 것을 슬퍼한 적이 있지 않은가? 주님 안에서 기뻐하는 일은 그리스도인의 삶의 가장 큰 축복이자 가장 놓치기 쉬운 축복 가운데 하나다. 주님의 선하심을 보고, 맛보는 일이 자신의 가장 큰 즐거움이라는 사실을 부인할 신자가 누가 있겠는가? 하나님은 생명의 원천이시다. 그분 앞에는 충만한 기쁨이 있고, 그분의 오른쪽에는 영원한 즐거움이 있다(시 16:11 참조). 그런 하나님 안에서 큰 기쁨을 발견하는 일은 꼭 필요한 놀라운 축복이다. 하나님은 우리가 안식일을 준수하면 하나님 안에서 즐거움을 얻을 것이라고 약속하셨다. 이 약속은 예배의 날을 기대하는 마음으로 잘 준비하고, 구주의 부활을 진지하게 묵상하며, 공예배와 교제의 유익을 누리고, 안식일에 그런 활동들에 하나님의 축복이 임함으로써 현실로 이루어진다.

"내가 너를 땅의 높은 곳에 올리고." 이 표현은 신명기 32장 12, 13절과 33장 29절에서 하나님의 백성들이 원수들을 물리치고 승리한 것을 묘사한다.[6] 성경은 이 표현을 단지 원수들에 대한 물리적인 승리에만 적용하지 않는다. 하박국은 가장 극심한 역경의 와중에서도 하나님이 자기를 "높은 곳으로 다니게 하신다"고 말했다(합 3:19). 하박국 선지가가 말한 "높은 곳"은 그가 하나님의 선하심과 약속을 믿는 믿음을 통해 누렸던 승리를 묘사하는 상징적 표현이다. 이것이 이사야서 58장 14절의 약속에 담긴 의미일 가능성이 크다. 하나님은 안식일에 기쁨을 누리게 함으로써 우리의 믿음이 더욱 강해지고, 우리의 영혼이 더욱 형통해지는 축복을 허락하신다. 교회가 안

---

6) Pipa, *Lord's Day*, 12; Harman, *Isaiah*, 388.

식일에 즐거움을 누리면 이 약속대로 세상의 구원이라는 교회의 영적 사명이 더욱 왕성하고, 활발하게 전개될 것이다.

"네 조상 야곱의 기업으로 기르리라." 기업으로 기른다는 것은 기업의 유익을 누린다는 뜻이다. 우리 중에 아브라함과 이삭과 야곱의 혈통을 이어받은 사람은 거의 없다. 그러나 우리는 믿음으로 아브라함의 자손이 되었다(갈 3:7, 29). 하나님은 안식일을 존귀하게 여기면 은혜 언약의 유익을 온전히 누릴 것이라고 약속하셨다. 파이파는 "우리의 기업에는 양자, 구원의 확신, 담대한 기도, 자신감과 같은 구원의 유익이 포함된다. 이 약속은 우리가 하나님의 자녀에게 주어지는 모든 특권을 마음껏 누리게 될 것을 의미한다. 이런 유익은 머릿속으로만 생각하는 특권들이 아니라 실제로 누리는 영적 즐거움이다. 우리는 하나님의 자녀로서 날마다 우리의 특권들에 직접 참여한다."라고 말했다.[7]

세속적인 직업 활동과 오락에 마음을 빼앗기지 않은 상태에서 하나님을 예배하고, 그분과 그분의 백성들과 교제를 나누기 위해 하루를 거룩히 지키는 일은 그 자체만으로도 큰 유익이 있다. 그런데 참으로 놀랍게도 하나님은 그런 본질적인 유익이 뒤따르는 활동에 이사야서 58장 14절의 특별한 약속들까지 더해 주셨다. 신자는 한 주간을 살아가는 동안 늘 마음속으로 안식일의 의무를 즐겁게 생각해야 한다. 하나님이 일주일에 하루를 선택해 그날에 특별한 약속

---

7) Pipa, *Lord's Day*, 13 - 14.

들까지 더해 주셨으니 더욱더 그래야 마땅하지 않겠는가? 온종일 예배의 의무를 이행하는 것을 즐겁게 생각하지 않는다면 안식일을 어기는 것보다 더 심각한 영적 문제를 안고 있을 수도 있다. 챈트리는 "주님 안에서 즐거워하지 않는다면 그날이 어떻게 기쁨의 날이 될 수 있겠는가? 하나님을 예배하는 날이 버겁고, 귀찮게 느껴진다면 어떻게 주님 안에서 즐거워할 수 있겠는가?"라고 말했다.[8]

나는 많은 사람이 안식일에 관한 웨스트민스터 표준문서의 가르침이 성경에 근거한다는 것을 잘 모르고 있다는 사실보다, 많은 사람이 안식일에 일과 오락을 일체 중단한 채 하나님을 예배하고, 그분과 교제를 나누어야 한다는 말에 적대감과 분노를 느낀다는 사실이 더더욱 당혹스럽다. 예배의 날을 배격하기보다는 기쁘게 여겨야 하지 않을까? 하나님이 그런 날을 허락해 주시기를 간절히 바라야 하지 않을까? 만일 그런 날이 없다면 그것을 오히려 실망스럽게 생각해야 하지 않을까? 몇 년 전에 세대주의자였던 한 친구를 사귄 적이 있다. 그는 제4계명이 그리스도인들에게 구속력을 지닌다고 믿지 않았다. 그러나 신자들을 위한 주일의 본질적인 가치와 주일의 목적과 이사야서 58장 14절의 영광스러운 약속을 설명해 주었더니 내가 그런 신념을 지닌 것이 부럽다고 말했다. 그는 자기도 하나님이 그런 영광스러운 약속들이 주어진 예배의 날을 정하셨다는 확신을 지니기를 원했다. 그는 안식일에 주어진 약속들을 믿지도 않았

---

8) Chantry, *Call the Sabbath a Delight*, 38.

고, 또 그런 날이 존재한다고 생각하지도 않았지만, 주일마다 나를 비롯해 다른 몇몇 사람들과 만나 안식일의 고유한 축복을 맛보기 시작했다. 결국 그는 세속적인 직업 활동과 오락보다 예배의 날을 더 좋아했고, 안식일에 뒤따르는 약속들을 믿었으며, 안식일에 관한 청교도적 개념을 기꺼이 인정했다. 하나님이 자기 백성들에게 안식일을 사모하는 마음을 허락해 주시기를 간절히 기도한다. 하나님이 교회 위에 그런 은혜를 베풀어 주신다면 마침내 영적 부흥이 이루어졌노라고 단언할 수 있을 것이다.

결론

신자들이 안식일 준수의 문제를 논의하면서 종종 서로 엇갈리는 주장을 펴는 이유는 그날의 목적을 어떻게 이해하느냐 하는 문제와 밀접하게 관련된다. 안식일의 목적을 휴식으로 전제하느냐, 아니면 하나님을 엄숙히 예배하는 것으로 전제하느냐에 따라 이사야서 58장 13-14절에 대한 해석이 달라진다. 나는 그런 전제들을 솔직하게 터놓고 논의했고, 또 그 가운데 어느 것이 성경(특히 이사야서)의 전반적인 가르침에 부합하는지를 밝힘으로써 문제를 해결하려고 노력했다. 이사야서 58장에 대한 나의 해석도 안식일에 관한 나의 전제에 따른 것이다.

위에서 논의한 내용을 고려할 때 가장 중요한 첫 번째 사실은 그리스도인이 아니면 안식일을 기쁨의 날이라고 부를 수 없다는 것이다. 그리스도인이란 그리스도와 연합한 사람을 의미한다. 성경은 신자가 그리스도와의 연합을 통해 그분과 그분이 이루신 모든 것을 소유한다고 가르친다. 그리스도의 죽음과 부활로 인한 유익을 얻는 수단은 그분의 약속을 믿는 믿음이다. 하나님은 그리스도를 영접하는 자들에게 자신의 자녀가 되는 권세를 주겠다고 약속하셨다(요 1:12). 오직 그리스도를 믿는 믿음으로 말미암아 오직 은혜로 하나님께 나아가지 않으면 그분과 교제를 나눌 수 없다. 아들을 통하지 않고서는 그 누구도 아버지께로 나아갈 수 없다(요 14:6). 우리는 하나님의 피조물로서 마땅히 안식일에 일을 중단해야 할 의무가 있다. 그러나 하나님이 당신을 그리스도 안에서 새로운 피조물로 만드시기 전에는 당신은 안식일에 하나님과 그분의 백성과의 교제를 즐길 수 없다. 하나님이 우리에게 안식일의 주님을 아는 은혜를 허락해 주시고, 그분을 앎으로써 그분의 이름 안에서 생명을 소유하기를 기도한다.

둘째, 이사야서 본문에는 교회를 위한 중요한 메시지가 담겨 있다. 우리 가운데 많은 사람이 우리 시대에 하나님이 다시 한번 그분의 임재를 통해 새로운 축복을 부어주시고, 우리를 영적으로 부흥시키셔서 우리가 하나님 안에서 기쁨과 즐거움을 누리게 하시며, 우리의 개인적인 열정과 경건을 증가시켜 주시고, 하나님의 말씀과 신자들의 증거를 복주사 구원을 베푸시는 성령님의 역사로 많은 불신자가 하나님의 나라로 쏟아져 들어오기를 간절히 염원한다. 간단히 말해 우리는 진정한 부흥의 필요를 자각하며 이를 갈망한다. 어떤 사람들은 심지어 진지한 금식과 기도의 모임이 필요하다고 외치기 시작했다.[9] 그렇다면 우리와 다른 사람들이 모두 주님 안에서 기뻐하고, 교회가 땅의 높은 곳을 다니면서 승승장구하며, 하나님이 야곱의 기업으로 자기 백성을 기르시는데 왜 금식과 기도를 해야 하는 것일까? 영적 부흥을 위한 금식과 기도가 필요 없다는 말은 결코 아니니 오해 없기 바란다. 그러나 바로 그것이 이사야서 58장에 언급된 이스라엘 백성의 문제가 아니었던가? 그들은 금식하며 기도했지만 하나님은 안식일을 옳게 지키지 않는다고 책망하셨다. 주님이 교회를 부흥시켜 주시기를 원하는가? 우리 모두 금식하고, 기도하자. 그러나 그에 앞서 먼저 안식일을 기쁨의 날이라고 부르자. 하나님이 축복의 소낙비를 내려주실 수 있도록 안식일 준수와 관련된 약속들을 굳게 붙잡자. 안식일을 어기면 단지 하나님의 저주를 받는 것으로 그치지 않는다. 안식일을 어기면 가장 복되고, 영광스러운 성경의 약속들을 잃게 된다. 안식일을 회복해야만 성경적 기독교의 부흥이 일어날 수 있다. 하나님이 우리에게 은혜를 베푸사, 우리가 안식일을 어긴 죄를 회개하고, 그날과 관련된 축복들을 간절히 구할 수 있게 하시기를 기도한다. 그렇게 하면 하나님이 교회를 영적으로 부흥하게 하실 것이고, 우리는 그분 안에서 즐거워하

---

9) 예를 들어 리처드 오웬 로버츠는 이 주제와 관련해 많은 미국 청교도들의 설교와 강연을 모아 유익한 책을 펴냈다. 그 책에는 진지한 기도 모임의 유용성 및 그것과 영적 부흥과의 관계를 성경과 역사에 근거해 논의한 그의 논문도 아울러 포함되었다. Richard Owen Roberts, ed., *Sanctify the Congregation: A Call to the Solemn Assembly and Corporate Repentance* (Wheaton, Ill.: International Awakening Press, 1994).

게 될 것이며, 땅의 높은 곳을 다니게 될 것이고, 그분이 우리를 야
곱의 기업으로 기르실 것이다. "여호와의 입의 말씀이니라."

5장
세속성

사람들은 나이가 들수록 자신의 체력이 실제보다 더 낫다고 믿기를 좋아한다. 그들은 육체 노동으로 인한 긴장과 피로의 징후를 인정하기를 싫어한다. 그들은 변한 것은 아무것도 없고, 젊었을 때처럼 일하고, 성취할 수 있다고 생각하고 싶어 한다. 그런데 그렇게 노쇠화된 이유는 나이를 먹었기 때문만이 아니고 운동 부족 때문이기도 하다. 예를 들어 젊었을 때 마라톤을 했던 사람이더라도 체력을 좋은 상태로 유지하지 못했다면 더 이상 그렇게 하기가 어렵다. 만일 그가 아무런 연습도 하지 않은 채 마라톤을 시도하면 체력이 달라졌다는 사실이 금방 드러날 것이다. 마라톤이 개인의 체력을 판별하는 좋은 지표인 것처럼 안식일은 개인의 영적 상태를 판별하는 좋은 지표다. 영적 상태가 나쁜 경우에는 공적으로나 사적으로 예배를 드리며 주님을 위해 하루를 온전히 거룩히 지키려고 애쓰더라도 허약한 체력으로 마라톤을 시도하는 사람과 결과가 똑같을 수밖에 없다. 두 경우 모두 고통스러운 결과를 피하기 어렵다.

안식일을 거룩히 지키는 것이 힘들게 느껴지는 이유는 우리가 영적으로 허약하기 때문이다. 아마도 세상의 것을 추구하려는 속된 마음이 근본적인 원인일 것이다. 안식일에 세속적인 일과 오락에 관한 불필요한 생각과 말과 행위를 중단하기가 어렵다면 이는 곧 교회가 세상과 그 안에 있는 것들을 지나치게 사랑하고 있다는 증거다. 이 책은 주로 안식일에 초점을 맞추지만 성경이 가르치는 교리나 실천은 제각기 따로 분리되어 있지 않다. 나는 요즘 사람들이 안식일을 거룩하게 지키는 것을 싫어하는 이유 가운데 하나가 세상에 대한 부적절한 사랑과 신앙생활에 대한 오해 때문이라고 확신한다. 세속성이 신자들의 마음과 삶을 야금야금 갉아먹다 보니 안식일을 지켜야 하는 의무가 짜증나게 느껴지며 심지어 세속성을 더욱 자극하고, 악화시키는 결과마저 낳는다.

이번 장에서는 세속성의 본질과 원인을 살펴보고(세속성은 신앙생활의 기본 원리를 남용하는 데서 비롯할 때가 많다), 다음 장에서는 그것을 건강한 신앙생활의 특징과 결부시켜 살펴보면서 하나님이 이스라엘 백성에게 요구하신 경건에 비춰볼 때 현대 교회는 부끄러워해야 할 일이 많다는 사실을 상기시켜 주는 것으로 이 주제와 관련된 논의를 마무리할 생각이다. 그리스도인들이 안식일에 관한 성경적인 개념을 받아들이기를 어려워하는 것이나 체력이 허약한 사람이 마라톤을 뛰다가 중간에 쓰러지는 것은 모두 경주 자체가 아닌 경주자에게 문제가 있다는 것을 분명하게 보여준다.

세속성의 본질과 원인

의사가 되려는 사람들은 상당히 오랜 시간에 걸쳐 다양한 질병의 본질과 징후를 연구해야만 비로소 환자들을 진료할 수 있다. 그와 비슷하게 예배의 날을 무시하는 경향이 이토록 널리 만연된 이유가 세속성에 있다는 것을 밝히려면 세속성이 무엇인지를 연구하는 데서부터 시작하는 것이 바람직하다. 조엘 비키는 "세속성"을 "하나님 없는 인간의 활동"으로 정의했다.[1] 다시 말해 세속성은 하나님과 무관하게 살아가려는 삶의 태도를 가리킨다. 세속적인 사람은 마음속으로 "하나님이 없다."라고 말하는 어리석은 사람과 같다(시 14:1). 그러나 세속적인 사람이라고 해서 모두 다 노골적인 무신론자인 것은 아니다. 세속적인 삶은 무엇을 믿느냐와 상관없이 마치 하나님이 계시지 않는 것처럼 행동하는 "실질적인 무신론"의 형태를 띨 수도 있다.[2] 인간의 마음은 거짓 되고 심히 부패했다(렘 17:9). 세속적인 삶은 겉으로는 하나님의 이름으로 사는 것처럼 보이지만 **마음**속의 **갈망**으로는 세상을 사랑하는 형태를 취할 수 있다. 세속적인

---

1) Joel R. Beeke, *A Loving Encouragement to Flee Worldliness* (Grand Rapids: Reformation Heritage Books, 2002), 2.

2) "실질적인 무신론"에 관해 좀 더 자세히 살펴보려면 다음의 자료를 참조하라. Stephen Charnock, *The Existence and Attributes of God* (n.d.; repr., Grand Rapids: Baker, 2000), 89 – 175.

삶은 어떤 형태를 취하든 세상을 지나치게 사랑하는 것이 그 본질이다. 신자들에게도 많게든 적게든 세속적인 성향이 존재할 수 있다. 따라서 스스로를 주의하여 살펴 그런 삶의 태도를 버리라고 경고할 필요가 있다. 불신자들의 경우는 온통 세속적인 삶에 물들어 있는 상태다. 그것이 그들이 살아가는 **삶의 특징**이다. 신자든 불신자든 세속적인 삶을 사는 사람들에게는 요한 사도의 경고가 적용된다. 그는 "이 세상이나 세상에 있는 것들을 사랑하지 말라 누구든지 세상을 사랑하면 아버지의 사랑이 그 안에 있지 아니하니 이는 세상에 있는 모든 것이 육신의 정욕과 안목의 정욕과 이생의 자랑이니 다 아버지께로부터 온 것이 아니요 세상으로부터 온 것이라"(요일 2:15, 16)라고 말했다.[3]

세속적인 사람도 종교에 대해 큰 열정을 느낄 수 있다. 세상의 것을 생각하는 것과 하늘의 것을 생각하는 것은 서로 정반대이지만 아이러니하게도 세속적인 사람도 천국에 가기를 열망하며, 종교적인 것을 열심히 추구할 수 있다. 바리새인들이 그런 형태의 세속적인 성향을 나타낸 대표적인 사례였다. 바울 사도는 바리새인들이 "하나님께 열심이 있지만" 올바른 지식을 따른 것이 아니라고 말했다(롬 10:2). 바리새파는 "유대 종교의 엄한 종파"(행 26:5)였다. 바울은

---

3) "세상"이라는 용어는 성경에서 여러 가지 의미를 지닌다. 어떤 점에서 내가 여기에서 말하는 세속적인 삶은 그 모든 의미를 다 포함하고 있다. 세상을 부패한 인간과 그들의 삶의 방식을 가리키는 의미로 사용하든 아니면 단순히 세상에 있는 물리적인 것들을 가리키는 의미로 사용하든 세속적인 삶은 항상 세상을 부적절하게 사랑하는 태도를 뜻하는 의미를 지닌다.

바리새인으로 사는 동안 자신의 동료들보다 열정이 월등히 뛰어났다(빌 3:4-6). 그러나 그는 나중에 과거의 종교적인 삶을 무지와 불신앙의 소치로 간주했다(딤전 1:13). 바리새인들은 잘못된 열정을 지녔을 뿐 아니라 세상과 그 안에 있는 것을 사랑했다. "탐욕"에 관한 누가복음의 가르침 가운데 대부분이 바리새인들을 겨냥하고 있다는 사실을 알고 있는가? 죄는 무엇이든 세속적인 속성을 띠고 있고, 탐심만큼 인간의 마음속 깊이 뿌리를 내리고 있는 죄는 없다. 예수님은 누가복음 12장에서 "바리새인들의 누룩 곧 외식을 주의하라"(1절)라고 말씀하셨다. 누가복음 1장의 나머지 내용은 거의 전적으로 재물에 대한 염려와 탐심의 관점에서 암묵적으로 바리새인들의 위선을 묘사하고 있다. 그 바로 앞에서는 바리새인들과 율법 교사들에 대한 일련의 저주가 언급되어 나타난다(눅 11:37-54). 예수님은 제자들에게 그런 위선을 경계하라고 당부하고 나서 사람보다 하나님을 두려워하라고 가르치셨다(눅 12:4-12). 누가는 뛰어난 신학적 능력을 발휘해 그 뒤에 이어지는 비유들과 가르침을 통해 서기관과 바리새인과 율법 교사들의 특징이었던 세속적인 행위를 묘사했다.

첫째, 한 사람이 예수님께 찾아와서 유산을 둘러싼 자신의 형과의 분쟁을 중재해 달라고 요청했다(13절). 예수님은 그의 요청에 "삼가 모든 탐심을 물리치라"(15절)라고 대답하시고 나서 "어리석은 부자"의 비유를 들어 "자기를 위하여 재물을 쌓아 두고 하나님께 대하여 부요하지 못한 자가 이와 같으니라"(21절)라는 가르침으로 재물을 의지하는 사람들이 당하게 될 위험을 경고하셨다. 예수님은

22-34절에서는 논의의 초점을 자연스레 탐심에서 재물에 대한 염려로 옮기셨다. 제레마이어 버러스는 세상의 것에 대해 염려하는 이유를 두 가지로 제시했다. 하나는 재난이 닥쳐 우리가 귀하게 여기는 것들을 앗아갈지 모른다는 두려움이고, 다른 하나는 그런 재난을 막을 방법이 없다는 두려움이다.[4] 그런 두려움의 배후에는 행복이 천지를 지으신 창조주 하나님이 아닌 우리의 소유에 있다는 신념과 어떻게든 우리의 소유를 우리 스스로 지켜야 한다는 생각이 도사리고 있다. 그런 신념과 생각은 우리를 보호하고, 우리에게 필요한 것을 공급해 주시는 하나님의 주권적인 권한을 배격한다. 예수님은 이 점을 염두에 두고 제자들에게 만물을 다스리시는 하나님의 능력과 그들을 향한 그분의 깊은 사랑과 관심을 상기시켜 주셨다. 제자들이 이 진리를 굳게 의지하면 하나님이 모든 것을 허락하실 줄 믿고 자유롭게 그분의 나라와 그분의 의를 먼저 구할 수 있다 (31절). 이것은 비유에 등장하는 "어리석은 부자", 곧 모든 희망과 신뢰와 행복을 자신이 소유한 재물에 둔 사람과 극명한 대조를 이룬다. 이런 일련의 가르침은 바리새인들의 위선을 밝히 드러냈다. 누가복음 12장의 나머지 내용은 그리스도의 제자들에게 주님의 재림을 고대하면서 먼저 하나님의 나라와 그분의 의를 구하는 방법을 가르치고 있다.

---

4) Jeremiah Burroughs, *A Treatise of Earthly Mindedness* (1649; repr., Orlando: Soli Deo Gloria, 2006), 11 - 12.

바리새인들은 종교심이 깊은 사람들이었지만 탐욕스러운 마음으로 세상을 지나치게 사랑했기 때문에 위선자가 될 수밖에 없었다. 그들은 스스로는 부유했지만 하나님께 대해서는 그렇지 못한 "어리석은 부자"와 같았다. 예수님은 나중에 또 다른 비유를 가르치시고 나서 제자들에게 하나님과 재물을 동시에 섬길 수 없다고 말씀하셨다(눅 16:13). 누가는 "바리새인들은 돈을 좋아하는 자들이라 이 모든 것을 듣고 비웃거늘"(14절)이라는 설명을 덧붙였다. 세상을 사랑하는 마음은 그들의 탐욕과 불안을 부추겼을 뿐 아니라 하나님의 칭찬보다 사람들의 칭찬을 더 좋아하게 만들었다(요 12:43). 이것이 그들이 자신의 선행을 사람들에게 보이려고 애썼던 이유였다. 그들이 높은 지위를 좋아하고(눅 14:7-11), 자신들이 자격이 없다고 생각하는 사람들이 하나님의 축복을 받는 것을 보고 분노했던 이유도 그 때문이었다(15:25-32). 바리새인들은 일반 백성들에게 크게 존경받았다. 그들은 종교적인 지도자요 무지한 자들의 교사라는 좋은 평판을 누렸다. 그러나 그들은 세속적인 삶의 원리가 무엇을 의미하는지를 정확하게 보여주었다. 그것은 우리를 속되게 만드는 활동에 참여하는 것이 아니라 우리를 속되게 만드는 정신에 참여하는 것을 의미한다. 이런 이유로 에수님은 "너희는 사람 앞에서 스스로 옳다 하는 자들이나 너희 마음을 하나님께서 아시나니 사람 중에 높임을 받는 그것은 하나님 앞에 미움을 받는 것이니라"(눅 16:15)라고 결론지으셨다.

　　바리새인들을 복음서의 "악인들"로 단정하고, 그들의 태도가 몹시 역겹고, 악의적이기 때문에 우리가 그들처럼 될 위험은 거의 없다고 생각하기 쉽다. 그러나 그런 식으로 다른 사람들을 조롱하며 비난하는 것은 위험하다. 우리가 그들처럼 될 가능성이 전혀 없다는 식으로 생각하면 그들을 통해 교훈을 배울 수 있는 기회가 사라진다. 우리는 종종 다른 사람들을 바리새인으로 몰아세우면서도 그런 행위가 죄라는 사실을 거의 의식하지 않는다. 예수님이 세속적인 성향을 띤 바리새인들의 종교와 위선을 그토록 길게 묘사하신 이유는 그런 것을 죄로 여기는 사람들이 무척이나 드물기 때문이다. 바리새인들은 종교적 열정이 매우 강했지만 세상의 것을 지나치게 사랑했을 뿐 아니라 주님이 드러내 보이시기 전까지는 아무도 그 점을 눈치챘지 못했다. 그 점에서는 우리도 바리새인들과 마찬가지다. 세속성은 미래에 대한 지속적인 불안, 재물 축적, 인기 추구, 스포츠에 대한 과도한 집착, 취미 활동에 중독되는 것, 오락을 위해 사는 것, 여가를 즐길 때 너무 심취하는 것, 하나님의 영광을 위해서가 아니라 단지 "합법적이라는" 이유만으로 어떤 활동을 하는 것 등 다양한 형태를 띨 수 있다. 세속성의 주된 **증상**은 영적 예배에 대해 기쁨과 열정을 느끼지 못하고 나태한 태도를 보이는 것이다.[5]

---

5) 오스틴 펠프스는 기도를 주제로 다룬 통찰력 넘치는 책에서 "정신적인 편안함은 교묘하면서도 매혹적인 우상이다. 이 우상은 신앙의 원리를 지나치게 남용하거나 성격이 지나치게 섬세하거나 자기 통제에 지나치게 신중하거나 성격이 지나치게 교만한 사람들을 현혹시켜 도덕적 부패에 빠져들게 만든다."라고 말했다. Austin Phelps, *The Still Hour: Communion with God in Prayer* (1859; repr., Vestavia Hills, Ala.: Solid Ground Christian Books, 2005), 83.

이런 사례들은 한 가지 은밀한 사실을 드러낸다. 즉 누가 보더라도 명백한 악행(살인, 간음, 강도, 신성모독 등)을 저질러야만 "세속적인" 사람이 되는 것이 아니라는 것이다. 바울은 빌립보 교회 안에 "그리스도의 십자가의 원수들이" 많다고 말했다(빌 3:18). 그들의 결국은 멸망이었고, 그들의 신은 배였으며, 그들의 영광은 그들의 부끄러움이었다(19절). 그런 두려운 상태에서 살던 사람들의 삶은 어떤 특징을 지녔을까? 바울은 그들을 "땅의 것을 생각하는 사람"으로 일컬었다. 그런 심령 상태는 시민권을 하늘에 두고, 부활과 심판을 위해 구주의 재림을 고대하는 참 신자들의 소망과 정면으로 배치된다(20, 21절).

안식일은 세속성을 여지없이 드러낸다

세속성의 문제는 그것이 마음 깊숙한 곳에 자리잡고 있어서, 말기 암처럼 겉으로 드러난 증상들을 뿌리까지 추적해야만 비로소 찾아낼 수 있다는 데 있다. 세속성은 다양한 증상들을 통해 발견된다. 안식일을 예배의 날로 여겨 기뻐하지 않는 것이 그런 증상들 가운데 하나다. 안식일 준수에 대한 교회의 반응을 살펴보면 우리가 세상의 일에 지나치게 얽매여 있다는 사실을 종종 확인할 수 있다. 우리는 주중의 활동과 오락에 너무 깊이 빠져든 상태다. 일주일 중에 하루를 온전히 구별해야 한다는 말을 들으면 우리는 그날에 기뻐할 수 있는 방법을 찾기보다 불편한 심기를 느끼기 일쑤다. 사실 우리는 은연중에 우리가 영적으로 매우 허약한 상태라는 사실을 느끼기 시작하고, 훈련하지 않은 마라톤 주자처럼 심장이 파열되기 전에 달리는 것을 멈추고 싶어 한다.

세속적인(땅의 것을 생각하는) 사람은 세상의 일을 할 준비는 잘 갖춰져 있을지 몰라도 주님을 위해 안식일을 거룩히 지키려고 시도하면 큰 영적 무기력을 드러낸다. 제레마이어 버러스는 이렇게 말했다.

안식일을 단 한 번이라도 정확하게 지키려고 노력해 보고, 그것이 당신에게 얼마나 피곤하고, 지루한 일인지를 스스로 살펴보기를 바란다. 안식일에 단 한 번이라도 아침에 일찍 일어나서 최선을 다해 신령하고, 은혜로운 생각을 해보겠다고 결심해 보라. 아침에 일어나서 골방에서 홀로 기도해 보라. 성경을 읽고, 설교를 듣고, 묵상해 보고, 듣는 것을 적어 보라. 집에 돌아와서는 들은 말씀을 생각하고, 서로 대화를 나눠 보라. 그러고 나서 말씀에 다시 주의를 기울여 온종일 듣고, 읽고, 묵상하고, 선한 일들을 논의하며, 가족들에게 책임감을 일깨우고, 다시 기도하면서 시간을 보내라. 만일 마음이 세속적이라면 이 모든 것이 귀찮고, 성가시게 느껴질 텐데 과연 얼마나 그런지 확인해 보라.[6]

안식일 준수에 대한 웨스트민스터 표준문서의 입장을 지지하는

---

6) Burroughs, *Earthly Mindedness*, 18.

또 하나의 논거는 오직 신자들만 안식일을 지키려고 노력할 수 있다는 사실이다. 성령의 효과적인 능력을 통해 영혼이 거듭난 사람만이 하나님의 아들 예수 그리스도를 통해 성경의 하나님을 예배하는 날을 거룩히 지키는 일을 기쁘게 감당할 수 있다. 삼위일체 하나님과 하나로 연합해 교제를 나누는 사람에게는 "청교도적인" 안식일 준수가 큰 즐거움이 될 수 있다. 매주 예배에 충실하게 참석하는 일은 그다지 어렵지 않다. 그러나 하나님의 영광과 구원 외에 다른 것은 거의 생각하거나 말하지 않는 것을 즐거움으로 여기는 일은 오직 하나님을 가장 큰 분깃으로 삼고, 하늘에서나 땅에서나 그분만을 사모하는 사람만이 할 수 있다(시 73:25, 26). 그런 일을 생각이라도 할 수 있으려면 먼저 하나님의 성령으로 거듭나 그분의 아들을 믿는 믿음으로 살아야만 한다. 한 마디로 회개하지 않은 사람은 안식일을 예배의 날로 여겨 사랑하기가 불가능하다.

물론 안식일을 지키기를 어려워하는 사람들 모두가 신자가 아니라는 말도 아니고, 이 책에서 말하는 안식일 준수와 입장이 다른 사람들 모두가 세속적이거나 경건하지 못한 바리새인이라는 말도 아니다. 오웬이 말한 대로, 안식일 준수에 대한 다른 입장은 그것을 고수하는 사람들에게 큰 손실을 가져다줄 수 있지만 그렇다고 해서 다른 입장을 취하는 사람의 개인적인 경건을 의심할 생각은 추호도 없다.[7] 그들은 안식일에 부여된 놀라운 축복을 잃을 수 있지만 다른 측면에서는 모범적인 그리스도인이요 주님 안에서 사랑스러운 형제인 것이 분명하다.

나는 안식일 준수에 대한 웨스트민스터 표준문서의 입장을 옹호
하기 위해 이 책을 쓰고 있지만 이 시점에서 다른 사람들이 어떤 견
해를 지니는지는 그다지 중요하지 않다. 참된 신자라면 최소한 일
주일에 하루는 하나님을 예배하고, 섬기는 일에 온전히 바쳐야 하
지 않겠는가? 한 번 그렇게 해보면 스스로에 대해 많은 것을 알 수
있을 것이다. 다시 말해 세상과 그 안에 있는 것들을 얼마나 사랑하
고 있으며, 구원자이신 하나님 안에서 얼마나 더 성장해야 할 것인
지를 어느 정도 알게 될 것이다. 안식일 준수에 대한 입장과 상관없
이 그날을 예배의 날로 지키려고 노력하면 스스로의 문제를 좀 더
깊이 알 수 있고, 세상에 대한 사랑이 전에 생각했던 것보다 더 많
이 마음을 지배하고 있다는 사실을 깨닫게 될 것이다. 그 누구도 두
주인을 섬길 수 없다. 한 주인을 사랑하면 다른 한 주인은 미워할
수밖에 없다. 그와 마찬가지로 세상과 그 안에 있는 것들을 사랑하
는 사람은 안식일이나 안식일의 주님을 사랑할 수 없다. 세상을 사
랑하면 안식일은 미워할 수밖에 없다. 안식일을 온전히 거룩하게
지켜 주님께 바치려고 노력해 보기 전에는 자신에게 문제가 있다는
것을 깨닫지 못할 사람들이 많다.

---

7) John Owen, "The Grace and Duty of Being Spiritually Minded," in *The Works of John Owen* (London, 1681; repr., Edinburgh: Banner of Truth, 1994), 7:331.

원리의 남용

안식일 준수는 세속성을 여지없이 드러낸다. 그러나 많은 사람의 눈을 가려 이런 사실을 잘 의식하지 못하게 방해하는 커다란 장애 요인이 하나 있다. 희한하게도 성경의 원리들을 남용하는 것이 교회에 세속성이 침투하는 발판을 마련했다. 그러나 사실 이것은 그렇게 이상한 일은 아니다. 사탄은 광야에서 예수님을 유혹할 때 성경의 여러 본문에 담긴 원리들을 유혹의 덫으로 사용했다(마 4:1-11).[8] 예수님은 결코 쉽게 속지 않으셨다. 그분은 하나님의 아들이셨고, 유혹을 온전히 물리쳐 세상의 구원자가 될 자격을 입증해 보이셨다. 그러나 교회는 세상에 거하는 한 항상 속을 위험에 노출되어 있다. 현대의 교회가 그릇 치우치게 된 이유 가운데 하나는 예배와 다른 활동을 적절히 구별하지 않는 경향이 강해졌기 때문이다.

많은 신자가 의도적이든, 암묵적이든 로마서 12장 1, 2절이 삶의 모든 활동을 다 똑같이 취급하는 것처럼 생각한다. 이 본문의 가르침대로 그리스도 안에서 하나님의 긍휼을 입은 우리는 우리 몸을 하나님이 기뻐하시는 거룩한 산 제물로 드려야 한다. 이것이 우리가 드릴 영적 예배다. 이 본문을 신앙생활의 "핵심"으로 간주할 수

---

8) "'죄의 속임수'를 통해 거룩한 진리가 종종 거짓으로 변한다. 이런 일은 영혼의 구원과 관련해 진리가 지니는 중요성과 정확하게 비례한다. 사탄이 가장 위험한 적으로 나타나는 때는 그가 광명의 천사로 위장해 겉으로 진리를 옹호하는 척 행동할 때다." B. M. Palmer, *The Threefold Fellowship and the Threefold Assurance: An Essay in Two Parts* (n.d.; repr., Harrisonburg, Va.: Sprinkle Publications, 1980), 143.

있는 이유는 우리가 하는 모든 일을 포괄하는 광범위한 의미를 지니기 때문이다. 그리스도인은 무슨 활동을 하든 예수 그리스도를 통해 하나님을 예배해야 한다. 예를 들어 직장에서 근무할 때나 정원에서 일할 때나 스포츠 활동을 할 때나 오락을 즐길 때나 심지어는 잠을 잘 때도 하나님을 예배해야 한다. 세속성이 "하나님을 고려하지 않는 삶"을 의미한다면 이 본문은 범사에 하나님을 생각하며 살아가는 삶을 요구한다. 이런 이유로 버러스는 속된 생각을 지닌 사람이 기도하거나 설교를 듣거나 성찬에 참여할 때보다 신령한 생각을 지닌 사람이 도랑을 팔 때가 더 "영적"이라고 담대히 주장했다.[9] 그런데 아이러니하게도 다른 무엇보다도 세속적인 삶을 지양하라고 가르치는 로마서 본문이 오늘날의 세상에서 크게 균형을 잃고 흔들리는 그릇된 기독교를 정당화하는 근거로 남용되고 있다.

이 원리를 그릇 이해함으로써 원리 자체를 훼손하는 사람들이 많다. 그들은 삶의 모든 활동이 하나님께 드리는 영적 예배이기 때문에 좁은 의미에서의 "예배"라는 말은 아예 거론조차 해서는 안 된다고 주장한다. 결국, 주중에 가능한 것은 우리가 일요일에 "예배"라고 일컫는 상황에서도 똑같이 가능하다는 결론이 도출된다. 이것은 주중에 하는 일이라도 무엇이든 주님께 드리는 "예배"로 알고 신중하게 하기만 하면 주일에도 얼마든지 할 수 있다는 개념이다. 어떤 사람들은 신학적 변이(theological shift)가 일어났다는 사실을 의

---

9) Burroughs, *Earthly Mindedness*, 16.

식하지 못한 채 무작정 이 입장을 받아들여 실천에 옮겼다. 안타깝게도 예배에 관한 오늘날의 책들 가운데 다수가 이런 변이를 지지하고, 유지하는 신학적 틀을 제공하고 있다. 나는 그런 책들을 여기에서 언급하지 않았다. 일부러 그랬다. 특정한 저자들을 비방할 생각은 조금도 없다. 그들 가운데 더러는 유익한 책을 많이 펴냈다. 나는 그들에 대한 편견을 조장할 의도가 전혀 없다. 내가 말하려는 요점은 예배의 개념과 관련해 중요한 신학적 변이가 발생했고, 그것이 신자들 사이에서 세속적인 삶의 태도를 조장할 뿐 아니라 심지어는 정당화하고 있다는 것이다. 따라서 예배의 날인 안식일이 사라지는 현상은 필연적인 결과다.

공예배가 다른 모든 것과 혼합되어 모호해지다 보니 예배의 날인 안식일의 중요성도 덩달아 축소되었다. 공예배를 다른 삶의 활동과 구별할 수 없다면 예배를 위해 따로 정해진 날도 다른 날과 구별할 수 없을 것이 당연하다. 위의 주장은 모든 날을 주님께 예배를 드리는 안식일로 취급한다. 주일과 다른 날의 차이가 있다면 주중의 일을 잠시 중단하고 휴식을 취하는 것밖에 없다. 이런 식의 주장을 일관되게 적용시키면 개인 기도, 성경 읽기, 가정 예배의 중요성마저도 사라지게 된다. 모든 삶을 하나님의 영광을 위해 살아야 한다는 원리가 삶의 다양한 활동들을 구별하는 것을 거부하는 의미로 적용된다면 무엇이든 하나님이 인정하시는 활동만 한다면 어떤 활동에 시간을 할애하느냐는 별로 중요하지 않다는 결론에 도달하기는 너무나도 쉽다. 예배를 삶의 나머지 활동과 구별하지 않으면 생명과 활력이 넘치는 교회가 성립될 수 없다. 비유를 하나 들어보자. 나는 아내를 사랑하기 때문에 집안에서 많은 일을 한다. 그런데 만일 내가 단지 집안의 허드렛일을 거드는 것만으로 아내를 사랑하고, 그런 일들을 중단한 채 아내와 함께 시간을 갖고 교제하지 않는다면 행복한 결혼 생활을 영위하기 어려울 것이다. 마찬가지로 하나님을 예배하고, 그분과 교제를 나누는 시간을 따로 마련하지 않고 삶의 모든 활동을 통해 그분을 예배한다고 주장하는 사람도 올바른 신앙생활을 하기가 어렵다. 우리의 존재 이유인 하나님과의 관계를 위해 일주일에 하루를 온전히 바치는 것은 그리스도인이 감당해야 할 최소한의 의무다. 명시적으로든 암묵적으로든 공예배와 다른 활동들을 구별하지 않는 사람은 생명력 넘치는 교회의 토대를 무너뜨리는 위험을 자초하게 될 것이다. R. L. 대브니(R. L. Dabney)는 이 점을 아래와 같이 구체적으로 잘 설명했다.

인간은 습관의 법칙에 구애를 받고, 그 기능이 유한할 뿐 아니라 존재의 여건상 그 생각이 땅과 하늘로 나누일 수밖에 없는 피조물이기 때문에 강제적으로 시간을 나눠 두 세계에 적절하게 분배하지 않으면 주어진 운명에 충실하기가 어렵다. 우리가 기억하다시피 인간은 세속적이고, 본질상 불경스러우며, 하늘에서 눈을 돌려 땅을 바라보려는 성향이 있다. 인간은 세상의 것을 지나치게 사랑하고, 하늘의 권리를 침해하도록 유도하는 세속적인 삶을 추구하느라고 크게 부산을 떤다. 따라서 이 둘을 구분하는 것은 절대적으로 필요

하다.[10]

이런 주장은 오직 직접적인 예배의 행위만이 하나님을 진정으로 섬길 수 있는 유일한 방법이라는 그릇된 흑백 논리를 펼치지 않는다. 이것은 주장이면서 또한 엄연한 현실을 그대로 묘사한 것이기도 하다. 대브니는 단지 이 세상과 신자가 관계를 맺는 방식을 있는 그대로 묘사했을 뿐이다. 공예배와 다른 모든 활동의 차이를 거부하고, 일주일에 하루를 온전히 구별해야 할 필요성을 부인하는 사람은 신자들의 마음속에 남아 있는 본성의 부패와 세상과 그 안에 있는 것들을 사랑하는 성향을 현실 그대로 이해하지 못한 것이다. 인간이 타락하지 않았다면 혹시 하나님을 영화롭게 하려는 예배의 정신으로 삶의 모든 활동에 종사할 수 있었을지도 모른다. 그러나 죄인이 된 지금의 상황에서 과연 그런 희망이 조금이라도 남아 있을까? 사실, 낙원에 살던 아담과 하와조차도 안식일이 필요했다. 그리스도를 믿는다고 고백하는 사람들이 이 사실을 무시한다면 그리스도의 이름을 지녔으면서도 마치 오직 세상만을 위해 창조된 것처럼 살아가는 사람들이 이토록 많은 현실이 조금도 이상할 리 없지 않겠는가? 예수 그리스도의 교회가 마땅히 예배를 위해 따로 구별해야 할 날을 등한시해 왔다는 사실은 위대한 사랑을 거역한 너무나도 큰 죄가 아닐 수 없다. 예배의 날의 필요성을 의식하지 못할

---

10) Dabney, "Christian Sabbath," 1:542.

뿐 아니라 심지어는 반감마저 느끼는 하나님의 백성들이 허다하다. 이런 사실은 작금의 현실의 문제가 아무리 과장해도 모자랄 만큼, 곧 말로는 이루 다 형용하기가 불가능할 만큼 깊고, 중대하다는 것을 잘 보여준다.

"삶의 모든 것이 예배다."라는 입장을 취하는 가족들을 몇 알고 있다. 그들은 예배의 날인 안식일을 그다지 중요하게 생각하지 않는다. 예를 들어 어떤 어머니는 주일에도 어김없이 일을 해야 하는 직장을 선택했다. 그것 자체는 문제가 아니었다. 그러나 매주 주일에 나가 일을 하다 보니 곧 아무런 양심의 가책도 느끼지 못하게 되었다. 그녀는 일을 하면서도 교인들과 함께 예배를 드릴 때와 똑같이 하나님을 예배할 수 있기 때문에 안식일을 범한 것이 아니라며 스스로를 정당화했다. 결국 그녀는 자기도 모르는 사이에 영적으로 무기력해지기 시작했다. 그녀의 기독교적 신앙과 실천이 모든 측면에서 약화되었고, 직장에서나 가정에서 그리스도를 능력 있게 전할 수가 없게 되었다. 최소한 일주일에 하루만이라도 영적 근육을 단련해야 하는데 그렇게 하지 않고, 그것을 "세속적인" 일을 하는 데만 사용해 영적 힘을 소진한다면 영적 활력이 줄어들 수밖에 없다. 만일 그래도 영적 활력이 완전히 메마르지 않는다면 순전히 하나님의 은혜 덕분일 것이다. 매일 개인적인 경건의 시간을 갖는 것은 반드시 필요한 일이지만 그것만으로는 안식일을 지키지 않음으로써 발생하는 공백을 메울 수 없다. 이것은 가정 예배도 마찬가지다. 또한 주일에 한두 시간 교회에 나가는 것으로도 영적 건강을 유지하기에는 충분하지 못하다. 하늘의 것을 생각하게 만드는 강도 높은 영적 훈련이 필요하다. 세속적인 일과 오락을 일체 중단하고(심지어 그런 것들은 말하거나 생각하지도 말고), 공적으로나 사적으로 하나님을 예배하는 일에 하루를 온전히 바치는 것만이 우리에게 필요한 영적 활력과 성장을 제공할 수 있다.

안식일을 신앙생활의 기본적인 중심축으로 간주하지 않으면 일주일 내내 우리를 기쁘게 하는 일만 하면서도 모든 일에 "예배"라는 라벨을 붙였다는 이유를 들어 세속적인 삶을 추구하지 않았다고 자위하게 될 위험이 크다. 영적 예배를 통해 우리의 몸을 하나님께 산 제물로 바치려면 정신이 흐트러지지 않은 상태로 온전히 순수하게 하나님을 예배하는 습관과 의식을 길러야 한다. 그래야만 잠시 사용되고 없어질 것들보다는 그리스도께서 하나님의 오른편에 앉아 계시는 하늘의 것을 생각하며 삶의 모든 활동을 통해 하나님을 예배할 수 있다. 안식일 준수는 우리가 로마서 12장 1, 2절을 오용하여 세속적인 기독교를 정당화하고 있는지를 판별하는 시금석이다. 먼저 하나님을 영적으로 예배하는 즐거움을 누리지 못하면 그분을 위한 영적 예배의 삶을 살 수 없다. "육신의 생각은 사망이요 영의 생각은 생명과 평안이다"(롬 8:6). 어떤 사람들은 직접적인 예배의 행위와 다른 일을 구별하지 않음으로써 부지중에 신앙생활의 근간을 훼손한다. 그들은 자신이 주장하는 원리를 스스로 파괴한다. 우리 시대의 교회가 하나님을 예배하고, 섬긴다는 명목으로 스스로를 속이고 있지는 않은지 궁금하다. 과연 주일 성수가 급속도로 쇠퇴하면서 이와 동시에 공예배를 바라보는 교회의 시각에 큰 변이가 생겼고 또한 세상에 대한 교회의 관계에도 엄청난 변이가 일어난 것이 과연 우연의 일치일까? 이 모든 것이 지금까지 논의한 "종교적인" 세속성을 조장하고 있는 것은 아닐까? 안식일이 우리가 영적으로 일그러졌다는 사실을 새롭게 일깨워줄 수 있기를 간절히 기도한다.

6장
무엇이 사라졌는가

오늘날 많은 사람이 신앙생활을 하는 것을 보면 분명히 무엇인가가 빠져 있다. 삶의 모든 측면에서 하나님의 영광을 위해 살아야 한다고 주장하기는 쉽다. 더욱이 이 원리를 사용해서 자신의 행동을 정당화하기는(그것이 성경에서 명시적으로 금지되어 있지 않은 한) 훨씬 더 쉽다. 그러나 사방에 함정이 도사리고 있다. 어떤 그리스도인들은 세속성(세상의 것을 생각하는 태도)을 정당화하기 위해 모든 삶을 하나님의 영광을 위해 살아야 한다는 개념을 남용한다. 또 어떤 그리스도인들은 그리스도인다운 삶에 충분히 관심을 기울이지 않는다. 전체적으로 볼 때 오늘날에는, 하나님의 얼굴 앞에서 살아가는 방법을 올바로 이해하지 못하고 있고, "이 악한 세대"가 얼마나 위험한지를 실천적으로 이해하지 못하고 있다. 하나님이 구약 시대에 이스라엘 백성에게 요구하신 경건에 비추어 현대 교회의 "부끄러운" 상태를 깨달게 되면 오늘날의 기독교에서 사라진 것이 무엇인지 더욱 뚜렷하게 드러날 것이다. 이런 사실들은 참된 안식일 준수가 교회 안에 있는 위선을 가장 잘 예방하는 방법 가운데 하나가 될 수 있다는 것을 보여준다.

두 가지 중요한 원리

이 악한 세대

세속적인 삶의 태도를 지양하려면 두 가지 중요한 질문을 생각해 봐야 할 필요가 있다. 하나는 "그리스도인과 세상은 어떤 관계에 놓여 있는가?"이고, 다른 하나는 "그리스도인은 이 세상에서 어떤 원리들을 따라 살아야 하는가?"이다. 요한 사도는 첫 번째 질문에 대해 "또 아는 것은 우리가 하나님께 속하고 온 세상은 악한 자 안에 처한 것이며"(요일 5:19)라고 대답했다. 아울러 두 번째 질문에 대한 대답은 "그러므로 너희가 그리스도와 함께 다시 살리심을 받았으면 위의 것을 찾으라 거기는 그리스도께서 하나님 우편에 앉아 계시느니라 위의 것을 생각하고 땅의 것을 생각하지 말라"(골 3:1, 2)라는 말씀 안에 잘 요약되어 있다. 이 두 질문에 대한 대답은 서로를 보충하고, 보완한다. 첫 번째 대답은 세상을 바라보는 관점을, 두 번째 대답은 그런 관점에 근거해 세상에서 살아가는 법을 각각 가르친다.

"악한 자"는 스스로는 아무런 권위가 없다. 하나님이 만물을 지배하고, 다스리신다. 그러나 성경은 우리가 사는 시대가 악하고(엡

5:16), 사탄이 "이 세상의 신"이며(고후 4:4), 세상의 통치자들과 사람들이 하나님과 그리스도를 대적한다고(시 2:1, 2) 말씀한다. 그리스도인들은 세상을 지나치게 신뢰하는 경향이 있다. 우리는 세상의 것들을 오용하지 않고 잘 사용할 수 있을 것처럼 행동하고(고전 7:31), "우리에게 모든 것을 후하게 주사 누리게 하시는" 하나님의 영광을 위해 무슨 일이든 다 잘 할 수 있을 것처럼 생각한다. 그러나 오웬은 "세속적인 즐거움은 인간의 세속적인 욕망을 더 크게 부추긴다. 세속적인 즐거움은 누리면 누릴수록 거기에 더 깊이 빠져든다."라고 경고했다.[1] 이것은 하나님이 세상의 좋은 것들을 축복하시지 않는다거나 그것들을 누려서는 안 된다는 말이 아니다. 먹든지 마시든지 무엇을 하든지 하나님의 영광을 위해 해야 하지만(고전 10:31) 그것은 결코 쉬운 일이 아니다. "이 세상을 다스리는 자"가 늘 우리를 파괴하고, 집어삼키기 위해 호시탐탐 기회를 노린다. 현세의 삶은 어둠에 지배된다(요 1:5). 현세의 즐거움과 쾌락은 중립적이지 않다. 우리는 그것을 그런 식으로 생각해서는 안 된다. 텔레비전과 영화를 비롯한 대중매체를 통해 우리에게 "세상"을 보여주는 사람들은 마음에 하나님을 두기를 싫어한다(롬 1:28). 그들은 그리스도를 위하지 않고, 그분을 대적한다. 그들이 "정상"으로 생각하는 것을 단지 사회가 용인한다고 해서 무작정 받아들여서는 안 된다. 성경은 "다수를 따라 악을 행하지 말라"고 가르친다(출 23:2). 이것이 세상과 그 안

---

1) Owen, "Grace and Duty," 331.

에 있는 것들을 사랑하지 말아야 하는 이유다. 세상은 당신의 하나님을 반대한다.

물론 그리스도인들도 영화나 스포츠와 같은 "세속적인" 즐거움을 합법적으로 누릴 수 있다. 그러나 꼭 명심해야 할 것이 두어 가지 있다. 하나는 스스로가 의식하지 못하는 상태에서 본질적으로 악한 것이 정상적인 것으로 용인되고 있지는 않은지 신중하게 살펴야 한다는 것이고, 다른 하나는 겉보기에 "무해한" 활동을 하는 것이 종종 불신 세계를 만족하게 만드는 결과를 낳을 수 있다는 것이다. 합법적인 활동이기 때문에 무조건 안전한 것은 아니다. 세상은 세상의 것들을 적당히 사용하라고 말하지 않는다. 세상이 말하는 적당의 기준은 성경이 가르치는 기준에 부합하지 않을 때가 많다. 그 자체로는 해롭지 않은 일일지라도 하나님을 존중하지 않거나 삶을 온통 지배하는 것으로 바뀌면 크게 위험할 수 있다. 예를 들어 신자도 분주한 삶으로 인한 긴장을 완화하기 위해 축구 경기를 즐길 수 있다. 그러나 그러다 보면 축구 경기를 관람하는 것은 합법적인 일이기 때문에 원하는 만큼 마음껏 할 수 있어야 한다고 생각하기가 쉽다. 어쨌든 많은 다른 사람들이 그렇게 하며 그것은 해가 없는 오락이라는 것이다. 그런데 축구 경기를 좋아하는 "열정"이 다른 의무들을 이행하는 것과 충돌을 일으키면 스포츠 대신 의무를 소홀히 하는 일이 발생한다. 특히 축구 경기를 관람하는 것이 하나님을 예배하는 일과 충돌을 일으키면 그것을 즐기는 일이 세속적인 태도이자 우상으로 굳어졌다는 사실이 확연히 드러난다. 그쯤 되면 관심을 기울여야 할 일들이 서로 충돌을 일으키든 말든 축구 경기를 관람하거나 내키지 않은 마음으로 어쩔 수 없이 예배를 드리거나(왜 나하면 마음이 하나님보다 축구에 가 있기 때문에) 둘 중에 하나를 선택해야 할 상황이 벌어질 것이 뻔하다. 어떤 경우가 되었든 승리자는 사탄이다. 합법적인 활동이라도 너무 지나치게 빠져들면 그리스도와 하늘나라를 까맣게 잊을 수도 있다는 것을 명심해야 한다. 사탄은 무신론, 간음, 살인, 방탕한 생활과 같은 중한 죄를 짓도록 우리를 유혹할 필요가 없다. 단지 우리가 합법적이라고 알고 있는 활동에 종사하면 안전할 것이라는 생각만 부추길 수 있다면 그는 이미 자신의 목적을 이룬 셈이다.[2]

경건한 삶의 특징들

이 세상의 것을 적절하게 사용하려면 하늘을 바라보며 살아야 한다. 그리스도인들은 하늘에 소망을 두고, 하늘을 바라보며 세상의 것들을 사용해야 한다. 신자들의 **언어 생활**이 복음 때문에 어떻게 변화되어야 하는지 살펴보면 하늘에 소망을 둔 삶에 대해 많은 것

---

2) C. S. 루이스는 오직 그만이 가능한 방법으로 이 유혹의 교묘한 속성을 구체적으로 묘사했다.《스크루테이프의 편지》에 보면 나이와 경험이 많은 악마가 나이 어린 악마에게 인간들을 "큰 죄"를 짓도록 유혹하려고 애쓰지 말고, 세상이 제공하는 온갖 즐거움으로 그들의 정신을 흩뜨려 놓으라고 조언하는 대목이 나온다. 그는 "카드가 속임수를 부릴 수 있다면 살인이 카드보다 별로 나을 게 없단다. 지옥으로 가장 안전하게 이끌려면 서서히 움직이게 해야 해. 경사도 완만하고, 발로 딛는 곳도 부드럽고, 갑작스러운 갈림길도 없고, 이정표나 푯말도 없이 말이야."라고 말했다. C. S. Lewis, *The Screwtape Letters* (New York: Touchstone, 1961), 54.

을 알 수 있다. 앞 장에서 안식일에는 하나님께 대한 예배를 독려하고, 다른 사람들의 덕을 세우는 말을 해야 한다고 말했다. 그리스도인의 삶과 언어는 진중하고, 진지해야 한다. 신자는 항상 영원한 현실을 염두에 두고 말을 해야 한다. 다시 말해 우리의 말은 항상 목적이 있어야 한다. 우리는 "무릇 더러운 말은 너희 입 밖에도 내지 말고 오직 덕을 세우는 데 소용되는 대로 선한 말을 하여 듣는 자들에게 은혜를 끼치게 하라"(엡 4:29)라는 명령을 진지하게 받아들여야 한다. 마틴 로이드 존스는 우리의 언어 생활에 관해 이렇게 말했다.

우리의 말은 목적이 있어야 하고, 요점이 분명해야 하며, 가치가 있어야 한다. 무익한 대화와 잡담으로 시간을 낭비해서는 안 된다. 우리가 쓸데없는 이야기와 잡담과 험담과 같이 아무런 가치도 없는 말로 낭비해 온 시간이 얼마나 많은지 모른다. 그리스도인은 그런 일을 삼가야 한다. 항상 신앙에 관한 말만 해야 할 필요는 없지만 무슨 말을 하든지 요점이 분명하고, 가치가 있어야 한다. 사람들이 마지막에 "그 사람과 보낸 시간이 참 좋았어요, 그리고 나니 기분이 한결 나아졌어요."라고 말할 수 있도록 항상 선하고, 건전하며, 어떤 식으로든 덕을 세우는 말을 해야 한다. 불신자의 대화와 그리스도인의 대화가 지니는 가장 큰 차이점 가운데 하나는 후자는 항상 지성적이지만 전자는 그렇지가 않다는 것이다.[3]

그리스도께서 성령의 능력으로 우리의 삶을 변화시키셨다는 것은 우리의 대화가 항상 영적인 일들을 언급하지는 않더라도 하나의 분명한 목적, 곧 하나님을 존중하고, 상대방을 덕스럽게 하기 위한 영적인 목적을 지녀야 한다는 것을 의미한다. 안식일에 해야 하는 언어 생활도 마찬가지다. 한 가지 차이가 있다면 모든 대화에 영적 목적만이 아니라 영적 대상들까지 포함시키길 열망해야 한다는 것이다. 주중에 이런 식으로 내내 말을 하다 보면 안식일에 그런 전환이 자연스레 이루어질 수 있지 않겠는가? 이것은 마치 두 사람이 은연중에 하나의 주제를 염두에 두고 대화를 나누다가 마침내 그 주제가 공연하게 도출되어, 직접적이고, 분명하게 그것을 말하게 되었을 때 안도의 한숨을 내쉬는 것과 비슷하다. 안식일은 다른 어떤 날보다도 그리스도인들이 현세의 삶에서 가장 "본향에 있는 듯한 기분"을 느껴야 하는 날이다.

안식일에 그리스도인에게 전혀 어울리지 않는 일들을 말할 때가 너무나도 많다. 그런 일들이 자체적으로 잘못이라는 것이 아니다. 그러나 덕을 세우는 일에는 무관심한 채 그런 것들에 관심을 너무 많이 기울인다는 것이 문제다. 윌리엄 스프래그는 《부흥에 관한 강의Lectures on Revival》에서 신앙생활을 바라보는 현대 교회의 관점을 교정하는 데 꼭 필요한 조언을 제시했다. 그는 "그들은 눈에 보이는 일시적인 것들에 심취해 있다. 그들의 대화는 하늘의 것을 말하

3) D. Martyn Lloyd-Jones, *Darkness and Light* (Grand Rapids: Eerdmans, 1982), 260.

지 않고, 하늘의 기운을 풍기지 않으며, 하늘의 즐거움이나 그런 즐거움을 얻는 방법을 언급하지 않는다. 세상은 그들을 잘 안다. 세상은 그들이 예수님과 함께 있지 않고, 자기와 마찬가지로 저속한 것들 사이를 비집고 기어 다니기를 좋아한다는 것을 알고 있다.”라고 말했다.[4] 이 말은 현세의 삶의 가치에 대한 불건전한 신학적 관점을 제시한 것이 아니라 신자의 삶에 있어 영적 현실이 반드시 결정적 요소로 작용해야 함을 올바로 인식한 결과이다.

하늘의 것보다 땅의 것을 말하기를 더 즐거워하지는 않는지 우리 자신을 정직하게 살펴보자. 옥타비우스 윈슬로의 어머니 메리 윈슬로는 자기의 한 아들에게 한 시간 동안 “귀하신 주님“을 언급하지 않은 채 대화를 나눈 것을 뒤늦게 깨닫고는 큰 슬픔과 죄책감을 느꼈던 경험담을 들려준 적이 있다. 그것은 안식일이 아닌 주중에 일어난 일이었다.[5] 버러스는 성숙한 신자는 주님의 일을 말하지 않고 다른 신자와의 대화를 끝마치는 법이 없다고 말했다. 그렇게 하는 것은 마치 한 영국인이 낯선 타국에서 동료 영국인을 만났을 때 고향 소식을 묻지 않는 것과 같다.[6] 사실 영광스러운 소망을 지녔다면 올바로 말하는 법을 가르칠 필요가 없다. 왜냐하면 마음에 가득한

---

4) William B. Sprague, *Lectures on Revival of Religion* (Edinburgh: Banner of Truth, 2008), 51.

5) Octavius Winslow, *Life in Jesus: A Memoir of Mrs. Mary Winslow* (London: Paternoster Row, 1890; repr., Morgan, Pa.: Soli Deo Gloria, 1993), 184.

6) Burroughs, *Earthly Mindedness*, 121.

것이 자연스레 입으로 흘러나올 것이기 때문이다(눅 6:45). 스스로가 듣는 사람들에게 은혜를 끼치는 말을 얼마나 잘하고 있다고 생각하는가(엡 4:29)? 덕을 세우는 데 필요하지 않은 말은 자제하려고 의식적으로 노력하는가? 주 예수 그리스도께서 "네 말로 의롭다 함을 받고 네 말로 정죄함을 받으리라"(마 12:37)라고 말씀하셨다는 사실을 절대로 잊지 말라.

안식일 준수와 관련해 가장 크게 논란이 되는 것은 오락과 말이다. 이 두 가지는 신앙생활에 대한 현대적인 관점이 큰 결함을 안고 있다는 것을 분명하게 보여준다. 사실 우리의 가장 큰 문제는 안식일에 세속적인 일을 하고, 오락을 즐기고, 그것들을 생각하거나 말하는 것이 아니라 주중에 그것들에 너무 깊이 빠져들어 있다는 것이다. 미국의 문화는 여가와 오락에 지나치게 집착한다. 사람들은 종교는 제외하고, 오로지 일과 스포츠만을 화제로 삼는다. 우리는 우리의 자녀들에게도 그렇게 하도록 가르치고 있다. 우리의 문화는 우리의 자녀들에게 가능한 한 모든 스포츠를 즐기라고 명령하는 것처럼 보인다. 혹시나 주중 예배를 건너뛰고 축구를 즐김으로써 자녀들에게 예배보다 스포츠가 더 중요하다는 인상을 심어주고 있지는 않은가? 공예배에 참석해 천사들조차 얼굴을 가려야 했던(사 6:2) 거룩하신 하나님 앞에 엎드리는 것보다 "빅 이벤트"를 관람하는 것이 더 중요하고, 더 즐거운 일이라고 가르치고 있지는 않은가? 자녀들 앞에서 주님의 일보다 세상의 일을 더 많이 말함으로써 의에 관한 말보다는 세상에 관한 말을 더 능란하게 하도록 부추기고 있지는 않은가? 세속주의가 젊은 세대를 온통 지배하고 있는 요즘의 세태를 보면 교회 안에 있는 젊은이들에 대한 걱정이 날로 깊어지지 않을 수 없다. 우리는 이런 현실 앞에서 "우리의 자녀들이 믿음을 저버리고 있지는 않은가? 아니면 그들이 그저 우리처럼 되어가고 있지는 않은가?"라는 질문을 종종 생각해봐야 할 필요가 있다.

안식일 준수는 하늘의 것을 생각하며 사는 사람의 삶이 지닌 자연스러운 특징이다. 안식일은 한 주의 절정이자 정점이다. 그리스도인은 매주 하나님을 예배하는 일에 바쳐진 거룩한 날을 가장 크게 기대해야 한다. 안식일은 신자들이 가장 활기차고, 그리스도께 대한 믿음을 가장 분명하게 표현하는 날이 되어야 한다. 안식일 준수는 신앙생활의 정수다. 하늘의 것을 생각하는 사람들은 매주 안식일을 고대하게 만드는 그런 방식으로 말하면서 살아가야 한다. 또한 그들이 안식일을 지키는 방식이 다른 사람들에게까지 영향을 미쳐야 한다. 이렇게 안식일을 잘 지키면 선순환이 일어나서 다음 한 주간 동안 하늘의 것을 좀 더 많이 생각하며 살아갈 수 있고, 다음 번 안식일을 기대하는 마음이 더욱 커질 것이다. 이런 과정이 신자가 장차 영원한 안식에 들어갈 때까지 계속되어야 한다. 이것이 웨스트민스터 총회에 참석한 목회자들이 안식일이 주중에 하나님의 모든 계명을 더 잘 지킬 수 있게 도와준다고 말했던 이유다(웨스트민스터 대요리문답 121문 참조).

이스라엘 민족이 교회를 부끄럽게 만드는 이유

안식일을 등한시하는 풍조가 만연한 것은 교회의 세속성을 여지없이 드러낸다. 이와 관련해 교회의 연약함을 분명하게 보여주는 요소가 하나 더 있다. 특권을 더 많이 누릴수록 감사와 보은의 마음도 더 커져야 마땅하다. 하나님과의 관계에서 그런 감사의 마음은 그분의 이름에 합당한 예배를 드림으로써 표현될 수 있다. 우리의 세속적인 벌거벗음과 수치를 드러내는 한 가지 사실은 우리가 구약 시대의 성도들에 비해 공예배에 대한 관심이 턱없이 부족하다는 것이다. 예배의 날인 안식일이 이스라엘의 종교 생활에서 차지했던 역할을 보면 이 고통스러운 사실이 더욱 두드러져 나타난다. 그리스도를 믿는 신자들이 구약 시대의 이스라엘보다 훨씬 더 큰 축복과 혜택을 누리기 때문에 찬양과 예배를 드려야 할 영광스러운 이유도 그만큼 더 클 수밖에 없다. 우리는 그들보다 더 나은 약속을 가졌다(히 8:6). 그들은 그리스도께서 이루신 사역을 희미하게 바라보았지만 우리는 분명하게 되돌아본다. 그러나 예배를 통해 복음에 대한 감사의 마음을 표현하는 것과 관련해서는 현대 교회가 고대 이스라엘 앞에서 크게 부끄러워해야 마땅하지 않을까 싶다.

4장에서 말한 대로 안식일은 구약 시대의 모든 종교적 절기의 본보기가 되는 패턴이었다. 레위기 16장과 23장은 이스라엘의 주요 절기를 모두 "안식일"로 일컬으며 그런 날에는 하나님을 위해 "성회"로 모여야 한다고 가르쳤다. 이는 구약 시대의 성도들이 때로는 일주일에 여러 차례 "안식일"을 지켰다는 것을 의미한다. 유대 월력의 일곱 번째 달이 이 점을 구체적으로 예시한다. 이스라엘 백성은 그 달에 나팔절, 속죄일, 장막절을 지켰다(민 29장). 그 달의 첫째 날이 나팔절이었다(1-6절). 그날에는 노동을 중단하고 성회로 모여 정해진 희생 제사를 드려야 했다. 노동을 중단한 이유는 게으름을 피우거나 오락을 즐기기 위해서가 아니라 하나님을 예배하기 위해서였다. 아울러 그 달의 일곱 번째 날에는 어김없이 안식일이 찾아왔을 것이다. 이것은 이스라엘 백성이 7월 첫 주간에 두 차례의 안식일을 지켜야 했다는 뜻이다.

이스라엘 백성은 그 달의 열 번째 날에도 또 다시 "성회"(7절) 또는 "안식일"(레 16:31)을 지켰다. 그날은 속죄일이었다. 그날은 절기라기보다는 스스로를 겸손히 낮춰 죄를 속하기 위해 "심령을 괴롭게 해야" 하는 날이었다.[7] 안식일이 지난 지가 사흘밖에 안 되었는데 또다시 속죄일을 지켜야 했던 것이다. 7월의 첫 번째 안식일이 일곱 번째 날이었으니까 두 번째 안식일은 열네 번째 날이었을 것이다. 그날은 속죄일이 지난 지 고작 나흘 후였다. 이스라엘 백성은 두 주간 동안 나흘을 거룩히 구별해야 했다. 더욱이 그 달의 열다섯 번째 날에는 장막절이 시작되었다. 매주 돌아오는 안식일을 포함해 두

---

[7] 신약 시대의 안식일은 그리스도의 희생으로 이루어진 속죄를 기념하는 날이지만 그 강조점은 부활과 죽음을 정복한 승리를 축하하는 데 있다. 따라서 속죄일을 주일에 금식하기 위한 선례로 간주할 수 없다. 둘 다 노동을 중단하고 예배를 드리는 날이지만 신약 시대의 안식일은 슬픔의 날이 아니다. 만일 그렇다면 그것은 장례식에 적합한 태도로 결혼식에 참석하는 것과 다르지 않을 것이다.

번의 안식일을 연이어 지켰던 셈이다. 장막절은 시작한 지 여덟 번째 되는 날에 또 한 번 안식일을 지킴으로써 끝이 났다(35절). 장막절의 마지막 날은 그 달의 스물두 번째 날이었고, 매주 돌아오는 안식일은 그 달 스물한 번째 날이었으며, 7월의 마지막 안식일은 스물여덟 번째 날이었다. 이 모든 안식일을 예배를 위해 온전히 구별해야 했을 뿐 아니라 장막절 기간에는 엿새 동안 일상적으로 드리는 희생 제사보다 훨씬 더 많은 제사를 드리며 하나님을 예배해야 했다.

우리는 대개 한 달에 주일을 네 번 지킨다(이따금 다섯 번 지킬 때도 있다). 이스라엘 민족은 7월에는 안식일을 최소한 여덟 번 지켰을 뿐 아니라 그 외에도 여러 차례 공예배를 드렸다. 앞에서 살펴본 대로 그들은 일주일에 세 차례나 안식일을 지켜야 할 때도 있었다. 그런데 우리는 일주일에 한 번 돌아오는 가장 기본적인 안식일조차도 예배의 날로 거룩하게 지키지 못하고, 일까지 멈추지 않는 잘못을 저지르고 있다. 일주일에 세 번의 안식일을 지켰다는 것을 생각해 보라. 우리는 가족들을 부양하고, 생활을 꾸려나가려면 가끔 안식일을 어길 수밖에 없다고 주장하며 주일을 지키지 못하는 우리의 행위를 정당화한다. 그러나 하나님은 이스라엘 백성이 한 달에 여덟 번 이상 안식일을 지켰는데도 그들의 가정에 필요한 것을 부족하지 않게 채워주셨다. 일을 해야 하는데 어떻게 그런 일이 가능하냐고 의아해할지 모르지만 가족 휴가를 준비할 때는 어떻게 그런 일을 그렇게 잘도 하는 것인지 참으로 궁금하다. 8일 동안 일을 중단하고 가족 휴가를 떠나려고 준비할 때는 "어떻게 그런 일이 가능한가?"

라고 묻는 사람은 아무도 없다. 그런 경우는 모두 미리부터 계획을 세운다. 가족 휴가를 미리부터 계획하면 심지어 2주 동안이나 일을 중단해도 가족의 경제적인 안정성이 깨지지 않는다. 그렇다면 일주일에 한 번, 안식일에 "영적 휴가"를 즐긴다고 생각하고, 미리 계획을 잘 세울 수도 있지 않겠는가?

삼위일체 하나님을 예배하고, 섬겨야 할 가장 큰 이유가 우리에게 있는데도 구약 시대의 성도들이 우리보다 공예배에 훨씬 더 충실했다는 사실은 참으로 부끄러운 일이 아닐 수 없다. 우리는 일주일에 한 번 주일 예배를 드리는 것도 어려워하는데 이스라엘 백성은 때로 일주일에 몇 차례씩 예배를 드렸다. 땅 위의 성전에 참여한 사람들이 하늘의 것을 생각했는데, 어떻게 그리스도를 통해 하늘의 성전에 참여하는 사람들이 땅의 것을 생각할 수가 있는가? 이스라엘 백성은 모세가 하나님을 만나고 돌아왔을 때 그의 얼굴에서 빛나는 광채를 똑바로 바라볼 수가 없었다. 모세는 백성들이 하나님의 영광을 반사한 빛을 보지 못하게 하려고 수건으로 자신의 얼굴을 가려야 했다(출 34:33-35, 고후 3:13). 우리는 복음 아래에서 그리스도의 얼굴에 있는 하나님의 영광을 본다(고후 3:18, 4:6). 우리는 수건이 벗겨진 눈으로 구약 성경을 읽고, 옛 언약 아래에 있던 신자들이 상상조차 하지 못했던 놀라운 일들을 경험한다. 그런데도 우리는 구약 시대의 성도들보다 예배에 충실하지가 못하다. 이스라엘 민족은 우리보다 훨씬 더 많은 안식일을 지켰는데 우리는 일주일에 고작 하루도 하나님을 예배하고, 섬기는 일에 온전히 바치지 못한다.

물론 하나님을 예배하고, 영화롭게 하는 날을 더 많이 늘려야 한다는 말은 아니다. 하나님이 요구하시는 하루의 안식일만 잘 지켜도 충분하다. 그렇게만 해도 한 주간 동안 신령한 마음으로 잘 살아갈 수 있다. 안식일을 지키려고 의식적으로 노력하면 삶 속에서 자연스레 무엇을 하든지 하나님의 영광을 위해 할 수 있다. 예수님이 종종 밤을 꼬박 지새우며 기도로 하나님과 교제를 나누신 사실을 놀랍게 생각하는 신자들이 많다. 아마도 우리로서는 그렇게 오랜 시간 동안 기도하는 일을 생각조차 하기 어려울 것이다. 예수님이 보여주신 본보기가 너무 극단적이고, 비현실적으로 느껴질지 모르지만 캘리포니아의 한국인 신자들은 매주 금요일마다 일을 마치고 함께 모여 철야 기도를 드린다고 한다. 그런 사실 자체만으로도 놀라운 일이지만 더더욱 놀라운 것은 금요 기도회에 모이는 신자들의 숫자가 주일 예배에 모이는 숫자와 거의 비슷하다는 사실이다. 우리도 당장 일주일에 한 번 철야 기도를 시작해야 한다는 뜻은 아니다. 그러나 심지어 이스라엘 백성조차도 오늘날의 대다수 신자들보다 훨씬 더 많은 시간과 정성을 영적 예배에 쏟아부었다. 일주일에 한 번 24시간 동안 세속적인 일과 오락을 삼가고, 그것들을 생각하거나 말하는 행위를 일체 중단하면 주중에도 그런 일에 지나치게 빠져들 가능성이 현저히 줄어들 것이다. 그렇게 되면 하나님 앞에서 살아가는 삶이 자연스럽게 이루어질 것이다. 내 경우에도 다른 모든 것은 잊고, 오직 하늘의 소망만을 간직한 채로 예배의 날인 안식일을 지켰더니 주중에 하나님을 늘 생각하며 살아가는 일이 좀 더 수월해졌다. 형제들이여, 이스라엘 백성이 우리를 더 이상 부끄럽게 만들지 못하게 하자.

결론

우리는 교회가 주변 문화와 매우 흡사한 시대에 살고 있다. 세속적인 교회에서는 안식일 준수에 대한 웨스트민스터 표준문서의 입장이 환영받을 수 없다. 사실, 많은 점에서 지금까지 그래왔다. 오늘날, 안식일을 예배의 날로 여겨 사랑했던 풍요로운 유산을 고이 간직하고, 그것을 교리나 실천에 포함해 지키고 있는 교회는 쉽게 찾아보기가 어렵다. 교회가 안식일 준수를 통해 세속성을 극복하든지, 아니면 세속성에 이끌려 안식일을 포기하든지 둘 중에 하나다. 지금까지는 후자의 현상이 광범위하게 나타났다.

아마도 우리의 세속성을 보여주는 가장 큰 지표는 세속적인 일과 오락을 삼가고, 그것들을 생각하거나 말하는 행위를 중단한 채 하루 동안 온전히 삼위일체 하나님과 교제를 나누는 것을 싫어하는 태도일 것이다. 바로 이것이 우리가 하나님과의 교제를 소중히 생각하지 않는다는 증거가 아니겠는가? 일이나 오락에 관심을 빼앗기지 않고, 온종일 하나님과 그분의 백성과 교제를 나누는 즐거움을 누리라는 명령이 주어졌다면 그날을 마음으로 간절히 고대해야 마땅하지 않겠는가? 하나님이 그런 식으로 안식일을 지키도록 강요하지 않으신다고 말하는 것도 모자라 그것을 지나치게 엄격하고,

율법주의적인 것으로 간주해 반발하는 것은 성부와 성자와 성령 하나님에 대한 모욕이자 세속성의 뚜렷한 징후가 아닐 수 없다. 그런 식의 반응을 보이는 이유는 세 가지로 설명할 수 있다. 첫째는 율법과 복음의 관계에 대한 우리의 이해가 왜곡되었기 때문이고(9장), 둘째는 주 예수 그리스도를 사랑한다고 하더라도 실상은 그분을 예배하는 일보다 세상과 세상의 것을 더 사랑하기 때문이며, 셋째는 그리스도의 십자가의 원수로서 땅의 것만을 생각하기 때문이다. 나는 내가 확신하는 방식대로 안식일을 지켜야 한다고 생각하지 않는 하나님의 참된 자녀들을 많이 만나보았다. 그러나 하루 동안 온전히 예배에만 전념하는 것이 세상에서 가장 무서운 일인 것처럼 행동하는 신앙고백자들도 많이 만나보았다. 그런 사람들은 단지 안식일 준수에 대해 이견을 제시하는 것에 그치지 않고, 그것을 적극적으로 반대한다. 모두 각자 스스로의 마음을 면밀히 살펴봐야 하지 않겠는가? 창조주 하나님을 예배하기 위해 잠시 세상의 일을 기꺼이 중단하겠는가? 천국에 가기를 원하지 않는 사람은 아무도 없을 것이다. 많은 사람이 예수 그리스도와 그분의 죽으심과 부활을 믿는 믿음으로 천국에 가기를 희망한다고 고백한다. 그러나 오직 내세만을 믿을 뿐, 현세에서는 믿음을 따라 살지 않는 사람들이 많다. 그런데 사실 예배는 천국의 중심점이자 가장 으뜸 되는 기쁨이다. 따라서 만일 땅에서 천국의 삶을 가장 많이 닮은 날을 거북하게 생각한다면 그것이 곧 그 사람의 심령 상태를 보여주는 것이 아니고 무엇이겠는가?

안식일을 예배의 날로 지키면 종교적인 위선이 **예방되거나** 그 위선이 **드러나거나** 둘 중 하나다. 안식일을 주님께 바치는 예배의 날로 지키면 신자들의 마음속에 존재하는 세속성이 극복되거나 전에 몰랐던 그것의 실체가 드러나거나 둘 중 하나다. 안식일을 지키면 세상과 그 안에 있는 것을 사랑하는 마음을 떨쳐버릴 수도 있고, 세상에 깊이 매몰되어 있다는 사실을 깨달을 수도 있다. 후자에 해당하는 사람 안에는 성부 하나님의 사랑이 존재하지 않는다(요일 2:15). 만일 우리가 정직하다면 그리스도께서 하나님의 오른편에 앉아 계시는 하늘의 것(골 3:2)을 얼마나 적게 생각하고 있는지를 안식일을 통해 분명하게 깨달을 수 있을 것이다. 우리는 무슨 일을 하든지 늘 영적인 생각을 해야 할 의무가 있다. "세속적인"일과 오락과 관련해서도 마땅히 그래야 한다. 안식일에는 하나님을 예배하고, 그분과 교제하며, 하늘의 영광을 누리는 일들이 다른 날보다 좀 더 풍성하게 이루어지는 것일 뿐이다. 지극히 뛰어나신 구원자를 통해 구속함을 받은 것이 무슨 의미인지를 알고, 그분에게 소망을 둔 사람이 어찌 이 의무를 무거운 짐으로 생각할 수 있겠는가? 우리는 모든 날이 하나님을 예배하는 안식일이기를 갈망해야 한다. 우리의 시민권이 하늘에 있고, 그곳으로부터 구원자가 오기를 기다린다고 말하는 것은 곧 그런 갈망을 느낀다는 것이 아니겠는가(빌 3:20)?

아마도 안식일에 관한 웨스트민스터의 교리는 신앙생활을 크게 훼손하는 "얽매이기 쉬운 죄"를 단호하게 지적하기 때문에 많은 사람에게 고통스러울 것이다. 만일 이 책을 읽고서도 안식일 준수에 대한 입장이 바뀌지 않는다면 스스로의 신앙생활을 전체적으로 점검해봐야 할 필요가 있다. 만일 그리스도께 대한 당신의 사랑에 위선이 있음을 발견한다면 즉시 죄를 회개하고, 마음에 품은 것을 용서해 달라고 하나님께 기도하라(행 8:22). 만일 그리스도 안에 있는 것이 확인된다면 우리를 사랑하사 자기 아들을 내주신 하나님을 예배하는 일을 소홀히 하고, 세상을 너무 지나치게 사랑하지는 않았는지 살펴보라. 안식일을 어긴 탓에 영적으로 쇠퇴하게 된 것이 사실이라면 다시 안식일을 지키라. 그러면 우리 앞에 있는 경주를 인내하며 달리는 데 필요한 훈련을 쌓을 수 있을 것이다(히 12:1 참조).

7장
개혁파 율법 적용 원칙

교정 렌즈를 착용했다고 해서 모든 사람이 다 선명하게 볼 수 있는 것은 아니다. 한 사람에게 처방된 교정 렌즈를 다른 사람이 착용하면 시야가 더 흐릿해 보일 가능성이 크다. 성경의 진리도 어떤 점에서 그와 비슷하다. 성경의 진리는 사람들이 올바로 이해하든 못하든 항상 변하지 않는다. 그러나 사람들의 경우에는 한쪽에서 일련의 논증을 거쳐 어떤 주제에 대한 성경의 가르침을 이해하게 되었다고 말하더라도 다른 쪽에서는 그와 전혀 다른 논증을 더 신빙성 있게 생각하는 일이 얼마든지 벌어질 수 있다. 이사야서 58장 13, 14절은 사람들에게 "안식일에는 온종일 거룩한 안식을 취하면서 불가피한 일이나 긍휼을 베푸는 일을 제외하고는 다른 날에 합법적으로 용인되는 세속적인 직업 활동과 오락까지도 모두 중단하고, 공적으로나 사적으로 하나님을 예배하는 일에 시간을 온전히 바쳐 거룩히 지켜야 한다."(웨스트민스터 소요리문답 60-61문)라고 가르칠 때 사용되는 성경 본문이다. 그러나 이사야서 58장이 요리문답의 가르침을 지지한다고 믿지 않더라도 다른 성경의 원리들에 근거해 그와 똑같은 결론에 도달할 수 있다.

이번 장은 하나님의 율법에 대한 예수님과 사도들의 해석과 적용 원리들이 웨스트민스터 표준문서가 제시한 안식일 준수의 원리를 도출한다는 것을 보여주는 데 그 목적이 있다. 이런 원리들은 생각과 말과 행위로 하루를 온전히 공적으로나 사적으로 예배를 드리는 일에 바쳐야 한다는 것을 분명하게 보여준다. 율법의 일반적인 특성과 신약 성경이 제6계명을 적용한 방식을 제4계명의 해석에 그대로 적용할 수 있다. 안식일 준수의 원리들을 그런 식으로 접근하면 그것들을 좀 더 폭넓은 문맥, 곧 주 예수 그리스도를 사랑하는 자들이 하나님의 율법을 대하는 태도에 관한 성경적이고, 개혁파적인 가르침의 틀 안에서 살펴볼 수 있게 해줌으로써 문제의 핵심을 좀 더 분명하게 파악할 수 있다.

율법을 해석하는 성경적인 원칙

일반적 고찰

하나님의 율법을 올바로 해석하려면 일반적 고찰과 구체적 고찰이 필요하다.[1] 일반적으로 말해 하나님의 율법은 하나님 자신의 성품을 반영한다. 율법은 거룩하고, 의롭고, 선하다(롬 7:12). 율법은 하나님의 영광과 그분의 백성을 위해 율법의 의로운 요구를 모두 이루신 예수 그리스도의 영광을 반영하는 거울이다(롬 8:3, 4). 율법을 어기는 것은 비인격적이고, 추상적인 규칙들을 어기는 것이 아니다. 하나님의 거룩한 성품을 반영하는 율법을 어기는 행위는 곧 삼위일체 하나님을 인격적으로 거역하는 죄에 해당한다. 율법을 사랑하는 것과 하나님을 사랑하는 것은 따로 분리할 수 없다. 율법에 무관심한 것은 곧 율법의 하나님께 무관심한 것이다. 대다수 사람은 하나님의 율법에 직면하기 전에는 스스로가 죄인이라는 사실, 곧 자신의 회개하지 않은 육신의 생각이 하나님과 원수가 된다는 사실을 의식하지 못한다(롬 8:7).[2] 율법을 멸시하는 것은 하나님을 멸시하는 것이다. 예수 그리스도께서는 율법의 저주 아래 있는 자들을 구원하기 위해 여자에게서 나셨고, 율법 아래서 나셨다(갈 4:4, 5). 율법은 창조주 하나님을 반영할 뿐 아니라, 인간의 육신을 입고, 선택받은 백성을 대신해 율법에 순종하신 구원자 하나님을 반영한다. 월터 챈트리는 "우리 주 예수 그리스도의 삶은 도덕법이 그대로 각인되어 나타난 최초의 일대기였다."라고 말했다.[3] 사람들이 성부 하나

---

1) 율법의 해석을 훌륭하게 논의한 내용을 원한다면 플러머의 《하나님의 율법》 서론 부분을 참조하라. 나는 주로 〈웨스트민스터 대요리문답〉 99문에 근거해 이번 장의 논의를 전개했다.

2) 조나단 에드워즈는 "하나님의 율법의 엄격함은 인간이 하나님에 대해 가지는 적개심의 주요 원인이 된다."라고 기록하였다. Jonathan Edwards, "Men Naturally God's Enemies," in *The Works of Jonathan Edwards* (repr., Edinburgh: Banner of Truth, 1997), 2:133.

3) Walter Chantry, *God's Righteous Kingdom* (Edinburgh: Banner of Truth, 1980), 78.

님을 사랑하는 이유는 그리스도께서 먼저 그들을 사랑하사 그들을 위해 자기 목숨을 내주셨기 때문이다. 그런 사람들은 하나님의 율법을 사랑하지 않을 수 없다. 왜냐하면 거기에 그들이 사랑하는 하나님과 구원자의 형상과 모습이 각인되어 있기 때문이다.

아울러 율법이 하나님의 성품을 반영한다는 사실은 주님의 율법이 율법의 주인 되시는 주님만큼 완전하다는 것을 의미한다(시 19:7). 하나님은 인간에게 육체와 영혼 및 그 둘의 기능을 모두 포함한 전인적인 충성을 요구하신다. 십계명에 요약된 하나님의 율법은 완전한 의의 기준이다(신 5:22). 삶의 모든 측면, 곧 외적인 행위와 말과 몸짓은 물론, "영혼의 이해와 의지와 감정을 비롯한 다른 모든 기능"(웨스트민스터 대요리문답 99문)이 율법의 적용을 받는다. 이것이 시편 저자가 율법의 본질을 묵상하면서 "내가 보니 모든 완전한 것이 다 끝이 있어도 주의 계명들은 심히 넓으니이다"(시 119:96)라고 고백한 이유다. 이 세상에 사는 동안 죄를 그쳤노라고 말할 수 있는 사람은 아무도 없다(왕상 8:46, 잠 20:9, 전 7:20, 요일 1:8-10). 심지어는 예수 그리스도를 통해 죄에서 구원받은 신자들도 예외가 아니다. 신자들도 천국에서 주님을 직접 뵙기 전에는 하나님의 거룩하고, 완전한 율법을 지켜 그분에 대한 사랑을 표현해야 한다. 삼위일체 하나님은 자신의 거룩한 성품을 완전한 기준으로 제시하신다. 그 성품이 그분의 율법에 반영되어 있다. 하나님을 본받는 자가 되어야 한다는 것이 그분의 자녀들에게 주어진 규칙이다(엡 5:1). 그리스도인들은 율법으로 의롭다 함을 받거나 정죄를 받지 않고, 또 아무리 노력해도 율

법을 불완전하게 지킬 뿐이지만 속사람으로 하나님의 율법을 즐거
워하는 본성을 지니고 있다(롬 7:22). 하나님의 율법은 타협을 불허하
는 의의 절대 기준이다. 그분의 계명들 안에 함축된 의미는 무한히
광대하다. 더욱이 그리스도께서 율법의 저주를 온전히 감당하셨기
때문에 하나님의 율법은 "자유롭게 하는 온전한 율법"(약 1:25)이자
"그리스도의 율법"(고후 9:21)이 되었다.

구체적인 예

일반적으로 하나님의 계명들은 수여자이신 하나님의 성품을 반
영하고, 그것들이 요구하는 순종은 인간의 행위는 물론, 그 깊은 내
면에까지 적용된다. 이런 사실은 개개의 계명을 이해해 구체적으로
적용할 때 매우 중요한 의미를 지닌다. 하나님의 계명들을 이해하
고, 적용하는 방법은 예수 그리스도와 사도들의 가르침과 본보기를
통해 가장 잘 배울 수 있다. 예수 그리스도께서는 "살인하지 말라"
라는 제6계명에 대한 가르침을 통해 십계명의 해석과 적용을 위한
유익한 기준을 세우셨다.[4] 개개의 계명들은 일종의 "주(主)제목(또는
범주)"의 역할을 한다. 〈웨스트민스터 대요리문답〉은 "하나의 죄목
이나 의무 아래 동일한 종류의 것들을 그 모든 원인과 수단과 기회

---

4) 이번 장에서 내가 이루고자 하는 목표는 율법에 관한 개혁파의 관점을 낱낱이 설명하는
   것이 아니라(이것은 지면의 한계 때문에 불가능하다) 제4계명을 해석하는 데 필요한 원
   리들을 제시하는 것이다. 나는 주로 그런 원리들을 찾아내 설명하는 데 초점을 맞출 것
   이다. 여기에 제시된 원리들을 좀 더 자세하고, 설득력 있게 논의한 내용을 살펴보려면
   다음의 자료를 참조하라. Murray, *Principles of Conduct*, 157-67.

와 현상 및 발의(發意)와 함께 일괄적으로 금지하거나 명령하고 있다."(99문 6항)라는 말로 이 점을 잘 요약했다. 예수님은 제6계명을 실제적인 살인 행위에만 국한시킨 유대교의 전통적인 해석을 논박하셨다(마 5:21). 그분은 몇 가지를 수정해 그들의 해석이 지닌 결함을 드러내셨다. 먼저 예수님은 이 계명이 손으로 살인을 저지르는 것은 물론, 마음속에 부당한 분노를 품는 것까지 금지한다고 말씀하셨다. "나는 너희에게 이르노니 형제에게 노하는 자마다 심판을 받게 되고"(22절). 또한 예수님은 이 계명에 마음은 물론, 말까지도 포함시키셨다. "형제를 대하여 라가라 하는 자는 공회에 잡혀가게 되고 미련한 놈이라 하는 자는 지옥 불에 들어가게 되리라"(22절).

예수님이 제6계명을 적용해 가르치신 다음의 내용은 처음에는 그 의미가 분명해 보이지 않을 수도 있다. 그분은 23, 24절에서 "그러므로 예물을 제단에 드리려다가 거기서 네 형제에게 원망 들을 만한 일이 있는 것이 생각나거든 예물을 제단 앞에 두고 먼저 가서 형제와 화목하고 그 후에 와서 예물을 드리라"라고 말씀하셨다. "그러므로"라는 말은 이 구절이 제6계명에 대한 앞의 가르침과 연결되어 있다는 것을 나타낼 뿐 아니라 그 가르침으로부터 합리적으로 추론될 수 있는 것이라는 사실을 보여준다.[5] 다시 말해 제6계명을 지키려면 형제와 화해해야 한다. 이 구절은 하나님을 예배하기 위해 제물을 가지고 성전에 가는 사람의 모습을 묘사한다. 그는 제단

---

5) Murray, *Principles of Conduct*, 162.

앞에서 한 형제에게 원망을 들을 만한 일을 행한 사실을 기억한다. 형제와의 화해는 예배를 잠시 미루고 서둘러 처리해야 할 만큼 시급한 일이다. 이 구절은 형제의 불만이 정당한 것인지 아닌지를 밝히지 않는다. 이 문제는 그렇게 중요하지 않은 것이 분명해 보인다. 이 구절의 요지는 제6계명을 어겼을 때는 다른 사람들에 대해 적절한 행동을 취하는 것이 필요하다는 것이다. 예수님은 새롭거나 처음 듣는 가르침을 베풀지 않으셨다. 이것은 이미 구약 성경에서 다루어진 가르침이다. 잠언 24장 11, 12절은 "너는 사망으로 끌려가는 자를 건져 주며 살육을 당하게 된 자를 구원하지 아니하려고 하지 말라 네가 말하기를 나는 그것을 알지 못하였노라 할지라도 마음을 저울질 하시는 이가 어찌 통찰하지 못하시겠으며 네 영혼을 지키시는 이가 어찌 알지 못하시겠느냐 그가 각 사람의 행위대로 보응하시리라"라고 말씀한다. 이웃이 계명을 어떻게 지키든 말든 상관없이 나만 계명을 잘 지키는 것만으로는 충분하지 않다. "살인하지 말라"라는 부정적인 명령에는 다른 사람들의 생명을 보존하고, 그들을 해롭게 하는 것을 방지하기 위해 최선을 다하라는 긍정적인 의미가 내포되어 있다.

〈웨스트민스터 소요리문답〉은 이런 원리에 근거해 "(이 계명은) 우리 자신과 다른 사람들의 생명을 보존하기 위해 모든 합법적인 노력을 기울일 것을" 요구하고, "우리 자신이나 이웃의 생명을 불의하게 빼앗거나 해하는" 행위를 금지한다는 말로 제6계명에 대한 성경의 가르침을 간결하게 요약했다(68-69문). 이처럼 이런 결론은 제6계명의 취지를 넓게 확대하고 있다. 예수님은 동시대 사람들이 이런 원리에 근거해 율법을 적용하기를 원하셨다. 실제적인 살인 행위는 제6계명을 가장 크게 어기는 것이다. 부당한 분노는 마음속으로 저지른 살인에 해당한다. 왜냐하면 살인과 간음과 온갖 악한 죄가 마음에서 나오기 때문이다(마 15:19). 악의적인 말도 이웃을 해치기 때문에 같은 범주에 속한다. 다른 사람의 생명을 보존하기 위해 필요한 모든 것은 추구해야 한다는 계명의 긍정적인 의미를 고려하면 신자들은 다른 사람들이 마음속으로라도 제6계명을 어기는 죄를 저지르도록 부추기는 행위를 삼가야 한다. 야고보는 부자는 우대하고, 가난한 자는 멸시함으로써 제6계명을 어겼던 사람들을 엄중히 책망했다(약 2:5-13). 이것은 다양한 방식으로 한 가지 계명을 어길 수 있다는 것을 보여주는 몇 가지 사례에 불과하다. 계명들의 범위는 매우 넓다. 제6계명에 대한 예수님의 가르침은 십계명을 하나의 큰 분류 체계로 다룬다. 그 안에 율법의 모든 적용이 포함되어 있다. 칼빈은 "우리는 계명들이 제각각 무엇을 고려하고 있고, 또 그 목적이 무엇인지를 유심히 파악해야 한다."라고 말했다.[6]

---

6) John Calvin, Institutes of the Christian Religion, trans. Ford Lewis Battles, ed. John T. McNeill (Philadelphia: Westminster Press, 1960), 2.8.8.

제4계명을 위의 등식에 대입하기

예수님과 사도들이 하나님의 율법을 적용하는 방법을 제시했다면 교회는 제4계명을 이 방법에 근거해 이해하고 적용해야 마땅하다 (교회가 이 본보기를 따르지 않는다면 다른 어떤 본보기를 따를 수 있을 것인가?). 첫째, 안식일에 대한 계명은 긍정적 의미와 부정적 의미, 곧 요구사항과 금지사항을 내포하고 있다. 둘째, 안식일에 대한 계명은 요구사항이나 금지사항과 관련하여 외적 행위를 통해 지키거나 어길 수 있다. 셋째, 안식일에 대한 계명은 마음속으로 지키거나 어길 수 있다. 넷째, 안식일에 대한 계명은 말로 지키거나 어길 수 있다. 다섯째, 안식일에 대한 계명은 다른 사람들에 대한 행위로 지키거나 어길 수 있다. 나는 이 범주들 가운데 처음 두 가지를 한데 묶어 다음 네 항목에서 안식일 준수에 관한 성경적 원리들을 간단하게 살펴보고자 한다.

제4계명이 기본적으로 명령하고, 금지하는 것은 무엇인가?

제4계명에 관한 첫 번째 사실은 그것이 삼위일체 하나님께 대한 직접적인 사랑의 행위를 우선적으로 다룬다는 것이다. 처음 네 계명도 인간과 인간의 관계를 다루는 것과 전혀 무관하지는 않지만 그 우선적인 초점은 하나님과 인간 간의 관계에 있다. 성령 안에서 그리스도를 통해 성부 하나님께 나가지 않고서는 그 누구도 안식일을 지킬 수 없다(엡 2:18). 신자는 안식일을 거룩히 지킴으로써 하나님에 대한 사랑을 표현한다. 이것은 일상생활의 모든 측면에서 단순히 하나님을 인정하는 것과는 다르다. 신자는 노동을 하고, 이웃을 사랑함으로써 하나님께 대한 사랑을 표현할 수 있지만, 십계명의 처음 네 계명은 하나님과 직접 관련하여 하나님을 사랑하는 방법을 다룬다. 이것이 우리가 세상에 있는 다른 사람이나 사물과 관계를 맺을 때 그 관계의 기초가 된다. 제4계명의 요구사항은 이 점을 분명하게 강조한다.

대개 노동의 중단이나 휴식을 제4계명의 긍정적인 핵심 요구사항으로 간주한다.[7] 그러나 "아무 일도 하지 말라"는 제4계명의 **요구사항**이 아닌 **금지사항**에 해당한다. 이 계명의 핵심적인 요구사항은 "안식일을 기억하여 거룩히 지키라"는 것이다.[8] "아무 일도 하지 말라"는 안식일을 거룩하게 지키는 데 필요한 조건으로 덧붙여진 금지사항이다. 어떤 사람을 사랑하려면 먼저 마음속으로 그를 미워하는 것부터 중단해야 한다. 그와 마찬가지로 안식일을 지키려면 먼저 노동을 멈춰야 한다. 하버드대학교를 설립한 토머스 쉐퍼드는 이렇게 말했다.

안식일이란 용어는 속된 휴식이 아닌 거룩한 안식을 의미한다. 따

---

7) 다음의 자료를 참조하라. Robert Vasholz, *Leviticus: A Mentor Commentary* (Fearn, U.K.: Christian Focus Publications, 2007), 284: "The sole goal of the weekly Sabbath is rest."
8) 이 점에 대해서는 2장에서 이미 상세히 논의한 바 있다.

라서 주님이 그날에 노동을 중단하라고 명령하시는 이유는 휴식을 위해서가 아니라 그날이 주님이 요구하시는 거룩함을 이루는 수단이 되기 때문이다. 만일 그렇지 않을 경우는 안식일이 거룩함을 추구하는 날이 아니라 게으름을 피우는 날이 되고 만다. 가축들도 일하지 않고 쉬는 일은 우리만큼 잘한다. 따라서 안식일을 멸망할 짐승들보다 더 낫게 지키지 않는다면 인간의 죄요 수치다.[9]

존 오웬이 안식일에 관해 쓴 책의 제목도 이 점을 분명히 한다. 그 책의 축약형 제목은 "안식의 거룩한 날A Sacred Day of Rest"이 아닌 "거룩한 안식의 날A Day of Sacred Rest"이었다.[10] 안식일은 휴식하며 지키는 거룩한 날이 아니다. 안식일은 그 안식의 속성(또는 특성) 자체가 거룩한 날이다.

제4계명의 핵심과 요지를 노동의 중단으로 이해하는 해석은 예수님이 십계명을 적용하신 방식에 부합하지 않는다. 하나님의 계명 가운데 금지의 내용만을 담고 있는 계명은 없다. 요구사항의 내용이 분명한 명령으로 진술되지 않았더라도 항상 그런 내용이 내포되어 있다. 노동의 금지는 그에 상응하는 긍정적인 요구사항이 없으면 아무런 의미가 없다. 제4계명을 순전히 노동의 중단이라는 관

---

9) Thomas Shepard, *Theses Sabbaticae* (1649; repr., Dahlonega, Ga.: Crown Rights Book Company, 2002), 254.

10) Owen, "Day of Sacred Rest", 263-460. 이 책의 탁월하고도 강력한 논증은 오늘날에도 여전히 타당하다.

점에서 해석하는 것은 반쪽짜리 안식일에 그칠 수밖에 없다. 그것은 토지만 구획한 채 기초도 쌓지 않은 상태에서 집을 다 지었다고 생각하는 것과 같다. 제4계명이 요구하는 외적 행위는 공예배와 개인적 예배를 드리는 것이다. "안식일을 거룩하게 지키지" 않으면 안식일을 지키는 것이 아니다. 십계명의 긍정적인 요구사항이 금지사항에 대한 우리의 이해를 규정해야 한다(이 관계는 뒤집히지 않는다). 안식일에 노동이나 다른 활동이 금지된 이유는 그것이 그날의 긍정적인 목적에 모순되기 때문이다. 노동은 제4계명이 금지하는 것 가운데 가장 대표적인 사례일 뿐 유일한 사례가 아니다. 안식일을 거룩하게 지키라는 명령이 "세속적인 일"과 "세속적인 오락"을 금지하는 이유는 그날의 거룩함이 오락에서 비롯하지 않기 때문이다. 물론 이 말은 오락이 다른 날에 광의의 의미에서 "거룩할" 수 없다는 것을 의미하지 않는다. 하지만 안식일을 지키는 데 필요한 거룩함은 그날을 일상적인 용도에서 따로 구별해 거룩한 용도로 사용할 것을 요구한다. 제6계명의 요구사항과 금지사항을 지켜야 한다면 제4계명의 요구사항과 금지사항도 똑같이 지켜야 한다. "휴식"과 노동의 중단은 동의적 표현이다. 안식일에 휴식을 취하다면 그것은 곧 제4계명의 금지 내용 가운데 일부에 순종하는 것이다. 그러나 그것만으로 어떻게 그날을 "거룩히 지킬 수" 있겠는가?

신자들은 어떻게 심령으로 제4계명을 지켜야 할까

마음에 품은 부당한 분노로 제6계명을 어길 수 있는 것처럼 안식일도 마음으로 어길 수 있다. 안식일을 즐거운 날로 일컫고(사 58:13), 그날과 그날의 활동들을 사랑함으로써 안식일을 심령 안에서 거룩하게 구별해야 한다. 신자들에게 안식일의 가장 큰 기쁨은 죽은 자 가운데서 다시 살아나심으로써 신약 시대의 안식일을 새롭게 제정하신 주 예수 그리스도의 부활을 기념하는 것이다. 그 사실보다 예배와 기쁨을 더 크게 독려하는 것이 무엇이 있겠는가? 만일 안식일의 의무가 성가시게 느껴지고, 어서 그날이 지나기를 바라는 마음뿐이라면 마음으로 안식일을 어기는 죄를 짓는 것이다. 아모스 선지자의 시대에 이스라엘 백성들이 바로 그런 죄를 저질렀다. 그들은 "월삭이 언제 지나서 우리가 곡식을 팔며 안식일이 언제 지나서 우리가 밀을 내게 할꼬"(암 8:5)라고 불평했다. 다른 활동들이 더 좋아서 안식일이 어서 지나가기를 바라는 것은 안식일을 어기는 죄에 해당한다. 우리의 하나님이요 구원자를 예배하기 위해 특별히 마련된 날을 사랑해야 마땅하지 않겠는가? 안타깝게도 안식일에 마음의 생각을 깊이 주의 깊게 살피려고 하지 않는 사람들이 너무나도 많다. 하나님의 영광과 그분에 대한 예배에 마음을 기울이지 않으면 우리의 입에서 나오는 찬송은 거짓된 위선에 지나지 않을 것이다. 그것은 구약 성경의 마지막 책에 묘사된 "예배하는" 유대인들처럼 "이 일이 얼마나 번거로운고"(말 1:13)라고 말하는 것밖에 되지 않을 것이다. 안식일에 마음은 없고 단지 몸으로만 안식을 누리려고 한다면 심지어 주중의 일을 중단한다는 관점에서만 보더라도 진정한 안식을 누리는 것이라고 보기 어려울 것이다. 마음으로 제6계명을 지켜야 한다면 제4계명도 그렇게 해야 마땅하다.

신자들은 어떻게 말로 제4계명을 지켜야 할까

우리는 마음과 외적 행위만이 아니라 말로도 안식일을 거룩히 지켜야 한다. 안식일과 그날의 목적에 관심을 더 많이 기울일수록 그렇게 하기가 더욱 수월해진다. 모두가 모인 자리나 가정이나 혼자 있는 장소에서 삼위일체 하나님을 예배하고, 동료 신자들과 덕을 세우는 대화를 나누는 데 많은 시간을 바치다 보면 마음에 있는 것이 자연스레 입을 통해 나오기 마련이다. 그렇게 되면 주일에 그 무엇도 우리를 방해하지 않는 것을 기쁘게 생각하게 될 것이다. 그러나 우리의 말은 우리의 기대를 저버릴 때가 많다. 주일에 일을 중단하고, 교회에 나가 그리스도 안에서 다른 형제들과 교제를 나누는 데 직장에서 있었던 일이나 좋아하는 스포츠 경기에 관한 말만 잔뜩 늘어놓는다면 어떻게 우리의 마음이 안식일을 지키고 있다고 자신할 수 있겠는가? 안식일에 몸은 있어야 할 자리에 있지만 입과 생각은 딴 세상에 가 있다면 살아서 예배하는 영혼이라기보다는 생명 없는 시체에 더 가까울 것이다. 하나님의 백성이 안식일에 나누는 말은 삼위일체 하나님의 영광과 그리스도 안에서 이루신 그분의 구원 사역에 관한 내용이 주를 이루어야 마땅하다.

다른 날에는 적절하고, 합법적인 주제에 해당하는 것이더라도 주일에는 영광스러운 하나님의 임재를 무시하고, 경시하는 것이 될 수 있다. 신령한 대화를 나누는 것은 참된 신자들에게도 결코 쉬운 일이 아니라면, 안식일은 그 점과 관련해 영적 성장을 이룰 수 있는 최상의 기회가 아닐 수 없다. 대화의 소재를 찾기가 어렵게 생각되거든 주일 예배를 드리면서 들은 설교에서 소재를 찾을 수 있을 것이다. 우리의 말과 행위로 다른 사람들을 유익하게 하는 것이 우리의 소명 가운데 하나가 아니겠는가? 말로 제6계명을 지켜야 한다면 제4계명도 그렇게 해야 마땅하다.

안식일에 다른 사람들과 어떻게 관계를 맺어야 할까?

다른 사람들이 안식일을 지키는 문제와 관련해 관심과 배려를 나타내려면 어떻게 해야 할까? 모든 사람이 안식일을 지켜야 할 의무가 있기 때문에 다른 사람들이 안식일을 어기게끔 유도하는 일은 절대로 해서는 안 된다.[11] 예수님은 형제에게 원망을 살 만한 일을 저질렀을 때는 최선을 다해 화해하려고 노력해야 한다고 가르치셨다. 왜냐하면 그래야만 두 사람 모두 살인하지 말라는 계명을 어기는 죄를 피할 수 있기 때문이다. 그와 비슷하게 당신의 이웃이 안식일에 일을 한다면 그에게 베풀 수 있는 최소한의 사랑은 그에게 일을 맡기지 않는 것이다. 다른 사람들을 고용하여 당신 자신을 위해 하나님의 계명을 어기게 만든다면 그것은 곧 스스로 그분의 계명을 어기는 것이나 마찬가지다. 만일 어떤 사람을 고용해 살인을 청부한다면 그것은 곧 살인죄를 저지르는 것이다. 또 어떤 사람에게 뇌

---

11) 1장에서 느헤미야서 13장을 논의한 내용을 참조하라.

물을 주어 법정에서 거짓 증언을 하도록 시킨다면 그것은 곧 위증 죄를 짓는 것이다. 단지 성경만이 다른 사람들과의 관계 안에서 법을 지켜야 하는 원리를 가르치는 것은 아니다. 현대 세속 사회의 법률도 이것을 법에 함의된 필연적인 도덕적 원칙으로 인정한다. 교회가 이 원리를 안식일 준수에 적용하지 않는 것은 이상하지 않은가? 그리스도인들이 비행사와 승무원들을 고용해 안식일에 일을 시키기를 주저하지 않는다면 뭔가 문제가 있는 것이 아닐까? 음식점을 운영하는 신자들이 직원들을 고용해 안식일에 일을 시키는 것이 과연 온당할까? 우리의 편의를 위해 주유소 직원들과 마트 계산원들을 고용해 안식일에 일을 시키는 것이 과연 옳을까? 만일 예배를 생략한 채 여행사 가이드가 우리 여행을 돕게 하거나, 줄 서는 것을 피하고 편안하게 점심을 먹기 위해 예배가 끝나기 전에 일찍 자리를 뜨면서, 사람들에게 교회에 나와 복음을 들으라고 선한 양심으로 권유할 수 있을까? 고용한 사람들이 왕이신 주님의 율법을 어기도록 유도하면서 그들에게 회개하고, 예수 그리스도를 믿으라고 말할 수 있을까? 다른 사람들과의 관계를 통해 제6계명을 지켜야 한다면 제4계명도 그렇게 해야 마땅하다.

요약

예수 그리스도께서 삼위일체 하나님의 계명들을 해석하신 방식에 따르면 안식일은 노동의 휴식을 훨씬 뛰어넘는 의미를 지닌다. 지금까지 제4계명은 비교적 적은 노력으로도 완벽하게 지킬 수 있는 것처럼 해석될 때가 많았다. 제4계명이 마음과 말과 다른 사람들과의 관계를 통해 안식일을 거룩하게 지켜야 한다는 의미와 상관없이 단지 외적인 행위만을 요구하는 것처럼 생각하기가 쉽다. 이것은 예수님이 산상 설교에서 제6계명을 설명하면서 다루셨던 문제와 매우 흡사하다. 하나님의 계명 가운데 어느 하나를 어떤 식으로 해석하든, 죄인들이 그것을 잘 지킬 수 있다는 식의 인상을 준다면 뭔가 문제가 있다고 의심할 만한 이유가 충분하다. 그런데 개혁교회 안에서도 제4계명을 다른 계명들을 해석할 때와 다른 방식으로 해석하려는 경향이 흔하게 되었다.

예수님이 하나님의 율법을 해석하고, 적용하신 원리에 비춰 생각해봐야 할 몇 가지 질문이 있다. 금지사항은 "아무 일도 하지 말라"이고, 요구사항은 "안식하라"라면 하나님은 과연 어떤 "안식"을 요구하시는 것일까? 그것이 "무활동"을 의미할 수는 없다. 그렇다면 안식일을 거룩하게 지킨다는 것은 무슨 의미일까? 일과 오락에 관한 생각을 해도 안식일을 어기는 것이 아니라면 우리는 이 계명을 어떻게 우리의 생각에 적용할 수 있을까? 일과 오락에 관한 말을 해도 안식일을 어기는 것이 아니라면 도대체 어떤 말로 그날을 어길 수 있단 말인가? 일과 오락에 관해 말하지 않는다면 어떤 대화의 주제로 그것을 대체해야 할까? 안식일에 다른 사람들을 일하게 만드는 것이 죄라고 생각하지 않는다면 안식일 준수는 어떻게 이웃과 관련되는가? 이것들이 우리가 생각해봐야 할 문제들이다. 이런 질문들에 대해 성경을 근거로 다른 확실한 대답을 제시할 수 없다면 "안식일에는 온종일 거룩한 안식을 취하면서 불가피한 일이나 긍휼을 베푸는 일을 제외하고는 다른 날에 합법적으로 용인되는 세속적인 직업 활동과 오락까지도 모두 중단하고, 공적으로나 사적으로 하나님을 예배하는 일에 시간을 온전히 바쳐 거룩히 지켜야 하고", "세속적인 직업 활동이나 오락과 관련된 불필요한 생각이 말이나 행동을" 자제해야 마땅하다고 결론짓는 것이 가장 나은 길이다(웨스트민스터 소요리문답 60-61문). 이 결론을 거부하려면 예수님이 제6계명을 잘못 해석하셨다고 말해야 한다. 하나님의 율법을 해석하고, 실천하는 방식을 재점검해 보고, 주님을 사랑하는 마음으로 율법을 사랑할 수 있기를 기도한다.

8장
몇 가지 일반적인 실천 방법

지금까지 확립한 원리들을 적용하려면 안식일 준수의 구체적인 실천 방법을 생각해봐야 할 필요가 있다. 어떤 사람들은 안식일에 합당하거나 합당하지 않은 활동들을 일목요연하게 제시해 주기를 바랄 것이다. 제4계명을 모든 상황에 적절하게 적용하는 길을 알고자 하는 것은 잘못된 태도가 아니지만 확고불변한 적용 목록을 도출하려는 시도는 삼위일체 하나님이 가르치신 계명들을 적용하는 방식으로서는 전혀 적합하지 않다. 하나님의 율법은 삶의 모든 상황에 적용되기 때문에 개개의 적용 사례는 그야말로 무궁무진하다. 안타깝게도 어떤 사람들은 안식일 준수의 세세한 방법을 제시했는지를 보고 안식일을 주제로 다룬 책이 읽을 만한 가치가 있는지 없는지를 판단한다. 또 어떤 사람들은 이 책에서 논의한 내용조차도 너무 지나치게 상세하기 때문에 가능한 한 좀 더 폭넓은 원리들을 제시하는 것이 더 낫다고 생각한다. 그러나 안식일과 관련해 생각할 수 있는 모든 활동을 일일이 다 나열한 목록을 원하는 사람들이나 가장 기본적인 일반 원리만을 원하는 사람들이나 성경을 올바로 적용하기가 불가능하다. 전자는 다른 누군가가 자기들을 위해 그런 모든 활동을 일일이 일러주기를 바라고, 후자는 정확하고, 신중하게 생각하려고 하지 않는다. 하지만 참된 성경적 윤리는 항상 확립된 성경적 원리들에 바탕을 둔 신중하고도 비평적인 사고를 요구한다.

일반적인 고려 사항

좀 더 분명하게 이해할 수 있도록, 이미 제시한 원리들을 좀 더 설명하고 안식일 준수의 지침이 될 몇 가지 사항을 이야기하겠다. **첫째**, 지금까지 논의한 것은 모두 세부적인 내용이라기보다는 **원리들**이다. 때로 이런 원리들은 꽤 구체적으로 보이기도 하고, 우리의 양심에 깊은 인상을 남기기도 하지만 그것이 원리인 것은 분명하다. 세속적인 직업 활동과 오락을 금지한 것은 안식일의 목적과 의도에서 파생된 안식일 준수의 원리다. 생각과 말과 행위를 복종시켜야 한다는 것도 마찬가지다. 안식일의 모든 활동을 지배하는 원리는 그날을 즐거운 날이라고 일컫고, 공예배와 개인예배를 통해 주님 안에서 즐거워하는 것이다. 안식일 준수의 방법에 관한 〈웨스트민스터 소요리문답〉 60문의 규정에 대해 반발하는 사람들이 많지만 그 규정은 상세한 적용 목록을 제시하지 않고, 단지 안식일 준수의 성경적 원리를 간결하게 요약하고 있을 뿐이다. 다시 말해, 앞에서 확립한 원리들이 제4계명을 여러 가지 상황에 적용하는 데 필요한 비평적인 사고의 기준을 제공한다. 그리스도인의 삶의 원리들 중 가장 일반적인 원리들만 편안하게 여기는 사람들이 많지만, 문제는 어떤 원리들에 우리가 편안함을 느끼느냐 하는 것이 아니라 성경이 어떤 원리를 요구하느냐 하는 것이다.

둘째, 성경에 제시된 원리들에 초점을 맞추는 것은 중요하지만 그 원리들로부터 모두가 따라야 할 구체적 **적용 방법**까지 도출해낼 수 있어야 한다. 모든 사람이 율법이 금지하는 살인의 외적 행위에 칼, 총, 몽둥이 등 무기를 사용해 사람을 죽이는 행위가 포함된다는 것을 암묵적으로 인식한다. 명확한 예는 우리의 원리들을 실감나게 이해하기 위해 유용하다. 그래서 나는 안식일에 오락에 관해 생각하는 것이 금지되었기 때문에 안식일에 축구 경기를 생각해서는 안 된다는 것 같은 여러 가지 구체적인 사례를 이 책에 포함시키고 있다. 구약 시대에 하나님은 종종 이와 비슷한 방식으로 율법의 의미를 예를 들어 보여주셨다. 그분은 자기 백성들에게 자신의 이름을 거룩히 여기라고 명령하셨다. 하나님은 싸우는 도중에 자신의 이름으로 저주를 퍼붓는 사람은 사형에 처하라고 명령하심으로써 그분의 계명이 어떻게 적용되어야 하는지 보여주셨다. 그러나 원리를 적용할 때 그 적용이 확실하고, 분명할 때도 있고, 그렇지 않은 때도 있다. 예를 들어 오락이 안식일에 부적절하다고 주장하는 것은 하나의 원리이고, 어린아이들이 안식일에 어린이 야구 리그에서 야구 경기를 해서는 안 된다는 것은 그 원리의 필연적인 적용이다. 그와는 대조적으로, 안식일에 다른 사람들을 노동에 종사하게 만드는 것은 잘못이지만 대중교통을 이용하는 것(공예배에 참석할 수 있는 수단이 오직 이것뿐인 경우)이 적법한지 아닌지는 각자의 양심에 따라 다를 수 있다. 이런 문제들에 대한 정답은 단 하나뿐이지만 그 정답을 찾는 것이 항상 쉬운 것은 아니다. 그런 경우에는 각자 서로에 대해 인내심을 가지고, 최선을 다해 명확한 대답을 찾으려고 노력해야 마땅하다.

이런 사실은 **세 번째**의 중요한 일반적인 고려 사항과 자연스레 연결된다. 세속적인 일과 오락을 중단하고 안식일을 예배의 목적에 맞춰 거룩하게 지켜야 한다는 데 동의하는 사람들이라도 그런 원리를 적용하는 방식에 대해서까지 모두 일치하는 의견을 갖는 것은 아니라는 사실을 인정할 필요가 있다. 내가 종종 듣곤 하는 질문 가운데 하나는 주일에 자녀와 함께 공원에서 산책하는 것이 적절하냐는 것이다. 안식일의 원리를 공유하는 두 사람이 이 질문에 제각기 다른 답변을 제시할 수 있다. 먼저 한 사람은 주일 오후에 정신을 산만하게 하는 집에서 나와 자녀와 함께 공원을 거닐면서 주님에 관한 일들과 영적 성장과 고민을 차분히 이야기하는 시간을 갖는다고 말할 수 있다. 또 한 사람은 동일한 원리에 근거해 공원은 주위를 산만하게 하는 것이 너무 많기 때문에 안식일의 목적에 마음을 온전히 기울이기가 어렵다고 말할 수 있다. 두 사람이 정반대의 결론을 내렸지만 모두 동일한 기준을 적용해 안식일에 무엇이 적절한

지를 판단했다. 안식일의 목적이 예배에 있다고 믿는 사람들 중에도 세부 사항에 대한 의견 불일치가 있을 수 있다. 그렇다고 해서 그들이 꼭 원리에 대한 의견 불일치가 있는 것은 아니다. 그저 각 개인의 마음속에서 일어나는 영적 투쟁과 유혹이 서로 다를 뿐이다.

그 외의 실천적인 고려 사항

이런 일반적인 고려 사항 외에도 안식일을 거룩히 지키는 데 도움이 되는 것이 몇 가지 더 있다. 나는 존 오웬의 논의를 근거로 이것들을 안식일 전날 저녁에 해야 할 의무와 안식일 당일에 해야 할 의무로 구분했다.

안식일 전날 저녁에 해야 할 일

안식일 전날 저녁은 안식일에 포함되지는 않지만 그 시간을 다음 날에 해야 할 일들을 준비하는 용도로 사용하면 많은 유익을 얻을 수 있다. 이 점을 논의한 존 오웬의 말은 여러모로 유익하다. 그는 안식일을 준비하는 것이 필요한 두 가지 이유를 제시했다. 하나는 우리가 안식일에 교제를 나누어야 할 하나님이 지극히 큰 영광과 권위를 지니신 분이기 때문이고, 다른 하나는 주중의 활동에 정신을 빼앗길 가능성이 너무나도 크기 때문이다.[1] 주일을 맞이하는 순

---

1) Owen, *Day of Sacred Rest*, 454-55.

간에 갑작스레 돌발적으로 태도를 바꿔 우리의 생각과 말과 행위를 하나님과 그분을 예배하는 일에 온전히 집중하기는 거의 불가능하다. 오웬은 다른 이들이 주일 예배를 어떻게 준비해야 하는지에 대해 아무리 고집스럽게 의견을 제시한다 해도 지나치지 않다고 지혜롭게 덧붙였다. 주일을 준비하기 위해 어떤 활동을 하든지 그 목적은 예배를 준비하는 데 있다. 따라서 토요일 밤 11시 55분에 마루를 닦거나 집안일을 하는 것은 안식일을 준비하는 방법으로는 그렇게 지혜롭지가 못하다(그런 활동은 다음 날 아침에 예배를 드리러 갈 때 피로를 증폭시킬 것이다). 오웬은 집안일을 미리 잘 정리해 놓고서 묵상과 기도와 가정예배에 관심을 기울이는 것이 좋다고 말했다.

엄격히 말하면 주일을 준비하는 것은 주일에 포함되지 않는다. 그러나 인간의 마음이 다양한 삶의 활동에 종사하다가 그런 활동을 모두 중단해야 할 날로 완전히 기어 변속을 하려면 어느 정도의 시간과 생각이 필요하기 마련이다. 우리는 주일을 준비하면서 내일은 모든 일을 중단해야 한다는 사실을 상기할 수 있다. 토요일에 미처 마무리하지 못한 일이 있거나 월요일 아침에 바쁘게 처리해야 할 일이 있을 때는 우리의 일을 주님께 맡기고, 월요일 아침을 위해 토요일에 필요한 것을 미리 준비해 놓아야 한다. 예를 들어 나는 대학 생활을 하는 동안 안식일 준수의 중요성을 절실히 확신하게 되었다. 교수들은 안식일에 대한 나의 신념을 존중하지 않고, 이따금 월요일 아침에 시험을 치르곤 했다. 나는 안식일을 준비하기 위해 가능한 한 토요일에 최선을 다해 공부했다. 나는 주일을 준비하기 위해 시험을 주님께 맡겼고, 좋은 결과가 나오기를 마음속으로 바랐다. 주일에 월요일에 있을 시험 때문에 정신이 흐트러지는 일을 피하려면 그런 식으로 안식일을 준비해야 할 필요가 있었다. 그렇게 안식일을 준비하는 일은 처음에는 어렵겠지만 하나님의 날을 존귀하게 여기면 결국 어떤 손해도 보지 않는다는 사실을 깨닫게 될 것이다. 안식일을 준비하는 일은 반드시 필요할 뿐 아니라 가장 유익한 방식으로 안식일을 지킬 수 있도록 도와준다.

안식일에 무엇을 해야 하나: 가장 중요한 원리

젊은 여성과 결혼하기를 원하는 남자는 그녀의 결혼 승낙을 받는 데 필요한 일이라면 무엇이든 정성을 다하기 마련이다. 그는 가정을 꾸리기 위해 열심히 일하면서 돈을 모은다. 그는 자기가 사랑하고, 기뻐하는 여성이 모든 행위의 확실한 목표이자 목적이기 때문에 필요한 일이라면 무엇이든 기꺼이 감수한다. 그와 마찬가지로 안식일 준수의 목적인 하나님을 예배하는 일에 대한 진실되고 열정적인 사모함을 배양한다면 실천적인 문제들을 더 잘 해결할 수 있다. 다시 말해 "안식일을 즐거운 날이라 부를수록" 어떻게 해야 안식일의 주님을 즐거워할 수 있고, 또 무엇이 그런 즐거움을 방해하는지에 대한 대답을 찾기가 더 쉬워진다. 안식일에 주님 안에서 즐거워하면 그날에 이웃을 사랑하며, 즐거워하는 일도 더 잘할 수 있다.

오웬은 안식일 준수와 관련해 우리의 기독교적 자유를 옳게 지키고 행사하려면, 그리스도 안에서 누리는 자유는 사랑으로 그분의 권위에 복종함으로써 행사하는 것임을 알아야 한다고 주장했다. 그는 이렇게 말했다. "이 안식의 날에 온전히 마음을 기울여 예배를 통해 그분과의 교제를 추구하면서 하나님을 영화롭게 하려는 자유의 영 안에 마음이 고정된 사람들은 단지 말과 행위의 규칙 준수만을 생각하는 사람들보다 자기 자신에게 더 나은 언행의 규범을 적용할 수 있다."[2] 오웬은 주 예수 그리스도께서 신약 시대의 안식일에 죽은 자 가운데서 다시 살아나심으로써 한 주간의 첫째 날을 거룩하게 하셨기 때문에 그리스도의 인격과 사역을 기리며 하나님을 예배하고, 그분을 사랑하는 것이 안식일 준수의 핵심이 되어야 한다는 점을 상기시켜 주었다. 그는 "믿음을 올바로 활용해 이날을 지킴으로써 영혼을 그리스도의 권위에 복종시키고, 그분이 사역을 완수하고 취하신 안식과 그분이 우리에게 자기와 함께 누리도록 허락하신 안식에 생각을 집중하면 율법적인 정신으로 외적 의무들을 행할 때보다 이날을 더욱 거룩하게 지킬 수 있다. 그런 상태에서 사람은 자기에게 주어진 명령에 깊이 사로잡혀 감히 그와 다르게 행동할 엄두조차 낼 수 없다."라고 덧붙였다.[3]

예배를 최대한 잘 드릴 수 있는 방법을 생각하라

주일에 영적 활동에 참여할 수 있는 역량은 개인에 따라 다르다.

---

2) Owen, *Day of Sacred Rest*, 447. See also McGraw, "Five Reasons Why the Sabbath Was Designed for Worship."

3) Owen, *Day of Sacred Rest*, 449 – 50.

아내와 나는 결혼 전에 그녀 부모의 집에서 주일 오후를 지내곤 했다. 그녀의 경우는 저녁 예배를 준비하기 위해 오후에 잠깐 낮잠을 자는 것이 효율적이었고, 나의 경우는 유익한 신앙 도서를 읽고, 기도하거나 친구와 은혜로운 대화를 나누는 것이 더 유익했다. 안식일에 무슨 일을 하든지 항상 "어떻게 하는 것이 이날의 원리를 가장 잘 지킬 수 있고, 정신을 잘 집중해 가장 유익한 방식으로 하나님을 예배할 수 있을까?"라는 질문을 생각하는 것이 중요하다.

그러나 일반적으로는 주일에 잠을 자는 것은 바람직하지 않다. 잠은 은혜의 수단이 아니다. 만일 주일에 낮잠을 자야만 은혜의 수단을 더 잘 활용할 수 있다면 그렇게 하라. 그러나 전날 저녁에 너무 늦게까지 잠을 자지 않은 까닭에 낮잠을 자야 한다거나 주중에 있을 활동들을 걱정하는 마음이 가득하다면, 주일 준비를 제대로 하지 않은 것 때문에 은혜의 수단 사용이 지장받은 것이다. 그런 경우에는 회개해야 한다. 조나단 에드워즈는 "안식일을 더욱 잘 지키려고 노력하라. 특히 안식일의 가장 중요한 일에 해당하는 공예배를 잘 드리려고 노력하라. 졸거나 무익한 공상이나 부주의나 무관심으로 예배 시간을 무의미하게 흘려보내지 말라. 일상생활을 위한 시간을 낭비하는 것도 어리석지만, 거룩한 시간, 곧 하나님의 신성한 예식에 참여하는 시간을 헛되이 낭비하는 것은 참으로 어리석은 일이다."라고 말했다.[4] 안식일의 유익은 주로 은혜의 수단에서 비롯한다. 따라서 그날을 체계적으로 잘 보내야만 은혜의 수단을 활용하는 시간을 최대한 많이 확보할 수 있다.

개인예배보다 공예배를 더 중시하라

안식일에는 공적으로나 사적으로 하나님을 예배하는 일에 집중해야 한다. 그러나 공예배를 개인예배보다 더 영광스러운 것으로 간주해야 한다. 경건한 신앙생활을 독려하는 오늘날의 조언들은 단지 개인적인 경건의 실천에만 중점을 두는 경향이 있다. 그런데 성경을 보면, 시편 84편처럼 다른 사람들과 함께 하나님의 집에 갈 수 없는 처지를 슬퍼하는 시편들이 그 얼마나 많은가? 다윗은 사슴이 시냇물을 찾기에 갈급함 같이 공예배에 참여해 하나님을 예배하기를 갈망했다(시 42:1). 하나님은 공예배를 드리는 사람들 가운데 계신다(고전 14:25). 우리가 주 예수 그리스도의 이름으로 함께 모일 때 그분이 우리 가운데 계신다(마 18:20).

성경이 가르치는 안식일에 관한 의무들은 대부분 개인예배보다는 공예배와 관련된다. "안식일의 찬송시"는 아침 예배와 저녁 예배를 언급한다(시 92:1-4). 자신이 출석하는 교회가 오전과 오후에 예배를 드리면 가능한 한 모든 예배에 참석해야 한다. 하나님이 예배를 드리는 신자들 가운데 계신다는 믿음이 없는 탓에 공예배의 가치를 경시할 때가 많다. 건물이나 찬양이 보잘것없는 작은 교회에 모여 예배를 드릴 때도 하늘의 성소에 입장하여 수많은 천사의 합창에 동참한다는 의식을 가져야 한다. 공예배에 참여하는 것은 안식일을

---

4) Cited in John Carrick, *The Preaching of Jonathan Edwards* (Edinburgh: Banner of Truth, 2008), 176.

지키는 일 가운데서 가장 큰 비중을 차지한다. 공예배는 안식일의 정점이다. 그것은 안식일에 하는 활동들 중에서 천국을 가장 많이 닮은 활동이다.[5]

마지막으로 고려해야 할 것

마지막으로 고려해야 할 것은 안식일에 죄를 지으면 그 죄책이 두 배로 가중된다는 것이다. 조나단 에드워즈는 "하나님이 믿음의 활동을 하며 지내라고 따로 구별해 거룩하게 하신 날에 보통 때에도 해서는 안 되는 더럽고, 사악한 일들을 저지르는 것은 그분을 크게 노하시게 할 것이 분명하다."라고 말했다.[6] 하나님은 인간에게 짐을 지우기 위해 안식일을 허락하지 않으셨다. 하나님은 인간에게 사랑으로 안식일을 허락하셨다. 안식일에 속된 삶을 사는 것은 하나님의 권위는 물론, 우리를 유익하게 하기 위해 그런 복된 날을

---

5) 백스터는 개인예배를 소홀히 하지 말라고 당부하였지만 다음과 같은 흥미로운 말을 덧붙였다. "나는 공예배로 거의 하루의 시간이 다 소요되는 곳에서는 가정예배와 은밀한 기도 시간을 생략하고 최선을 다해 공예배에 참여하더라도 죄를 짓는 것이 아니라고 생각한다. 그런 경우에는 공예배를 생략하고, 가정예배와 은밀한 기도 시간을 갖는 것보다는 후자를 생략하는 것이 더 낫다. 또한 공적인 활동 때문에 가정에서 보내는 시간이 적은 경우에는 일단 남은 시간을 가정예배에 할애하고, 은밀한 기도나 묵상을 생략해 가정의 의무를 이행하는 데 지장이 초래되지 않게 해야 한다…주일은 무엇보다도 공예배를 위해 구별된 날이다. 사적이거나 은밀한 예배는 모두 공예배 안에 포함된다…가정이나 교회에서 예배하는 일과 골방에서 예배하는 일을 둘 다 할 수 없는데도 굳이 골방에서 예배를 드려야 한다고 생각하는 것은 옳지 않다." Richard Baxter, *The Divine Appointment of the Lord's Day, in The Practical Works of Richard Baxter* (London, 1846; repr. Morgan, Pa.: Soli Deo Gloria, 2000), 3:901 (emphasis added).

6) Jonathan Edwards, "The Perpetuity and Change of the Sabbath," in *Works*, 2:102.

허락하신 그분의 사랑을 멸시하는 것이다. 토머스 쉐퍼드는 "주중에 짓는 죄도 악하지만 그런 죄를 안식일에 짓는다면 그 악이 배가 될 것이다."라고 말했다.[7] 안식일을 거룩히 지키려면 그리스도를 신뢰하고, 하늘에 계신 성부께 순종하는 일에 다른 날보다 더욱 진지하게 마음을 기울여야 한다. 왜냐하면 안식일에는 다른 날보다 더 큰 은혜의 수단이 우리에게 주어지기 때문이다. 안식일에 악한 죄를 지으면 다른 날보다 더 큰 책임을 져야 한다. 그 이유는 안식일에는 죄를 예방할 수 있는 더 많은 수단이 제공되기 때문이다. 이런 수단들을 무시하는 것은 곧 하나님의 은혜와 영광을 멸시하는 것이다. 쉐퍼드는 "하나님이 일주일에 한 번, 특별한 관심을 받으시기에 합당하지 않다고 생각할 만큼 그분의 무한한 영광과 위엄을 하찮게 여기는 것인가?"라고 물었다.[8]

이런 말을 듣고 낙담해 거룩함을 추구하는 일을 단념해서는 곤란하다. 오히려 거룩함을 추구하는 일이 어렵다는 사실을 항상 의식하고, 우리의 마음속에 있는 죄를 더 많이 찾아내지 않는다면 당신은 그리스도인의 삶을 간절히 추구하고 있지 않은 것이다. 죄인들의 마음과 삶 속에서 불가능한 일을 가능하게 만드시는 성령의 능력을 통해서만 신앙생활을 옳게 영위해 나갈 수 있다. 신자는 죄를 깨닫는 것을 두려워해서는 안 된다. 그리스도 예수 안에 있는 자에

---

7) Shepard, *Theses Sabbaticae*, 267.

8) Shepard, *Theses Sabbaticae*, 268.

게는 정죄함이 없다(롬 8:1). 율법의 의로운 요구는 죄 있는 육신의 형상을 입고, 그 육신으로 죄를 짊어지신 그리스도를 통해 우리 안에서 온전히 성취되었다(롬 8:3, 4). 전에 몰랐던 죄를 새로 깨달으면 신자는 슬픔을 느껴야 한다. 그러나 신자가 죄를 슬퍼하는 이유는 은혜롭고, 자애로우신 성부 하나님과 온유하신 구주와 거룩하게 하시는 성령의 사랑을 저버리고 죄를 지었다는 사실을 의식해서다. 죄의 깨달음은 하나님의 자녀에게 항상 고통을 안겨주지만 기꺼이 환영해야 할 일이 아닐 수 없다. 죄를 깨닫지 못하면 어떻게 그리스도의 형상을 닮을 수 있겠는가? 하나님의 영광을 더욱 찬란하게 반사하고, 그분과의 교통과 교제를 통해 더 큰 축복을 누리려면 마땅히 죄를 깨달아 뉘우쳐야 하지 않겠는가?

결론

웨스트민스터 총회에 참석한 목회자들이 제시한 안식일 준수의 패턴은 필연적인 논리에 근거한 것이었다. 리차드 개핀(Richard Gaffin)이 지적한 대로 안식일에 관한 웨스트민스터의 교리가 웨스트민스터 표준문서의 전체적인 신학 체계에 불가분적으로 통합되어 있는 요소라는 사실을 고려하지 않는 사람들이 많다.[9] 십계명의 첫 번째 돌판에서 제4계명이 차지하는 위치는 안식일 준수가 처음 세 계명과 마찬가지로 하나님과 그분에 대한 예배에 그 초점을 맞추고 있다는 사실을 잘 보여준다. 웨스트민스터 총회에 참석한 목회자들은 안식일의 궁극적인 목적이 휴식이 아닌 예배에 있다고 결론짓지 않을 수 없었다. 이런 결론은 자동적으로 다른 날에 적법한 세속적인 직업 활동과 오락까지도 안식일에는 배제해야 한다는 것을 의미했다. 하나님의 모든 명령은 외적 행위를 넘어서서 사람들의 말과 생각에까지 적용된다. 따라서 그들은 말은 물론, 마음과 생각의 상태까지 포괄하는 결론을 제시하지 않을 수 없었다. 그들은 우리에게 적법하지 않은 일은 다른 사람들에게도 적법하지 않고, 또 이웃을 우리 자신처럼 사랑해야 한다고 믿었기 때문에 하나님이 자신의 종들에게 다른 사람들이 안식일을 범하는 일을 돕도록 허락하셨다고 생각하지 않았다. 안식일 준수에 관한 웨스트민스터의 교리를 거부하려면 하나님의 율법에 관한 올바른 해석을 추구하는 성경적, 개혁주의적 입장도 아울러 거부해야 한다. 후자만 취하고 전자를 버리는 것은 모순이다. 인간이 항상 자신의 입장을 일관되게 유지하기는 불가능하지만 안식일이 세속적인 일과 오락을 일체 배제해야 할 예배의 날이며, 마음과 말로 거룩히 지켜야 할 날이라는 입장을 거부하는 것은 하나님의 율법에 대한 웨스트민스터 교리 전체를 무너뜨리는 위험을 초래한다. 만일 그런 급진적인 신학적 변이가 일관성을 가지려면 율법 자체를 완전히 재해석하는 일이 필요하다.

안식일이 노동으로부터의 휴식만을 요구한다고 전제하는 것은

---

9) Richard Gaffin, "Westminster and the Sabbath," in *The Westminster Confession into the 21st Century* (Geanies House, U.K.: Christian Focus Publications, 2003), 1:126 – 28.

하나님의 율법에 대한 개혁파 입장에 부합하지 않을 뿐 아니라 몇 가지 심각한 신학적, 실천적 결과로 귀결된다. 그렇게 전제하면 사람들이 안식일을 완전하게 지킬 수 있고, 또 그 일을 매우 쉽게 할 수 있게 된다. 안식일에 일하지 않고 공예배에 참석하기만 하면 하나님이 그날에 우리에게 요구하시는 일을 모두 완수한 셈이 되는 것이다. 하나님의 계명들 가운데 죄인들이 지키기에 그렇게 "쉬운" 계명이 또 어디에 있겠는가? 제4계명은 하나님의 도덕법을 간결하게 압축한 계명들 가운데서 10퍼센트의 비중을 차지한다. 하나님의 율법 가운데 10퍼센트에 해당하는 율법을 완전하게 지킬 수 있다고 자신 있게 말할 수 있겠는가? 죄인인 우리는 그리스도의 보혈과 의를 전적으로 의지해야 하는 입장일까, 아니면 율법의 90퍼센트를 어긴 죄만을 위해 구속을 필요로 하는 입장일까? 과연 제4계명이 십계명의 처음 네 계명 중에서 하나님께 대한 예배와 무관한 유일한 계명일까? 오직 제4계명만이 외적 행위 외에 말이나 마음으로 어길 가능성은 없는 계명일까? 제4계명을 온전히 지키기가 절대적으로 불가능하다는 것을 의식하지 못한다면 그것은 곧 이 계명을 바라보는 관점이 왜곡되었다는 증거다. 즉 이것은 하나님의 율법을 적용하는 방식이 전혀 일관성이 없거나 율법의 의미와 그 바른 용도를 옳게 이해하지 못한 신자들이 많다는 사실을 방증한다.

이론적인 차원에서는 그런 오류를 저지르지 않더라도 실천적인 차원에서는 얼마든지 그런 일이 발생할 수 있다. 누군가로부터 안식일에 일 얘기를 너무 많이 한다는 지적을 받는다면 당신은 어떻게 반응하겠는가? 그런 일 얘기가 율법이 정한 한계를 넘어섰다는 것을 부인하고 싶은가? 제4계명이 단지 외적인 행위에만 실천적인 의미를 지닌다고 대답하겠는가? 이론적으로는 하나님의 율법 가운데 어느 것 하나라도 완전하게 지킬 수 없다고 생각하고, 모든 생각과 행위에 대해 그리스도의 보혈로 씻음을 받아야 할 필요성을 인정할 수도 있다. 그러나 과연 실천적인 차원에서 당신은 안식일을 어긴 것을 죄로 확신하는가? 매주 안식일을 어긴 죄를 기꺼이 인정하려는 마음이 있는가? 안식일과 관련해 죄를 지었다는 깨달음이 없거나 그날을 지키기 위해 의식적으로 그리스도의 영을 의지하려고 애쓰지 않는 것은 결코 좋은 징후가 못 된다. 그것은 제4계명을 바라보는 실천적 관점에 뭔가 문제가 발생했다는 증거다. 그런 경우에는 설혹 이론적으로 안식일 준수에 관한 웨스트민스터 표준문서의 입장을 열렬히 옹호하더라도 실제로는 아무것도 달라지지 않는다. 안식일을 사랑하는 자는 안식일 준수를 입으로 가장 크게 외치는 사람이 아니라 안식일의 축복을 깨닫고, 그날을 거룩하게 지키기 위해 하나님의 도우심에 전적으로 의지하는 사람이다. 이 계명을 우리의 삶에 적용하려면 먼저 이 계명이 규율하는 범위를 바르게 파악하고, 그것을 지킬 수 없는 우리의 무능력함을 절감해야 한다. 그리고 난 뒤에는 그리스도의 보혈로 우리의 죄를 깨끗이 씻고, 다시 이 계명에 관심을 기울여 그리스도의 사랑에 감격하면서 마음을 다해 그분을 섬기려고 노력해야 한다. 그래야만 안식일을 즐거운 날이라고 일컬을 수 있고, 하나님이 우리 마음에서 우러나

오는 감사의 예배를 위해 하루를 온전히 구별하신 것을 기쁘게 받아들일 수 있다.

9장
이것이 율법주의인가

존 뉴턴은 "대부분의 종교적 오류의 저변에는 율법의 본질과 목적
에 대한 무지가 깔려 있다."라고 말했다.[1] 율법주의를 다루는 장, 곧
율법과 복음의 기본적인 관계를 다룬 내용을 율법을 올바로 해석하
는 방법을 다룬 장 앞이 아닌 그 뒤에 위치시킨 이유가 무엇일까?
내가 이런 접근 방식을 시도한 이유는 신자들의 이견이 대부분 기
독교적 실천과 관련되어 발생하기 때문이다. 우리는 실천적인 차
원에서 서로의 의견이 충돌을 일으킨 이후에야 비로소 그런 갈등
을 불러일으킨 근본 이유가 무엇인지를 묻기 시작한다. 제이 애덤
스는 성경적인 상담 이론에서 양측의 갈등을 해소하는 과정은 돌출
된 문제를 다루는 데서부터 시작해야 한다고 말했다. 상담자는 최

---

1) 다음의 자료에서 인용했다. Plumer, *Law of God*, 9.

초의 정보를 평가하고 나서 갈등의 중심에 놓여 있는 문제를 찾아 낼 때까지 하나씩 되짚어나가는 방식을 취한다. 그래야만 효과적인 조언을 통해 갈등을 해결해 나갈 수 있다.[2] 안식일 준수에 관한 "엄격한", 또는 "청교도적인" 견해를 주장하는 사람들에 대해 흔히 제기되는 비판 가운데 하나는 하나님의 율법을 해석하는 그들의 방식이 율법주의에 해당한다는 것이다. 이런 비난은 종종 "율법주의"에 대한 오해에서 빚어지며, 좀 더 근본적으로는 율법과 복음의 관계에 대한 성경의 가르침을 오해한 데서 발생한다. 따라서 나는 구속사를 통해 율법이 담당했던 역할을 개괄하고, 율법주의에 해당하지 않는 것과 해당하는 것을 밝히고, 이런 비난의 이면에 숨어 있는 진짜 문제를 드러내어 안식일 준수에 적용하는 순서를 따라 논의를 전개해 나갈 생각이다.

하나님의 율법과 구속사

성경의 역사에서 율법이 주도적인 위치에서 핵심 역할을 하지 않은 적은 단 한 번도 없었다. 성경에는 하나님의 율법과 관련된 세 개의 기본적인 세팅(setting)이 존재한다. 첫째, 하나님의 율법은 에덴동산에서 아담의 마음에 기록되었다. 이런 사실은 성경을 모르는 믿지

---

2) Jay Adams, *Competent to Counsel: Introduction to Nouthetic Counseling* (Grand Rapids: Zondervan, 1970), 148 – 51.

않는 이방인들을 언급한 바울의 말(롬 2:14, 15) 속에 잘 드러나 있다. "율법 없는 이방인이 본성으로 율법의 일을 행할 때에는 이 사람은 율법이 없어도 자기가 자기에게 율법이 되나니 어떤 이들은 그 양심이 증거가 되어 그 생각들이 서로 혹은 고발하며 혹은 변명하여 그 마음에 새긴 율법의 행위를 나타내느니라." 타락한 사람들에게도 그들의 마음에 기록된 하나님의 율법이 어느 정도 남아 있다면 죄인이 되기 전의 아담과 하와의 마음에는 그 얼마나 선명하게 기록되어 있었겠는가? 인간의 마음에 기록된 하나님의 율법은 인간이 그분의 형상과 모양대로 지으심을 받았다는 것이 무슨 의미인지를 보여준다. 이것이 바울이 위와 같이 말할 수 있었던 근거였다.

타락 이전에 인간의 마음에 기록된 율법과 타락 이후에 기록된 율법의 차이는 완전한 거울에 반영된 형상과 깨진 거울에 반영된 형상의 차이와 비슷하다. 타락 이후 인간의 마음에 남아 있는 율법은 여전히 하나님의 거룩한 성품을 반영하지만 인간은 마음에 하나님 두기를 싫어하고, 불의로 진리를 억누르며, 창조주를 영화롭게 하지 않고 온갖 반항을 일삼는 상태로 전락했다(롬 1:28, 8:7). 이런 사실은 한편으로는 인간이 악한 반역을 시도했지만 창조주를 아는 지식을 완전히 다 지워 없앨 수 없었다는 것을 의미하고, 다른 한편으로는 인간이 하나님의 계시와 가르침이 없이는 그분의 율법을 확실하고도 분명하게 알 수 없게 되었다는 것을 의미한다.

이런 이유로 하나님은 어느 정도 시간이 흐르자 동일한 율법을 두 개의 돌판에 나눠 기록한 뒤에 그것을 모세에게 건네주셨다. 이것이 율법이 나타나게 된 두 번째 세팅(setting)이다. 인간의 마음에 기록된 율법은 죄로 인해 훼손되었다. 하나님이 모세에게 주신 돌판에는 죄에 의해 억눌러지고, 흐릿해진 율법이 요약되어 있었으며, 이로써 율법은 다시 한 번 분명하게 나타났다. 이것이 바울 사도가 인간이 하나님 앞에서 아무런 변명도 하지 못하게 만드는 것을 율법의 목적으로 제시했던 이유다(롬 3:19, 20). 에덴동산에서 아담의 마음에 기록된 율법은 절판된 책과 같았다. 율법을 돌판에 다시 기록한 것은 동일한 책을 재출판한 것이나 마찬가지였다. 그러나 율법이 재출판될 무렵에는 청중의 상태가 달랐다. 그들은 율법 책을 읽는 것을 좋아하지 않았다. 다시 말해 타락 이전에 에덴동산에서 하나님의 율법이 아담의 마음에 새겨졌고, 율법을 지키는 일이 "본능적으로" 이루어졌다. 하지만 시내 산에서 하나님의 율법이 돌판에 새겨졌고 율법을 지키는 일이 타락한 인간의 본성과 정면 충돌을 일으켰다. 따라서 율법도 하나님을 기쁘시게 하는 삶을 위한 완벽한 지침과 그분의 완전하고, 영광스러운 성품을 아는 지식을 제공하는 기능 외에 죄에 대응해 죄와 하나님의 진노를 일깨우는 기능을 추가적으로 담당하게 되었다(롬 3:20, 7:7).[3]

율법이 나타난 세 번째 세팅(setting)은 그리스도의 보혈로 맺어진 새 언약과 관련된다(마 26장, 히 9:14-16). 새 언약에서 일어나는 일 가운데 일부는, 과거에 아담의 마음에 기록되었었고, 시내 산에서 재출판된 율법(그 이후로 죄인들을 정죄하는 기능을 하는 율법)과 **동일한 율법**을 사람들의 마음에 기록한다는 것이다(렘 31장, 겔 36장). 그리스도께서는 사람들을 죄책에서 구원하시고 그들에게 자신의 의를 전가하실 뿐만 아니라, 성령의 사역을 통해 하나님의 율법을 그들의 마음에 기록하고 계신다. 성령께서는 아담의 타락으로 인해 흐릿해졌던 율법과 동일한 율법을 구속된 사람들의 마음에 기록하고 계신다. 돌판에 율법을 새겼던 전능하신 하나님의 손이 다시 그것을 사람들의 마음에 새기고 계신다. 그러나 이 경우에는 율법이 즉각적으로 새겨지지 않고, 점진적으로 새겨진다. 장차 그리스도께서는 자기를 믿는 사람들이 죽어 자신의 임재에 들어오고 부활을 통해 완전하게 될 때 그 기록을 끝마치실 것이다. 주 예수 그리스도께서는 선택받은 사람들 안에서 타락의 결과를 완전히 제거해 온전하게 하신다. 이 제거 과정은 사람이 율법과 관계를 맺는 방식을 옳게 회복하는 데서부터 시작한다. 신학 용어로 말하면 이것이 성화의 본질이다.

---

3) 이런 이유로 많은 개혁주의 저술가들이 시내 산에서 하나님과 이스라엘이 체결한 언약을 행위 언약의 재출간으로 간주한다. 특히 오웬이 대표적인 경우다. 그는 《*Day of Sacred Rest*》 네 번째 섹션에서 이 점을 분명하게 제시했다. 토머스 보스턴은 《*The Marrow of Modern Divinity*》라는 책에 대해 주(註)를 달면서 그 책의 저자(에드워드 피셔) 외에도 조지 길리스피를 비롯해 많은 저명한 목회자들이 이 입장을 채택했다고 말했다. 보스턴 자신은 십계명의 서론과 모세 오경의 여러 상응하는 구절들은 모세 율법 체제의 주된 성격이 은혜 언약의 성격을 띠고 있다는 것을 분명하게 보여준다고 주장했다. 그러나 그는 또한 로마서 2, 3장과 갈라디아서 3, 4장을 주석한 결과에 따라(그의 추론은 존 오웬의 추론과 똑같았다) 행위 언약이 여기 존재함을 인정했으며 그것이 은혜 언약에 이바지하는 방식으로 기능하고 있다고 주장했다. 행위 언약의 목적은 죄를 깨닫게 만들어 그리스도의 품 안에 안기게 만드는 것이었다. 다음의 자료를 참조하라. Edward Fisher, *The Marrow of Modern Divinity, in The Complete Works of Thomas Boston* (1853; repr., Stoke-on-Trent, U.K.; Tentmaker Publication, 2002), 7:194-202. 대체 가능한 또 다른 견해를 살펴보려면 다음의 자료를 참조하라. John Flavel, *A Reply to Mr. Cary's Solemn Call, in The Works of John Flavel* (1820; repr., Edinburgh: Banner of Truth, 1997), 6:324-25.

인간은 하나님의 율법을 거역함으로써 타락했고, 그로 인해 인간과 창조 질서 전체가 죄로 오염되었다. 그리스도께서는 모든 믿는 자에게 의를 이루기 위해 율법의 마침이 되신다(롬 10:4). 그분은 죄인들을 구속하사 성화시키시고, 자신의 원수들을 모두 발 아래 굴복시킴으로써 창조 질서 전체를 서서히 회복하신다(롬 8장, 골 1장). 따라서 구원의 역사나 세상을 위한 하나님의 목적 가운데서 율법이 핵심적인 비중을 차지하지 않았던 때는 타락 이전이나 이후나 구약 성경이나 신약 성경이나 그 어느 때를 막론하고 단 한 번도 없었다.[4]

율법주의에 해당하지 않는 것

우리는 이런 배경과 사실들을 염두에 두고 "율법주의"라는 비판을 살펴봐야 한다. "율법주의"는 성경에 나타나지 않는 용어이지만 성경에 관해 논의할 때 종종 사용되기 때문에 성경에 비춰 평가해야 마땅하다. 신학생이 처음 성경의 언어를 배우다 보면 고대 세계에서 가장 자주 사용된 용어들이 매우 다양하고, 광범위한 의미를 지니고 있다는 사실을 발견한다. 그 점은 신학 용어도 마찬가지다. "율법주의"라는 용어는 오늘날 교회 안에서 매우 흔하게 사용되

---

4) 다음의 자료를 참조하라. Herman Bavinck, *Reformed Dogmatics: Holy Spirit, Church, and New Creation*, trans. John Vriend, ed. John Bolt (Grand Rapids: Baker, 2008), 4:455; and Fisher, *Marrow of Modern Divinity*, 173, 198. 존 머레이도 성경의 계시 안에서 율법이 차지하는 위치를 다룬 통찰력 있는 논문을 발표했다. John Murray, "The Sanctity of the Moral Law," in *Collected Writings*, 1:193 – 204.

고 있기 때문에 그 말을 사용하는 사람들만큼이나 많은 의미를 지닌다. 일반적으로 "율법주의"는 행위로 의롭다 함을 받으려는 태도, 율법의 한계를 넘어선 것을 요구하는 태도, 율법을 지나치게 엄격하게 지키려는 태도, 항상 율법을 들먹이는 태도, 구약 성경을 인용하기를 좋아하는 태도 등을 가리키는 의미로 사용된다. 또 "율법주의"라는 용어를 사용할 때는 어느 정도는 율법을 지킨다는 의미가 내포되어 있고, 항상 경멸적인 의미는 아니더라도 분명히 부정적인 의미를 띠는 것이 보통이다(스스로를 "율법주의자"로 일컫기를 좋아할 사람이 누가 있겠는가?). "율법주의"를 가장 폭넓은 관점에서 정의하면 "율법을 부적절하게 사용하는 것"을 뜻한다고 말할 수 있다. 안식일 준수를 "율법주의"로 비난하는 것은 매우 심각하다. 따라서 하나님의 율법을 부적절하게 사용하는 것과 적절하게 사용하는 것을 구분하는 것이 중요하다.

율법을 지키는 것은 율법주의가 아니다

하나님의 율법이 여전히 경건한 삶의 지침이 되기에 적절하다고 믿는 신념을 율법주의로 간주하는 것은 온당하지 못하다. 이 점은 앞서 구속사에 나타난 율법의 역할을 논의한 내용을 통해 이미 분명하게 드러났다. 그런 신념을 율법주의로 간주하는 사람들은 하나님의 율법을 활용하더라도 일반적으로 회개하기 이전의 상태에 있는 사람에게만 그것을 적용해야 한다고 생각한다. 신자는 어떤 의미에서든 하나님의 율법을 삶의 규칙으로 지키려고 애쓸 필요가 없다고 주장하는 사람들은 율법이라는 말을 꺼내기만 해도 율법주의라고 비난하기를 좋아한다. 율법을 구약 성경에서 인용했을 때는 특히나 더 그렇다. 그러나 신약 성경은 죄를 불법으로 정의한다. 즉 율법을 어긴 행위가 바로 죄라는 것이다. "죄를 짓는 자마다 불법(율법을 어기는 행위)을 행하나니 죄는 불법이라"(요일 3:4). "율법"으로 번역된 헬라어는 "노모스"다. 헬라인들은 용어의 개념을 부정하고 싶을 때는 단어 첫머리에 "a"를 붙였다. 예를 들어 "무신론자(atheist)"는 "유신론(theism)", 즉 하나님을 믿는 신념을 거부하는 사람을 가리킨다. 이와 비슷하게 요한 사도도 죄를 정의하면서 이 용법을 적용했다. 그는 "율법"을 뜻하는 헬라어 "노모스"에 접두어 "a"를 붙였다. 무신론자(atheist)가 유신론(theism)을 거부하는 사람으로 정의된다면, 요한이 말한 죄는 그 정의상 율법을 어기는 것이다(헬라어로 "헤 하마리아 에스티브 헤 아노미아"). 하나님의 율법은 인류에게 죄와 의무를 가르치는 기준이다. 이것이 바울 사도가 "율법으로 말미암지 않고는 내가 죄를 알지 못하였으니"(롬 7:7)라고 말했던 이유다.

다시 말해 하나님의 율법이 없으면 죄의 개념이 성립되지 않는다. 이런 이유로 〈웨스트민스터 소요리문답〉 14문은 "죄는 하나님의 율법을 따름에 부족한 것 또는 율법을 어기는 것이다."라는 말로 죄의 성경적 개념을 간결하고, 정확하게 정의했다. 하나님의 율법이 신자에게 적용되지 않는다면 어떻게 죄의 용서를 구하라고 가르치는 주기도를 드릴 수 있겠는가? 요한은 뻔뻔하거나 어리석은 나머지 죄가 없다고 주장하는 사람은 스스로를 속이는 자요 그 안에 진리가 없는 자라고 말했다(요일 1:8). 우리가 신자로서 하나님 앞에서 희망을 가질 수 있는 이유는 우리의 죄를 고백하면 미쁘시고, 의로 우신 하나님이 우리의 죄를 용서하시고, 모든 불의에서 우리를 깨 끗하게 해주시기 때문이다. 의를 위해 율법의 마침이 되시는 그리 스도를 통해 죄 사함을 받은 사람들에게도 율법은 여전히 유효하다 (롬 10:4). 이 사실을 부인하면 죄를 찾아내 고백할 수 있는 가능성도 아울러 사라진다. 죄는 오직 율법에 의해서만 규정될 수 있고, 신자 는 율법을 통해 죄를 찾아내 고백할 수 있다. 따라서 하나님의 율법 은 신자들에게 계속해서 적용된다. 죄를 고백해야 한다면 죄를 피 하기도 해야 한다. 죄를 피해야 한다면 죄를 규정하는 규칙을 알아 야만 한다. 신자가 율법을 등한시하면 결국 죄에 무감각해질 수밖 에 없다.

이런 사실에는 하나님의 율법이 그리스도인들에게 단지 죄를 깨 닫게 만드는 부정적인 용도를 뛰어넘는 적절성을 지닌다는 의미가 내포되어 있다. 그리스도인은 계속 죄를 짓는 삶, 죄가 아무런 저지 나 저항을 받지 않고서 계속 지배하는 삶을 사는 일은 있을 수 없다 (요일 3:9). 신자들은 그리스도의 죽으심을 통해 죄의 권세에 대해 죽 었고, 그리스도의 부활을 통해 다시 살아나 새로운 삶을 살아간다. 따라서 신자들은 죄에 복종하기 위해 자신의 지체를 불의의 무기로 죄에게 내주어서는 안 된다. 죄는 더 이상 신자들을 주관하지 못하 기 때문에 그들은 자신의 지체를 의의 무기로 하나님께 드려야 한 다(롬 6장). 죄가 율법을 어기는 것이라면 순종은 율법을 지키는 것이다. 그리스도께 대한 순종은 행위 언약인 율법을 지켜 하나님 앞에서 의롭다 하심을 받으려는 것과는 아무런 상관이 없다. 그리스도께 대한 순종은 은혜 언약에 대한 감격스러운 반응, 곧 예배와 감사의 마음으로 하나님의 율법을 지키는 것을 의미한다. 그리스도께서는 하나님의 율법을 완전하게 지키고, 자신을 드려 그분의 정의를 온전히 만족시킴으로써 신자들을 대신해 율법의 요구를 모두 이루셔서, 율법은 더이상 신자들에게 위험이 되지 못한다.

이상의 구절들은 십계명에 요약되어 있는 하나님의 율법을 염두에 두고 있는 것이 분명하다. 하나님의 율법 외에는 죄를 올바로 깨우치고, 의무를 요구할 수 있는 다른 법은 존재하지 않는다. 신자들은 마땅히 죄를 경계해야 하기 때문에 율법에 관심을 기울이지 않으면 안 된다. 신자들이 죄로부터 자신을 지키려면 율법을 통해 죄와 의무를 깨닫는 일에 관심을 기울여야 한다. 하나님의 율법에 관심을 기울인다는 이유로 굳이 그리스도인들을 율법주의자로 일컫기를 원한다면 그리스도의 계명들을 지킴으로써 그분을 사랑하는 율법주의자라고 칭하라(요 15:14). 그리스도인이 하나님의 율법을 거룩함과 개인적인 경건의 기준으로 활용하는 것은 율법의 남용이 아니다. 율법에는 삼위일체 하나님의 성품이 완벽하게 반영되어 있는데 그 외에 무엇이 의로운 삶의 기준이 될 수 있겠는가? 주 예수 그리스도께서는 하나님의 율법이 규정한 개인적인 경건과 의를 무시하시지 않고, 오히려 "너희 의가 서기관과 바리새인보다 더 낫지 못하면 결코 천국에 들어가지 못하리라"(마 5:20)라고 말씀하셨다. 예수님의 이 말씀은 죄인들의 칭의를 위한 자격요건을 말씀하는 것이 아니라 이미 의롭다 하심을 받아 하나님의 나라에 들어가고 있는 사람들의 현실을 있는 그대로 **묘사**하고 있을 뿐이다.

신중한 태도로 율법을 구체적으로 지키는 것은 율법주의가 아니다

"율법주의"는 하나님의 율법을 부적절하게 사용하는 것을 의미하기 때문에 율법의 세부 내용을 구체적으로 적용하는 데 주의를 기울이는 것을 율법주의로 간주하는 것은 잘못이다. 현대 사회에서 "엄격한"이라는 용어는 경멸적인 의미로 종종 사용된다. 예를 들어 부모가 자녀들에게 엄격하다는 말은 곧 자녀들을 거칠게 대한다는 의미로 통용된다. 그러나 특정한 기준을 지키는 것을 단지 그것이 포괄적이고 철저하다는 이유만으로 가혹하거나 짐스럽게 여기는 것은 잘못이다. 하나님의 율법에 하등의 관심을 기울일 의무가 있다면 사실 모든 율법에 관심을 기울여야 마땅하다. 사람을 그리스도께로 이끌기 위해 제시되는, 완전하고, 항구적인, 개인적 순종을 요구하는 하나님의 율법이 따로 있고, 또 삶의 규칙으로 적용되는, 불완전하고, 간헐적인, 일반적 순종을 요구하는 하나님의 율법이 따로 있는 것이 아니다. 타락한 이후로 하나님의 율법을 완전하게 지킬 수 있는 사람은 아무도 없지만 그리스도인들이 지켜야 할 순종과 의무와 사랑의 기준은 오직 하나님의 율법뿐이다. 우리를 위한 경건의 기준은 우리가 닮아가고 있는 하나님의 형상을 반영해야 한다. 이런 이유로 조나단 에드워즈는 "율법의 엄격성은 인간이

하나님을 싫어하는 주된 이유다."라고 말했다.[5] 따라서 타락한 인간
은(그가 비록 구원받았더라도) 완벽하게 지킬 수 없는 안식일의 기준을 세
우는 견해를 무작정 거부하는 것은 온당하지 않다. 복음의 은혜 아
래에서 하나님의 율법에 어떻게 순종해야 하느냐 하는 문제는 나중
에 좀 더 자세히 살펴보겠지만, 우선은 윌리엄 플러머의 경고에 주
의를 기울여야 한다. 그는 "인간의 마음은 불법을 간절히 옹호한다.
사람들은 대중의 견해를 따르는 데 매우 익숙하다. 혼자만 두드러
져 보이는 것을 두려워하는 마음 때문에 수많은 사람이 덫에 걸린
다. 다수가 자신을 반대하더라도 소수로 남아 있겠다는 각오가 없
는 사람은 주일과 관련해 선한 양심을 유지하기가 어렵다."라고 말
했다.[6]

율법주의에 해당하는 것

무엇이 율법주의인지를 생각하는 것도 똑같이 중요하다. 무엇이 하
나님의 율법을 남용하거나 부적절하게 사용하는 것일까? 생각과 말
과 행위로 안식일을 온전히 지키는 것이 율법주의에 해당할까? 성
경은 최소한 세 가지 오류, 즉 율법의 행위로 의롭다 함을 받으려는
것, 하나님의 율법에 무언가를 더하거나 감하는 것, 율법의 행위로

---

5) Edwards, "Men Naturally God's Enemies,"133.

6) Plumer, *Law of God*, 324.

성화를 이루려고 시도하는 것을 "율법주의"로 간주한다.

율법의 행위로 의롭다 함을 받으려는 것

율법의 행위로 의롭다 함을 받으려는 것은 가장 노골적이고, 치명적인 형태의 율법주의에 해당한다. 이것이 가장 널리 통용되는 이 용어의 의미다. 율법의 행위로 의롭다 함을 받으려는 시도는 전면적일 수도 있고 부분적일 수도 있다. 어느 경우가 되었든 이 형태의 율법주의는 영적 혈관 속으로 급속히 퍼져들어가는 치명적인 독액과도 같다. 오염된 피는 결국 심장까지 흘러 들어가서 사람을 죽인다. 율법을 완벽하게 지켜 의롭게 될 수 있다는 가장 순수한 형태의 율법주의는 말로는 종종 거론되지만 실제로는 거의 불가능하다. 오직 가장 큰 망상에 사로잡힌 사람들만이 하나님의 율법이 요구하는 완전한 의를 이루어 의롭게 될 수 있다고 믿는다. 심지어 죄 없는 삶을 살 수 있는 가능성을 이론적으로 믿는 사람들조차도 살면서 죄를 짓지 않은 사람은 아무도 없다는 명백한 사실을 부인하지 못한다.[7] 요한 사도는 이미 주 예수 그리스도를 믿어 구원을 얻은 사람들에게 "만일 우리가 죄가 없다고 말하면 스스로 속이고 또

---

[7] 마틴 로이드 존스는 온건한 형태의 기독교적 완전주의를 신봉했던 존 웨슬리의 경험 속에서 이것과 관련된 한 가지 사례를 발견했다. 찰스 피니와 같은 펠라기우스주의자조차도 세상에 사는 모든 사람이 회심 이전에 죄를 짓는다는 사실을 부인하지 않았다. *The Puritans: Their Origins and Successors* (Edinburgh: Banner of Truth, 1987), 304-14. 스프로울은 심지어 펠라기우스조차도 모든 사람이 아담과 다른 사람들이 보여준 그릇된 본보기를 따라 실제로 죄를 짓는다고 믿었다고 말했다. R. C. Sproul, *Willing to Believe: The Controversy over Free Will* (Grand Rapids: Baker, 1997), 33-45.

진리가 우리 속에 있지 아니할 것이요"(요일 1:8)라고 말했다. 죄가 없다고 말하는 사람은 스스로 현혹되었을 뿐 아니라 (모든 사람이 죄를 지었다고 말씀하신) 하나님을 거짓말쟁이로 만든다(10절). 하나님의 율법은 절대적인 완전함을 요구한다. 선행으로 의롭다 함을 받기를 원하는 사람은 "율법 전체를 행할 의무를 가진 자"(갈 5:3)이다. 이것이 바울 사도가 "그러므로 율법의 행위로 그의 앞에 의롭다 하심을 얻을 육체가 없나니 율법으로는 죄를 깨달음이니라"(롬 3:20)라고 단언했던 이유다. 사람들은 대부분 자신이 완전하지 않다는 것을 인정할 정도의 겸손은 가지고 있다. 그러나 완전하지 않으면 행위를 통해 하나님께 받아들여질 수 없다는 사실은 종종 인식하지 못한다. 이런 이유로 바울은 "율법 안에서 의롭다 함을 얻으려 하는 너희는 그리스도에게서 끊어지고 은혜에서 떨어진 자로다"(갈 5:4)라고 진지하게 경고했다.

칭의에 관한 한, 그리스도를 믿는 믿음으로 말미암는 하나님의 은혜와 율법의 행위는 서로 배타적인 관계에 놓여 있다. 바울은 "만일 은혜로 된 것이면 행위로 말미암지 않음이니 그렇지 않으면 은혜가 은혜 되지 못하느니라"(롬 11:6)라고 말했다. 대다수 사람은 자신이 하나님의 거룩한 율법이 요구하는 완전한 의를 이룰 수 없다는 것을 알고 있지만 그럼에도 많은 사람들이 부분적으로는 은혜로, 부분적으로는 순종의 행위로 구원받는다고 믿는다. 그들은 마치 하나님이 자신들의 부족한 부분에서는 은혜로 용서를 베푸시지만 그 나머지는 스스로의 공로로 은혜를 얻을 수 있는 것처럼 행동한다. 이것이 곧 인류의 "기본 입장"인 듯하다. 그러나 이 입장도 인간이 하나님의 완전한 율법을 온전히 지킬 수 있다는 입장과 마찬가지로 복음과 하나님의 나라에서 멀리 떨어져 있다. 예를 들어 용서받아야 할 것이 많지만 하나님을 기쁘시게 하는 선한 일들을 어느 정도 할 수 있다고 믿는다면 어떻게 될까? 은혜로 된 것이면 행위로 말미암은 것이 아니고, 행위로 된 것이면 은혜로 말미암은 것이 아니다. 그러면 좋은 남편이자 아버지이기 때문에, 또는 희생적인 어머니이기 때문에 하나님께 받아들여져야 한다고 주장한다면 어떻게 될까? 이 경우에도 은혜로 된 것이면 행위로 말미암은 것이 아니고, 행위로 된 것이면 은혜로 말미암은 것이 아니다. 또한 다른 사람들에게 지은 죄를 후회하며 큰 어려움을 무릅쓰고 그들의 용서를 구했다면 어떻게 될까? 하나님이 그런 사람을 받아들여야 할까? 역시 이 경우도 똑같다. 은혜로 된 것이면 행위로 말미암은 것이 아니고, 행위로 된 것이면 은혜로 말미암은 것이 아니다.

사실 우리는 단 한 가지의 "선한" 행위도 하나님을 사랑하고, 그분을 영화롭게 할 생각으로 전력을 다해 완벽하게 행하기가 불가능하다. 가장 큰 죄에 대한 하나님과 인간의 관점은 서로 다르다. 만일 모든 것 안에서, 모든 것을 통해, 주 하나님을 그 무엇보다 더 사랑하지 않으면 우리의 소위 의로운 행위는 그것이 무엇이든간에 하나님이 보시기에 더러운 누더기에 지나지 않는다(사 64:6). 우리의 선행은 하나님을 감동시키기는커녕 오히려 하나님을 불쾌하게 만든다. 왕이 자신의 신하들에게 나가서 싸우라고 명령했는데 그들이 엉뚱

하게도 적군의 편에 서서 싸운다면 왕의 명령에 복종했다고 말할 수 있을까? 그와 마찬가지로 외적인 선행을 할 때 영광의 왕이신 하나님을 위해 하지 않았다면, 그 "선행"을 가지고 자신을 하나님의 원수로 만든 셈이다. 그 누가 율법의 행위로 스스로를 의롭게 할 수 있겠는가? 아담이 죄를 짓지 않은 상태에서도 실패했다면 죄인들은 아예 그렇게 할 엄두조차 낼 수 없을 것이다. 로마 가톨릭교회와 다른 종교들이 가르치는 대로 우리의 선행을 부분적으로라도 의지하는 것은 스스로 완벽한 삶을 살 수 있다는 헛된 망상만큼이나 예수 그리스도의 복음과는 거리가 멀다. 따라서 만일 그런 입장을 취한다면 예수 그리스도의 복음으로부터 크게 멀어질 수밖에 없다.[8]

이런 첫 번째 형태의 율법주의는 복음과는 정반대다. 복음의 영광스러운 증언을 들어보라. "우리 구주 하나님의 자비와 사람 사랑하심이 나타날 때에 우리를 구원하시되 우리가 행한 바 **의로운 행위로 말미암지 아니하고 오직 그의 긍휼하심을 따라** 중생의 씻음과

---

8) 《*Marrow of Modern Divinity*》를 보면 "율법주의자"가 자신의 목사인 "복음주의자"에게 스스로의 영적 상태를 설명하는 대목이 나온다. 그의 설명은 세 단계의 사고 과정을 거쳐 전개된다. 먼저 그는 자신이 율법을 외적인 형식으로만 지키려고 했다고 말했다. 그러다가 율법이 겉사람은 물론, 속사람의 완전함까지 요구한다는 사실을 깨닫고 난 뒤부터는 율법을 완전하게 지키려고 노력했다고 덧붙였다. 그러나 그는 자신이 하나님의 의로운 기준을 완전하게 지킬 능력이 없다는 사실을 깨닫고는 자신이 실패했다고 생각되는 부분에 대해서만 그리스도를 의지했다고 말했다. 그가 자신의 경험을 설명하는 내용 가운데서 그리스도를 언급한 것은 이때가 처음이다. 목회자는 그의 이야기를 다 듣고 나서 이렇게 말했다. "이야기를 듣고 보니 형제도 바울 사도가 회심 전에 했던 대로 행위 언약을 이루려고 무척이나 노력한 것 같습니다. 그러나 내가 아는 한 그런 방법으로는 복음의 진리에 도달할 수가 없습니다. 따라서 형제가 그리스도께 진정으로 나왔는지 의심스럽군요." Fisher, *Marrow of Modern Divinity*, 230.

성령의 새롭게 하심으로 하셨나니 우리 구주 예수 그리스도로 말미암아 우리에게 그 성령을 풍성히 부어주사 우리로 **그의 은혜를 힘입어** 의롭다 하심을 얻어 영생의 소망을 따라 상속자가 되게 하려 하심이라"(딛 3:4-7). "그런즉 자랑할 데가 어디냐 있을 수가 없느니라 무슨 법으로냐 행위로냐 아니라 오직 믿음의 법으로니라 그러므로 사람이 **의롭다 하심을 얻는 것은 율법의 행위에 있지 않고 믿음으로 되는 줄** 우리가 인정하노라"(롬 3:27, 28). "너희는 그 은혜에 의하여 믿음으로 말미암아 구원을 받았으니 이것은 너희에게서 난 것이 아니요 하나님의 선물이라 **행위에서 난 것이 아니니** 이는 누구든지 자랑하지 못하게 함이라"(엡 2:8, 9). "그러나 무엇이든지 내게 유익하던 것을 내가 그리스도를 위하여 다 해로 여길뿐더러 또한 모든 것을 해로 여김은 내 주 그리스도 예수를 아는 지식이 가장 고상하기 때문이라 내가 그를 위하여 모든 것을 잃어버리고 배설물로 여김은 그리스도를 얻고 그 안에서 발견되려 함이니 **내가 가진 의는 율법에서 난 것이 아니요 오직 그리스도를 믿음으로 말미암은 것이니** 곧 믿음으로 하나님께로부터 난 의라"(빌 3:7-9). 주 예수 그리스도와 어떤 관계를 맺고 있는가? **모든 것을** 다 용서받지 않았다면 **아무것도** 용서받지 않은 것이다. 칭의가 온전히 그리스도로 말미암지 않았다면 그 의는 그리스도에게서 난 것이 아니다. 예수 그리스도를 믿는 믿음으로 오직 그분만을 전적으로 의지하지 않고, 전체적으로든 부분적으로든 선행으로 하나님의 인정을 받기를 바란다면 율법주의에 치우칠 수밖에 없다. 그런 율법주의를 따르는 한 절대로 하나님의 나라에 들어갈 수 없다. 그런 상태에서는 그리스도의 사랑이 지식에 넘치는 이유를 알 수 없다(엡 3:18). 이런 형태의 율법주의는 밤이 낮과 정반대인 것처럼 복음과는 완전 반대다. 따라서 웨스트민스터 표준문서가 제시하는 안식일 준수의 교리는 결코 이런 율법주의와는 아무런 상관이 없다.

하나님의 율법을 더하거나 감하는 것

두 번째 형태의 율법주의는 하나님의 나라 밖에 있는 사람들에 국한되지 않으며, 이 율법주의는 하나님의 나라 안에 있는 신자들 안에서 흔히 발견될 수 있다. 이런 형태의 율법주의의 오류에 빠진 신자들도 그들의 믿음은 그리스도 안에 있는 하나님의 은혜의 토대 위에 자리잡고 있다. 이들이 저지르는 율법의 남용은 경건한 삶을 위한 그들의 기준이 하나님의 율법과 **철두철미하게 동일하지** 않다는 데 있다. 율법의 명령에 다른 무엇을 더하는 것이 율법주의의 한 형태라는 사실은 누가 보더라도 명백하지만 율법에서 무엇을 감하는 것이 율법주의의 한 형태라는 사실은 그렇게 명백해 보이지 않는다. 그러나 율법을 더하지 말라는 경고는 또한 그것을 감하지 말라는 경고이기도 하다.

하나님의 율법에 다른 무엇을 더하는 것은 율법을 남용하는 율법주의에 해당한다. 하나님은 신명기 4장 2절에서 "내가 너희에게 명령하는 말을 너희는 가감하지 말고 내가 너희에게 내리는 너희 하나님 여호와의 명령을 지키라"고 말씀하셨다. 하나님은 신명기 12

장 32절에서도 공예배에 관해 가르치시고 나서 이 가르침을 다시 되풀이하셨다. "내가 너희에게 명령하는 이 모든 말을 너희는 지켜 행하고 그것에 가감하지 말지니라." 하나님의 율법에 다른 무엇을 더하는 것은 암묵적으로 율법을 불완전하다고 힐난하는 격이다. 사실 율법에 다른 무엇을 더하는 것은 하나님을 불완전하시다고 힐난하는 격이기도 하다. 왜냐하면 율법은 하나님의 영광스러운 존재와 성품을 반영하기 때문이다. 이것은 매우 중대한 오류다. 예를 들어 포도주를 조금이라도 마시면 죄를 짓는 것이라고 주장하면, 그것은 하나님의 율법이 삶의 규칙으로서 불완전하거나 불충분하다는 의미를 내포한다. 왜냐하면 결혼식 만찬에서 물로 포도주를 만드신 것이 예수님의 첫 번째 기적이었고, 그분이 율법을 어긴 적이 단 한 번도 없으셨기 때문이다. 바리새인들이 안식일에 병자를 고쳐주신 예수님의 행위를 비난한 것도 이런 형태의 율법주의에 해당하는 대표적인 사례였다(요 5:16). 두 경우 모두, 사람이 다른 사람에게 성경이 명령하거나 십계명이 제시한 원리에서 필연적으로 추론되지 않는 규칙을 임의로 부여한 것이다. 하나님의 율법은 일관되고, 포괄적인 완전한 삶의 규칙이기 때문에 인간이 율법에 다른 규칙을 더하는 것은 사실 율법 자체를 크게 훼손하는 결과를 낳을 수밖에 없다.

하나님의 율법에서 무언가를 감하는 오류는 처음에 언뜻 생각하면 율법에 무언가를 더하는 오류와 전혀 다른 성질의 오류인 것처럼 보이지만 사실을 그렇지 않다. 하나님의 율법에서 무언가를 감하는 오류가 발생하는 이유는 크게 두 가지다. 하나는 하나님의 율법을 옳게 이해하지 못해서이고, 다른 하나는 그분의 율법을 덜 힘들거나 덜 엄격한 것으로 대체하기를 원해서이다. 하나님의 율법에서 무언가를 감하게 되면 하나님의 명령을 무시하고, 그것을 인간의 전통으로 대체하는 결과가 빚어진다(마 15:8, 9). 하나님은 이사야를 통해 "이 백성이 입으로는 나를 가까이 하며 입술로는 나를 공경하나 그들의 마음은 내게서 멀리 떠났나니 그들이 나를 경외함은 사람의 계명으로 가르침을 받았을 뿐이라"(사 29:13)라고 이스라엘 백성을 꾸짖으셨다. 예수님과 바리새인들의 갈등은 대부분 이런 문제 때문에 일어났다. 예수님은 산상 설교에서 그들의 오류를 길게 다루셨다. 사람은 누구나 삶의 모든 상황에 적용해야 할 윤리적인 규칙들을 가지고 있다. 만일 어떤 주어진 상황에서 하나님의 율법을 기준으로 적용하지 않으면 결국 다른 기준을 적용할 수밖에 없다. 하나님의 율법에서 무언가를 감하면 항상 그분의 율법에 무언가를 더하는 결과가 초래된다.

이것이 하나님의 율법을 감하는 것이 율법주의의 한 형태인 이유다. 하나님의 율법을 더하든 감하든, 율법 수여자이신 하나님의 무한한 지혜와 주권이 훼손되기는 마찬가지다. 〈웨스트민스터 신앙고백〉은 이 점을 매우 균형 있게 다루었다. "오직 하나님만이 양심의 주인이 되신다. 그분은 예배와 믿음에 관한 문제와 관련해 자신의 말씀에 부합하지 않거나 그것에서 벗어난 인간의 교리와 명령으로부터 양심을 자유롭게 하셨다."(20장 2항). 만일 안식일을 예배를 위한 거룩한 날로 여겨 세속적인 일과 오락을 배제하고 온전히 지키는 것이 하나님의 율법에 무언가를 더하는 것이면 율법주의의 한 형태에 해당할 것이다. 그러나 그런 안식일 준수의 원리가 그날을 거룩히 지키는 일에 필연적으로 내포된 것이라면 그런 식으로 안식일을 사랑하거나 즐거워하지 않는 사람들은 의도적이든 의도적이지 않든 미묘하게 율법주의의 죄에 해당한다. 경건을 위한 성경적인 기준은 영원한 구속력을 지닌 하나님의 도덕법과 **일치해야** 한다. 따라서 주요 문제는 우리가 관심을 기울이는 것이 하나님의 율법인지, 아니면 우리가 만든 법인지 여부이다.

율법의 행위에 의한 성화

이 마지막 형태의 율법주의는 셋 중에서 가장 미묘하다. 아마도 이것은 하나님의 백성들에게 영적 고민과 어려움을 야기하는 가장 큰 원인 가운데 하나일 것이다. 죄는 신자들의 삶 속에 항상 존재하는 현실이다. 죄의 존재는 신자들에게 고통스러운 현실이지만 그들은 이 세상에서는 단 한 순간도 하나님께 온전히 순종하지 않는다는 사실을 솔직하게 인정하지 않을 수 없다. 그러나 그러한 죄의 현실에도 불구하고 하나님은 그들이 처음 믿을 때 그들에게 값없는 은혜를 베풀어 주시며, 또 그들이 하나님의 사랑스러운 자녀들로서 그분을 닮으려고 노력할 때 은혜를 베풀어 주신다(엡 5:1). 칭의는 은혜로 이루어지고, 성화는 율법의 행위로 이루어진다고 주장하는 것은 큰 잘못이다. 물론 율법은 성화의 유일한 기준이다. 그리스도께서는 성화의 본보기이시고, 율법은 그분이 세우신 본보기를 그대로 글로 옮긴 것이다. 율법은 신자들의 길을 밝히는 등불이지만(시 119:105), 칭의의 경우와 마찬가지로 그리스도를 믿는 믿음으로 성화와 율법에 대한 순종을 이루어야 한다. 우리는 끊임없이 우리 자신을 의지하며 독립적으로 행동하려는 성향이 있다. 그러나 하나님의 약속을 믿는 믿음으로 성화를 이루려면 성령을 의지하는 것이 절대적으로 필요하다. 신자들은 오직 그리스도를 믿는 믿음으로 말미암아 의롭다 하심을 받는다는 교리를 믿고, 하나님의 은혜가 없이는 어떤 선한 일도 할 수 없는 무력한 상태라는 것을 인정한다. 그러나 그러면서도 그들은 마치 하나님과 자신의 관계가 주 예수 그리스도의 순종이 아닌 율법에 대한 자신의 순종에 의존하고 있는 것처럼 행동할 수 있다.

성화와 관련된 율법주의의 오류는 양 날의 검으로서의 기능을 한다. 한편으로는 성령의 능력과 하나님의 약속을 온전히 의지하지 않고 우리의 힘으로 거룩해지려고 노력하게 만든다. 다른 한편으로는 우리의 육신에 선한 것이 존재하지 않는다는 사실을 재발견할 때(롬 7:18) 낙심에 빠지게 만들고 자신의 처참한 실패로 인해 하나님 앞에 도저히 나갈 수 없는 것처럼 행동하게 만든다. 이것은 우리를 점점 더 깊은 절망으로 이끈다. 우리의 죄 때문에 그리스도를 믿을 자격이 없다는 생각이 들기 시작한다. "내 안에 죄가 이토록 많이 남아 있는데 어떻게 구원받는 믿음이 내 마음속에 존재할 수 있단 말인가? 만일 내가 죄의 권세에 대해 죽어 그것이 더 이상 나를 주관하지 못하게 되었다면 어떻게 죄 때문에 이렇게 크게 갈등을 겪을 수 있단 말인가? 겉보기에 나보다 훨씬 더 경건해 보이는 사람들이 많지 않은가? 나는 하나님의 자녀라기보다는 사탄의 자식인 가룟 유다와 조금도 다를 것이 없지 않은가?"라는 의심이 싹트기 마련이다. 이런 류의 생각은 깊은 자괴감을 불러일으킬 수밖에 없다. 우리의 삶 속에 존재하는 죄의 현실 때문에 우리의 삶 속에 존재하는 하나님의 은혜를 의심한다면 우리는 과연 어떤 반응을 보이게 될까? 그럴 때는 이 한 가지 죄를 제거할 수 있어야 모든 문제가 해결될 것이라고 생각할 것이 틀림없다. 필요한 때에 도움을 구할 수 있는 은혜의 보좌 앞에 나갈 수 있는 근거를 의심하기 시작하고, 따라서 죄를 극복하게 도와주는 하나님의 은혜를 믿음으로 구하지 않게 된다. 그런데 신자는 성화를 위해서도 칭의만큼이나 주 예수 그리스도의 약속을 믿는 믿음으로 그분의 은혜를 의지해야 한다. 그리스도께서는 우리에게 하나님의 지혜와 의와 거룩함과 구속함이 되셨다(고전 1:30). 그리스도를 믿는 믿음 없이 "회개하려고" 노력한다면, 그분을 믿어 과거의 모든 죄를 용서받았다고 말해 놓고서 그 후부터는 스스로의 힘으로 살려고 애쓰는 사람처럼 행동할 수밖에 없지 않겠는가? 그것은 "오직 믿음으로, 오직 그리스도를 통해, 오직 은혜로!"라고 고백해 놓고서 삶과 행위로는 그런 고백을 거짓으로 만드는 것이다. 믿음의 눈을 그리스도에게서 떼는 순간부터 갈등이 시작된다. 죄를 처음 깨닫는 순간, 즉시 그 죄를 그리스도께 가져가야 한다. 우리의 연약함과 무능력을 그분께 호소하고, 그분의 피로 깨끗하게 씻어달라고 간구해야 한다. 우리가 죄의 권세에 대해 죽었고, 죄가 더 이상 우리를 지배하지 못한다는 그분의 약속이 실제 삶에서 체험되기를 간구해야 한다. 또한 회개를 허락하시고 그리스도의 약속에 따라 그분의 기쁘신 뜻을 추구하고, 행할 수 있게 해달라고 기도하고, 그리스도 안에서 선한 일을 위해 새롭게 창조된 피조물로서 오직 그런 원리만을 지키며 살게 해달라고 간청해야 한다. 오직 이런 과정을 거쳐야만 처음부터 끝까지 믿음에서 믿음에 이르는 방식(롬 1:17)이 아닌 율법적인 방식으로 하나님과의 관계를 이끌어가려는 잘못을 피하고, 성화를 이루어 나갈 수 있다. 그리스도께서는 처음이요 마지막이시고, 시작이요 끝이시며, 알파와 오메가이시다. 그분은 우리의 창조주이시다. 우리의 구원과 관련된 모든 측면에서 그분은 처음과 끝이 되셔야 한다.

물론 성화를 위해 그리스도 안에서 하나님의 은혜를 온전히 의지해야 한다는 것은 주님이 설명할 수 없는 방법으로 하늘에서 신비로운 역사를 일으켜 회개하게 만드실 때까지 가만히 앉아서 기다려야 한다는 뜻은 결코 아니다. 만일 그렇다면 내가 굳이 이 책을 써서 안식일을 사랑하고, 그날을 하나님의 영광을 위해 신중한 태도로 즐거이 지키라고 역설할 필요도 없을 것이다. 우리는 최소한 다음 세 가지를 기억할 필요가 있다.

첫째, 우리가 이미 죄의 권세에 대해 죽었다는 사실을 기억해야 한다. 하나님은 우리가 그리스도 안에 있으면 죄가 우리를 지배하지 못할 것이라고 약속하셨다. 예수 그리스도께서 오신 목적은 우리를 죄책은 물론, 죄의 권세로부터 구원하시기 위해서다(요일 3:8).

회개하고, 순종하기 위해 이 약속을 믿는가? 이 약속을 위로로 삼아 거룩함을 추구하는가? 신자는 하나님의 약속에서 시작해서 하나님의 약속으로 끝마쳐야 한다는 입장을 고수해야 한다. 이런 이유로 마틴 로이드 존스는 "기독교적 입장의 핵심은 우리 자신에게 우리의 정체성을 상기시켜 주어야 한다는 데 있다."라고 말했다.[9]

둘째, 하나님이 우리의 삶 속에서 약속을 반드시 이루시길 기도해야 한다. 아무렇게나 기도하지 말고, 겸손하고, 공손한 태도로, 끈기 있게 기도해야 한다. 성화와 관련된 하나님의 지극히 뛰어난 보배로운 약속을 의심하는 것은 가장 큰 불경이 아닐 수 없다. 만일 약속은 진심으로 믿는데 기도는 아무렇게나 한다면 어떻게 더 큰 열정을 기울여 거룩함을 추구할 수 있겠는가?

셋째, 우리는 우리에게 허락된 고귀한 것을 위해 하나님의 약속을 믿는 믿음으로 열심히 노력해야 하며, 우리 안에 있는 선한 것에 대해 그분께 영광과 찬양과 존귀를 돌려야 한다. 우리는 두렵고 떨림으로 우리의 구원을 이루어야 한다. 왜냐하면 하나님이 우리 안에서 행하사 우리에게 소원을 두고 행하게 하시기 때문이다(빌 2:12, 13). 우리가 다른 사람들보다 더 많이 수고했더라도 바울처럼 "내가 한 것이 아니요 오직 나와 함께 하신 하나님의 은혜로라"(고전 15:10)라고 말해야 한다.

9] D. Martyn Lloyd-Jones, *Spiritual Depression: Its Causes and Its Cure* (Grand Rapids: Eerdmans, 2000), 86.

이 세 가지 중요한 원리들을 마음에 새기지 않은 채로, 안식일 계명이나 다른 계명들을 지키려고 노력하면 율법적이고, 노예적인 심령 상태에 빠져들 수밖에 없다. 그럴 경우에는 웨스트민스터 표준문서가 제시한 안식일 준수의 입장을 채택했느냐 여부와 상관없이 안 좋은 결과를 피하기 어려울 것이다. 우리의 윤리적 기준이 하나님의 율법의 기준에 무엇을 더 가중하든, 아니면 거기에 무엇을 감하든, 아니면 거기에 일치하든, 예수 그리스도를 통해 하나님의 은혜를 계속해서 의지하지 않고 율법의 행위로 거룩해지려고 애쓴다면 율법주의자가 될 수밖에 없다.

해결책은 무엇인가

성격이 정반대인 두 사람이 실제로 쌍둥이라는 것을 알면 어떻게 될까? 두 사람은 많은 점에서 크게 달라 보이지만 찬찬히 보면 그들의 닮은 모습을 금방 알 수 있다. 때로 율법주의와 율법폐기론[10]이 서로 양극단에 위치한 정반대라는 주장이 심심치 않게 제기된다. 심지어 어떤 사람들은 한편으로는 율법주의자의 입장을 취하고, 다른 한편으로는 율법의 까다로움과 엄격함을 완화할 셈으로 율법폐기론자의 입장을 취하면 율법의 적용에 대한 균형 있는 관점을 취

---

10) 율법폐기론(헬라어로 "안티노모스")은 "반율법주의"를 의미한다. 율법주의자는 전체적으로나 부분적으로 율법을 남용하는 사람을 가리키고, 율법폐기론자는 전체적으로나 부분적으로 율법을 삶의 규칙으로 삼는 것을 거부하는 사람을 가리킨다.

할 수 있을 것처럼 생각한다. 그러나 그런 생각은 완전히 잘못되었다. 좀 의아하게 들릴는지도 모르겠지만 율법주의와 율법폐기론은 같은 본성을 공유한 쌍둥이와 같다. 율법주의와 율법폐기론은 서로 정반대편에 서 있는 것이 아니라 그리스도 안에서 값없이 주어지는 하나님의 은혜와 반대되는 편에 함께 서 있다.[11] 복음의 은혜가 하나님의 율법과 우리의 관계를 어떻게 변화시키는지를 올바로 이해하는 것이 모든 형태의 율법 남용을 극복할 수 있는 해결책이다.

율법폐기론이 율법주의의 변종이라는 분석은 매우 타당하다. 율법주의와 율법폐기론은 둘 다 율법과 복음의 관계에 관한 율법주의적인 개념에 근거한다. 두 경우 모두 하나님의 율법 자체와 율법을 사용하는 방식을 구별하지 않는다. 앞 장에서 말한 대로 십계명으로 요약된 하나님의 율법은 삼위일체 하나님의 무한히 위대하고, 영광스러운 성품을 반영한다. 하나님의 영원불변한 성품이 바뀌지 않는 한, 그분의 피조물에 대한 율법의 구속력도 사라지지 않는다. 율법주의와 율법폐기론은 행위 언약의 기능(인간이 하나님의 인정을 받게끔 만드는 것)을 발휘하는 것을 율법의 유일한 목적으로 생각하는 문제점을 공유하고 있다. 둘 다 율법을, 자기 백성을 사랑하사 독생자를 보내시고, 성령의 사역으로 그리스도로 말미암는 생명을 주시는

---

11) 이 점에 관해서는 18세기에 스코틀랜드에서 벌어졌던 "정수 논쟁(Marrow controversy)"과 토머스 보스턴에 대한 싱클레어 퍼거슨의 통찰력 있는 분석에 힘입은 바 크다. 정수 논쟁에 관한 그의 강의들은 www.sermonaudio.com에서 찾아볼 수 있다.

하나님의 성품을 반영하는 것으로 보지 않고, 단지 타락한 인간에게 미치는 율법의 영향에만 초점을 맞춘다. 그리하여 복음 안에 나타난 하나님의 은혜가 율법과 우리의 관계를 바꾸어 놓은 방식을 완전히 훼손하거나 무시한다. 두 입장 모두 하나님의 은혜를 충분히 신뢰하지 않는다. 율법주의자가 하나님의 은혜를 충분히 신뢰하지 못하는 이유는 스스로를 신뢰하기 때문이고, 율법폐기론자가 하나님의 은혜를 충분히 신뢰하지 못하는 이유는 그분이 자기를 의롭다고 선언할 수는 있으나 실제로 성화시키실 수는 없다고 생각하기 때문이다. 율법주의자는 속박의 멍에를 기꺼이 둘러메고, 율법폐기론자는 율법을 속박의 멍에 이외에 다른 것으로는 볼 수 없기 때문에 집어치워 버린다.

따라서 율법주의와 율법폐기론을 해결하는 길은 예수 그리스도 안에 나타난 하나님의 값없는 은혜뿐이다. 그리스도의 보혈로 확립된 은혜 언약을 통해 우리에게 주어지는 하나님의 은혜는 율법을 사랑하고, 소중히 여기도록 이끈다. 복음은 두 가지 측면에서 십계명에 요약된 하나님의 도덕법과 우리의 관계를 극적으로 바꾸어 놓았다.

첫째, 우리가 율법을 사랑하는 이유는 율법의 하나님을 사랑하기 때문이다. 만일 우리가 하나님의 거룩한 율법에 아무런 관심도 기울이지 않게 하려고 그리스도께서 우리를 죄와 진노에서 구속하셨다면, 그분이 우리를 구속하고, 성령을 주신 목적이 하늘에 계신 성부의 성품에 무관심하거나 그것을 멸시하게 하기 위해서라는 얼토당토않은 결론이 도출된다. 하나님의 친아들이신 예수님은 입양된 자녀들을 사랑하는 것보다 하나님을 더 사랑하시지 않는가? 만일 예수님이 그렇게 하지 않으셨다면 그분은 하나님의 흠 없는 어린 양이 되어 세상의 죄를 짊어질 수 없었을 것이다. 또한 그리스도께서는 어떤 율법을 지키셨는가? 바로 모든 면에서 완전한 하나님의 율법이 아니었는가? 이것은 하나님의 율법이 성부 하나님의 영광을 반영할 뿐 아니라 성자 하나님의 삶과 성품을 아울러 나타낸다는 의미를 담고 있다. 앞서 인용한 대로 챈트리는 "우리 주 예수 그리스도의 삶은 도덕법이 그대로 각인되어 나타난 최초의 일대기였다."라고 말했다.[12] 말씀이 육신이 되어 우리 가운데 거하신 것은 율법이 육신이 되어 우리 가운데 예시된 것과 같았다. 하나님의 도덕법을 연구하는 것은 곧 사랑스러우신 구세주의 도덕적 성품을 연구하는 것이다. 구세주의 성품을 연구하면 도덕법을 가장 분명하게 알 수 있다. 하나님의 율법을 연구하는 것보다 그리스도의 영광과 아름다우심을 더 잘 알 수 있는 길은 없다. 율법을 멸시하거나 무시하거나 경시하는 것은 곧 그리스도를 멸시하거나 무시하거나 경시하는 것이다. 그런 태도는 "나는 주 예수 그리스도를 사랑하지만 그분이 어떤 분이신지에 대해서는 아무런 관심이 없어."라거나 "나는 주 예수 그리스도를 사랑하지만 그분의 성품은 좋아하지 않아."라고 말하는 것과 다름없다. 하나님의 율법을 사랑하지 않고, 어떻

---

12) Chantry, *God's Righteous Kingdom*, 78.

게 주 예수 그리스도를 사랑할 수 있겠는가? 신약 성경에 포함된 계명들만을 지킬 수는 없다. 왜냐하면 신약 성경은 그리스도께서 우리를 대신해 짊어지신 도덕법을 온전히 포함하고 있지 않기 때문이다. 하나님의 율법을 사랑하지 않고 그리스도를 사랑하는 것이 불가능한 것처럼 율법을 개인적으로 우리 자신의 삶에 적용하지 않고 그것을 사랑하는 것도 불가능하다. 이쯤 되면 왜 하나님의 율법이 그리스도인의 삶에 적절할 뿐 아니라 삶의 모든 측면에 꼭 필요한지를 분명히 알 수 있지 않은가?[13]

도덕법과 우리의 관계를 둘러싼 혼란을 해소할 수 있는 두 번째 해결책은 율법 준수가 은혜 언약의 조항 가운데 하나라는 것을 인지하는 데 있다. 에스겔 선지자는 주 예수 그리스도와 새 언약의 도래와 더불어 하나님이 자기 백성의 마음에 자신의 율법을 새겨 그것을 지키게 하실 것이라고 예언했다(겔 11:19, 20; 36:26, 27). 예레미야는 이것을 율법의 새로운 "기록"으로 일컬으며 시내 산에서 돌판에 기록된 율법과 대조시켰다. 새 율법은 돌판이 아닌 사람들의 마음에 기록될 것이었다(렘 31:32, 33). 물론 이것은 아담의 마음에 기록되었고, 시내 산에서 재출간된 율법과 똑같은 율법이다. 이 세상에서는 항상 불완전할지라도 그리스도의 보혈로 구속받은 사람들은 서서히 점진적으로 자신의 마음에 이 율법을 새겨나간다. "그러므로

---

13) 도덕법과 관련해 예수 그리스도를 성화의 본보기로 다룬 내용을 좀 더 살펴보려면 다음의 자료를 참조하라. John Murray, "The Pattern of Sanctification," in *Collected Writings*, 2:305 – 12.

너희는 하나님을 본받는 자가 되고"(엡 5:1), "내가 거룩하니 너희도 거룩할지어다"(벧전 1:16)는 경건한 삶을 요구하는 신약 성경의 위대한 계명이다. 하나님이 우리를 그리스도 안에서 선택하시고, 성령을 허락하신 이유는 아들의 형상을 본받게 하기 위해서다(롬 8:29). 아들의 형상은 도덕법, 특히 십계명에 계시된 성부의 형상이다. 하나님의 도덕법은 단지 은혜 언약에 앞서 그것을 **예비하기 위한 것**이 아니다(은혜 언약을 반대하는 것은 더더욱 아니다). 도덕법은 은혜 언약 아래서 살아가는 사람들의 삶에 꼭 필요한 **필수 요소**다. 하나님의 형상을 따라 지식과 의와 거룩함에까지 새롭게 되지 않은 신약 시대 신자는 없다(골 3:10; 엡 4:24). 만일 그리스도인들이 은혜 언약에 관한 하나님의 목적을 좀 더 잘 이해한다면 도덕법의 모든 세부 내용이 적절성을 지닌다는 사실에 의문을 제기하지 않을 것이다. 우리의 전부를 다해 삶의 모든 측면에서 하나님을 본받고, 예수 그리스도를 사랑해야 하듯이, 우리는 율법을 그 모든 완벽함과 복잡한 세부사항 안에서 참으로 사랑해야 한다. 우리는 율법을 대할 때 귀한 보석의 아름다움을 빠짐없이 음미하는 사람이 불빛 아래 그것을 집어 들고 모든 각도에서 바라보는 것처럼 대하여야 한다. 우리는 율법을 통해 삼위일체 하나님의 아름다우심과 그리스도의 영광을 본다. 율법은 변하지 않았지만 율법과 우리의 관계는 변했다. 율법은 예나 지금이나 똑같이 정밀하고, 거룩하다. 율법은 지금도 여전히 모든 생각과 말과 행위에 적용된다. 율법은 하나님의 진노를 끊임없이 상기시키며 죄인을 무겁게 짓누르는 짐이 아니라 삶의 모든 영역에서 신자들의 길을 안내하는 지도다. 하나님의 율법은 우리의 생각이나 상상이나 말이나 행동의 모든 영역에서 그 빛으로 우리의 길을 비추고, 인도한다.

간단히 말해 오직 그리스도 안에 있는 신자만이 "내가 주의 법을 어찌 그리 사랑하는지요 내가 그것을 종일 작은 소리로 읊조리나이다"(시 119:97)라고 말할 수 있다. 오직 그리스도인만이 율법이 거룩하고, 의롭고, 선하며, "내 속사람으로는 하나님의 법을 즐거워하되"(롬 7:22)라고 말할 수 있다. 구약 시대의 사람이든 신약 시대의 사람이든 율법의 심판과 정죄 아래 있는 사람은 그런 말을 할 수 없다. 율법을 어긴 탓에 하나님의 진노를 당해야 할 운명에서 구원받은 사람들만이 하나님의 아들들의 영광스러운 자유(하나님의 율법을 사랑하고, 즐겁게 그 길로 행할 수 있는 자유)를 알 수 있다. 안식일 준수에 관한 신중하고, 구체적인 견해를 거부하거나 그것을 율법주의로 낙인찍기 전에 먼저 하나님의 구원 계획 속에서 율법이 차지하는 위치와 역할을 올바로 이해하고 있는지를 스스로 점검해봐야 할 필요가 있다. 행위 언약은 율법의 본래 목적에 덧붙여진 것으로서 자연 상태의 인간을 위한 것이다. 사람들을 그리스도께로 인도하는 초등교사로서의 율법은 죄인들과만 관련이 있다. 그것은 율법의 **본래** 취지가 아니었다. 율법의 가장 중요한 근본 목적은 삶의 규칙으로서의 하나님의 도덕법이다. 복음은 구원받은 자에게 율법의 목적이 결국 회복될 수 있게 하였다.

결론

그렇다면 우리는 안식일을 어떻게 생각해야 할까? 성경이 지키기 쉬운 안식일 준수의 규칙을 제시할 것이라고 기대해서는 안 된다. 웨스트민스터 표준문서가 제4계명을 다루는 방식이 "율법주의"에 해당할까? 만일 그것이 도덕법의 일부이고, 구약 성경의 일부이며, 또는 너무 엄격하다는 이유로 율법주의라고 비난할 수 있을까? 절대 그렇지 않다고 대답할 수 있다. 안식일 준수의 요구사항은 우리가 완전할 것을 요구하고, 죄인들이 이 세상에서 그 수준을 온전히 이루기는 불가능할 것이라고 당연히 예상해야 한다. 만일 그렇지 않다면 그 규칙은 하나님의 완전하고, 거룩한 율법에 속할 수 없다. 안식일을 우리의 힘으로 지키려고 애쓰지 말고, 성령을 의지하며, 죄나 연약함 없이 하나님을 영원히 예배하고, 섬길 수 있는 날이 오기를 기대해야 한다. 그렇다면 안식일과 관련된 약속들은 또 어떻게 생각해야 할까? 하나님이 요구하시는 것을 모두 충족시켜 안식일을 거룩하게 지킬 희망이 없는 사람들이 어떻게 안식일 준수에 관한 하나님의 축복의 약속들을 붙잡을 수 있을까? 이 물음에 대한 대답은 성찬에 참여하기 전에 우리 자신을 살펴야 하는 일과 비슷하다. 어떤 사람들은 자신을 살펴본 결과, 죄지은 것이 너무 많아 성찬에 참여하기가 어렵다고 생각한다. 그런 사람들은 성찬에 합당하지 않다. 그러나 우리는 항상 복음의 약속들이 성찬 안에서 제공되고 있음을 기억해야 한다. 당신은 복음의 약속을 받을 만한 자격을 갖출 수 있을까? 만일 그런 생각을 가진다면 그것은 암묵적으로 복음을 뒤집어엎는 것이다. 당신은 믿음으로 그리스도를 붙잡아야 한다. 그리스도의 긍휼을 전적으로 의지하고, 은혜의 영광을 누리는 것이 우리 자신을 살피는 목적이 되어야 한다. 그러한 은혜를 통해 변화받아 죄를 진정으로 미워하게 되어야 한다. 우리의 구원자와 그렇게도 상반되는 것을 어떻게 사랑할 수 있겠는가? 의를 사랑하고, 하나님의 율법을 사랑하도록 무엇이 우리를 더욱 고무할 수 있겠는가? 성찬은 우리에게 부르심에 합당한 삶을 사는 데 필요한 은혜와 확신을 제공한다. 주일과 관련된 약속도 그와 똑같은 방식으로 접근해야 한다. 우리의 연약함과 무가치함을 솔직히 인정하고, 자신의 약속을 이뤄 자기 백성을 풍성하게 축복하기를 기뻐하시는 하나님을 믿는다면 이미 안식일에 부여된 은혜의 축복을 풍성히 받아 누릴 수 있는 길에 들어선 셈이다.

안식일을 엄숙히 하나님을 예배하는 날로 신중하게 구별하는 사람들에 대해 종종 제기되는 "율법주의"라는 비난은 율법과 복음의 관계를 이해하는 방식과 관련된 몇 가지 중요한 질문들을 생각하도록 만들었다. 구약 성경에 근거한다는 이유로 안식일 준수를 반대해 왔는가? 주 예수 그리스도의 성품은 주로 구약에 의존하지 않은가? 복음의 은혜 아래 있으면 율법에 관심을 기울일 필요가 없다고 생각하는가? 율법 없이 복음을 어떻게 이해할 수 있고, 율법을 사랑하지 않고서 어떻게 구원자이신 주님을 사랑할 수 있겠는가? 안식일의 명령이 너무 "엄격하다"는 이유를 내세워 생각과 말에 있어서까지 그날을 예배의 날로 여겨 거룩히 지키기를 거부하려는 것인가? 하나님의 계명 가운데 삶의 모든 측면에 구체적으로 적용되지 않는 계명이 어디에 있는가? 역사적인 개신교주의의 가장 큰 장점 가운데 하나는 하나님의 율법에 대한 순종에 근거해 기쁘고, 경건하게 살아가는 삶을 강조하는 것이다. 율법은 삶의 모든 영역에서 신자들을 인도하는 지침이요 안내자다. 율법은 그리스도의 속죄 사역의 핵심에 자리잡고 있으므로 그것은 복음의 토대다. 율법은 신약 성경의 교회가 알고 있던 성화의 유일한 패턴이다. 신약 성경은 신자들을 예수 그리스도의 패턴을 따라 하나님의 형상으로 새롭게 되어 가고 있는 사람들로 바라본다.

"율법주의"라는 용어를 사용하는 방식에 주의하라. 율법의 원리들을 남용하는 것에 대해 올바르게 반응하고 있는가, 아니면 구속사의 각 단계마다 그분이 율법에 부여하신 중요성을 왜곡하고 있는가? 하나님의 율법을 신중하게 적용하려는 입장을 율법주의로 매도하는 현상이 일부 개혁파 교회가 율법과 복음의 관계, 율법의 본질, 율법이 복음 안에서 차지하는 위치를 그릇 이해함으로써 스스로의 성경적이고, 역사적인 뿌리를 망각하고 있다는 증거인 것 같아서 몹시 안타깝다. 율법을 경시하는 태도(생각과 말과 행위로 율법에 신중하게 순종하라고 요구하지 않는 태도)는 복음도 똑같이 경시하기 마련이다. 율법을 구체적으로 신중하게 적용하지 못하는 것은 곧 은혜를 경시하는 것이다. J. C. 라일이 당시의 교회를 향해 던진 말은 오늘날에도 여전히 타당하다. 그는 "사람들이 안식일을 너무 엄격하게 지키는 것은 조금도 위험하지 않다. 오히려 안식일을 부분적으로 대충 지키는 것이나 아예 지키지 않는 것을 두려워해야 한다. 이 시대는 제4계명을 과장하는 것이 아니라 그것을 십계명에서 떼어내 없애려는 경향이 있다. 우리는 이런 경향을 경계해야 마땅하다. 18세기의 경험을 돌아보면 안식일이 잘 지켜지지 않는 곳에서는 절대로 살아 있는 믿음이 활성화될 수 없다는 것을 보여주는 증거들이 많이 발견된다."라고 말했다.[14] 이 책이 단지 몇몇 사람들에게 주일을 다시 생각해 보게끔 독려하는 데 그치지 않고, 그리스도의 대의를 널리 진작시키는 데 크게 보탬이 될 수 있기를 기도한다. 하나님이 자기 백성에게 새 언약의 렌즈를 통해 율법의 아름다움을 재발견할 수 있는 기회를 허락해 주시기를 바라는 마음 간절하다.

---

14) J. C. Ryle, *Expository Thoughts on John* (1869; repr., Edinburgh: Banner of Truth, 1987), 1:280.

10장
영원한 안식일

어떤 사람이든 낯선 문화에서 인생의 7분의 1을 살다 보면 결국에는 그 문화의 요소들이 그 사람의 습관과 옷차림새와 말과 생각과 한데 섞여 분간할 수 없게 될 것이다. 그가 본국에 돌아가더라도 타국의 요소들이 그의 말과 행동에 짙게 배어 있을 것이 분명하다. 안식일도 그런 관점에서 바라봐야 한다. 우리는 하늘나라의 시민이기 때문에 세상에서는 나그네요 거류민으로 살아간다. 그러다가 주일이 되면 우리는 거의 전적으로 우리가 속해 있는 하늘나라의 삶을 살아야 한다. 일주일에 하루 동안 예배의 즐거움을 누리다 보면 자연히 세상과 다른 "이질적인" 요소가 우리의 몸에 배어 결국 우리가 세상에 나가서 하는 모든 활동에 영향을 미치기 마련이다. 하늘나라의 가장 우선적인 특징은 하나님과의 교제다. 그 교제의 결과로 땅에서도 계속해서 그분과 교제를 나눈다면 이미 하늘나라의 영광을 누리기 시작했다고 말할 수 있다.[1] 다시 말해 하나님은 안식일에 하늘나라에서 하루를 온전히 보내라고 명령하신다. 우리가 몸으로 있는 동안은 주님과 따로 있다(고후 5:6). 우리는 아직 영원한 본향에서 우리의 영원한 처소를 얻지 못했지만 하나님은 우리가 안식일에 하늘나라를 방문했다가 그분의 영광스러운 임재의 빛을 얼굴에 머금고 세상으로 다시 돌아갈 수 있게 하신다.

흔히 안식일을 하늘나라의 소망과 연관시킨다. 안식일이 그리스도 안에서 성취되었기 때문에 더 이상 구속력을 지니고 있지 않다고 생각하는 사람들을 비롯해 많은 사람이 주일에 관해 말할 때면 주일과 영광의 소망을 연관시킨다.[2] 그러나 영광의 소망과 안식일의 관계를 안식일이 하늘나라의 기쁨을 가리키는 예표라는 사실에만 국한시켜서는 곤란하다. 하늘나라에 대한 성경의 묘사는 안식일 준수의 패턴이 되어야 한다. 나는 종종 무시되는 이 중요한 사실을 분명히 하기 위해 안식일과 하늘나라의 영원한 안식의 관계, 성경이 말하는 하늘나라의 영원한 안식에서 행해지는 활동들, 천국의 영원한 안식을 기대하고 갈망하도록 돕는 안식일 준수의 방식들을 차례로 살펴볼 생각이다.[3] 안식일의 참된 영광과 아름다움은 그날을 따로 구별해 공적으로나 사적으로 하나님을 예배함으로써 하늘

---

1) Burroughs, *Earthly Mindedness*, 20 – 21.

2) 어떤 사람들은 그리스도께서 신자들을 위해 하늘나라의 약속을 확실하게 이루셨기 때문에 안식일이 더 이상 구속력을 지니지 않는다고 생각한다. 이 책의 부록 2를 참조하라.

나라의 기쁨에 참여한다는 사실에 있다. 안식일은 하늘나라의 그림자, 즉 예표이기 때문에 내세의 삶에 나타날 영광을 현세의 삶 안에서 가장 분명하게 반영하도록 고안되었다. 이것이 안식일이 예배로 이루어지는 거룩한 안식의 날이 되어야 하는 가장 큰 이유다.

영원한 안식

성경에서 안식일은 하늘나라의 소망과 떼려야 뗄 수 없게 관련되어 있다. 안식일을 영원한 안식에 대한 신자들의 소망과 연관시킨 대표적인 성경 본문은 히브리서 4장 1-11절이다. 이 본문의 내용은 매우 복잡하고, 난해하다. 여기에서 그 내용을 자세하게 설명하거나 나보다 더 뛰어난 학자들의 해석을 더 충실하게 보강할 의도는 조금도 없다. 나의 목표는 이 구절의 논지를 간략하게 개괄함으로써 안식일 준수와 하늘나라의 영원한 안식에 대한 우리의 소망이 불가분의 관계를 맺고 있음을 밝히는 것이다.[4]

  히브리서 저자는 유대교의 의식들과 희생제사들과 관습들로 되돌아가라는 압력에 직면한 유대인 신자들을 위해 서신을 썼다. 그는 그렇게 하는 것은 그리스도를 저버리고, 복음의 은혜를 부인하

---

3) 이얀 캠벨의 《*First Day of the Week*》의 마지막 장은 이 사실을 무시하지 않은 매우 주목할 만한 사례에 해당한다. 캠벨은 안식일 준수의 기준으로 삼아야 할 하늘나라의 여섯 가지 특징을 열거했다. 이번 장에서 나는 그가 말한 내용과 겹치지 않도록 각도를 달리해 이 문제를 다루었다.

는 배교 행위라고 강하게 질타했다. 히브리서는 그리스도를 저버리는 사람들에게 엄숙히 경고하면서 그리스도의 희생이 유대교의 예배 의식보다 무한히 탁월하고, 월등하다는 논지를 장엄하고, 영광스럽게 전개한다. 그리스도께서는 구약 시대의 예배와 제사장 제도와 희생제사 제도가 지향했던 유일한 목적이자 마침이요 성취이시다. 히브리서 저자는 그런 배경과 논거를 토대로 안식일의 목적을 논의하기 시작한다.

히브리서 4장은 유대인 신자들에게 오직 그리스도를 믿는 자들만이 약속된 하나님의 안식에 들어갈 수 있다는 내용과 그 안식에 들어가기를 힘쓰라는 권고에서부터 시작한다(1-3절). 히브리서 저자에 따르면 이 안식은 세상의 창조가 끝난 다음 날인 일곱째 날에 안식일이 제정되면서 처음 약속되었다(4절). 이런 사실은 안식일이 세상이 처음 창조되었을 당시부터 인류에게 종말론적인 소망을 주는 것을 그 주목적으로 하였다는 것을 보여준다.[5] 하나님이 일곱째 날

---

4) 리처드 개핀은 이 구절에 대한 두 가지의 탁월한 설명을 제시했다. 그의 설명은 히브리서 4장의 내용을 주의 깊게 파악할 수 있도록 도와준다. 개핀은 또한 안식일의 지속적인 적절성을 논박하는 현대의 문헌들에 대한 유익한 논평을 제시하기도 했다. 다음의 자료를 참조하라. Richard Gaffin, "A Sabbath Rest Still Awaits the People of God," in *Pressing Toward the Mark: Essays Commemorating Fifty Years of the Orthodox Presbyterian Church* (Philadelphia: The Committee for the Historian of the Orthodox Presbyterian Church, 1986), 33 – 52; and "Westminster and the Sabbath," in *The Westminster Confession into the 21st Century* (Geanies House, U.K.: Christian Focus Publications, 2003), 123 – 44.

5) 안식일의 제정이 종말론적인 의미를 내포하고 있다는 점을 훌륭하게 논의한 내용을 살펴보려면 다음의 자료를 참조하라. Geerhardus Vos, *The Eschatology of the Old Testament* (Phillipsburg, N.J.: P&R, 2001), 73 – 76.

에 안식하신 사실은 인류가 그분과 영원한 안식을 누리게 될 것을 암시하는 약속이자 보증이다. 그러나 구약 시대의 백성들은 그 안식에 들어가지 못했다. 왜냐하면 다윗의 시편(95편)이 경고하는 대로 불순종하는 사람들은 장래의 안식에 들어가지 못할 것이기 때문이다. 다윗 왕의 시대에도 안식일의 안식은 여전히 미래를 위한 보증이자 약속으로 남아 있었다. 인류의 타락 이후에도 안식일이 안식에 대한 약속으로서의 적절성을 유지하려면 단지 창조 사역만이 아닌 구원 사역과도 관련이 있는 안식의 약속이어야만 했다. 이것이 신명기 5장 15절에서 안식일 준수의 근거로 출애굽 사건이 덧붙여진 이유였다. 출애굽은 하나님이 주 예수 그리스도의 인격과 사역을 통해 자기 백성을 궁극적으로 구속하실 것이라는 약속의 증표였다. 롤런드 워드는 출애굽이 단지 안식일을 지켜야 할 또 다른 이유가 아니라 원래의 창조 때의 안식일의 본래 목적을 회복하는 수단을 그림자로 보여주는 것이라고 강조했다.[6] 우리는 오직 구속자이신 그리스도를 믿는 믿음을 통해서만 하나님의 영원한 안식에 들어갈 소망을 가질 수 있다. 이런 사실은 구속사의 점진적인 전개 과정을 거치면서 분명하게 드러났다. 이렇듯 히브리서 4장의 배후에는 창조 시에 안식일에 부가되고, 구속 사역을 통해 확보된 종말론적인 약속이 놓여 있다.

히브리서 4장은 신자들이 반드시 들어가야 할 하나님의 "안식"

---

6) Ward, "Sabbath," 197.

이 기간 면에서 항구적이라고 암묵적으로 가정하고 있다. 이 안식은 창조 시에 안식일에 의해 약속되었고, 그리스도께서 이루실 사역 덕분에 계속해서 그 적절성을 유지했다. 다윗이 시편 95편을 기록할 당시, 하나님의 안식에 들어갈 것이라는 약속은 여전히 요원했다. 히브리서 저자는 유대인 신자들이 가나안 정복을 약속의 성취로 생각하는 오류를 저지르지 않게 하기 위해 여호수아의 정복이 그들에게 안식을 주지 못했다는 사실을 상기시켰다(8절). 하나님의 백성은 가나안 땅 안에서의 구약적 삶의 방식으로 되돌아가는 것으로는 그분의 안식에 참여할 수 없다. 대신에 그들은 장래의 안식을 바라봐야 한다. 그 안식은 다름 아닌 그리스도의 사역에 의해 확보된 안식이다. 다윗이 시편에서 말한 미래의 소망은 바로 이것을 말한다. 히브리서 저자는 하나님의 안식에 들어가는 약속이 남아 있다면, 하나님의 백성은 그 안식에 들어가기 위해 뒤가 아닌 앞을 바라봐야 한다고 강조했다.

히브리서의 모든 논의는 주 예수 그리스도를 통해 하나님의 임재 안으로 들어가야 할 필요성에 초점을 맞춘다. 히브리서 4장도 예외가 아니다. 하나님은 자기 백성에게 영원한 안식을 약속하셨다. 그 안식은 여호수아를 통해 주어지지 않았다. 그 약속은 미래를 위한 것이다. 하나님의 안식에 들어갈 것이라는 소망은 오직 예수 그리스도를 통해서만 온다. 분명히 히브리서 저자는 예수 그리스도를 통한 안식을 염두에 두고 "이미 그의 안식에 들어간 자는 하나님이 자기의 일을 쉬심과 같이 그도 자기의 일을 쉬느니라"(10절)라고 말했을 것이다. 하나님이 창조 사역을 마치고 안식하시면서 자기 백성에게 영원한 안식을 약속하신 것처럼 예수 그리스도께서는 구속 사역을 마치고 안식하심으로써 이 안식을 확보하셨다. 따라서 그리스도의 안식은 하나님의 안식에 비해 그 중요성이 조금도 뒤떨어지지 않을 뿐 아니라 하나님의 백성을 위한 안식을 확실하게 확보하기까지 한다.[7] 사실, 그리스도의 사역은, 지극히 영광스럽고, 위대하신 삼위일체 하나님과 함께 누리게 될 영원한 안식에 대한 인간의 소망을 회복할 뿐 아니라 인간이 타락하지 않았다고 가정할 때보다도 더 영광스러운 방식으로 그렇게 한다는 점에서 창조의 사역을 능가한다. 그리스도인의 소망은 그리스도께서 십자가에서 하신 말씀("다 이루었다")을 통해 확실하게 보장된다. 하나님이 창조 사역을 이루신 것처럼 그리스도께서는 구속 사역을 이루셨다. 따라서 수고하고, 무거운 짐 진 사람은 그 누구라도 그리스도께 나오기만 하면 영원한 안식의 약속을 받을 수 있다.

9절은 이 대목에서 중심축과 같은 역할을 한다. 히브리서 저자는 자신이 말한 모든 것에 근거해 하나님의 백성에게 "안식

---

7) 개편은 문법적인 분석을 근거로 이 구절의 대명사 "그"가 구원 사역을 마치고 안식하신 그리스도가 아닌 하나님의 영원한 안식에 들어간 신자를 가리킨다고 주장했다. 그러나 히브리서 저자의 가르침을 그리스도께서 이루신 사역과 결부시켜 이해하는 것이 전후 문맥이나 히브리서의 전반적인 논의 방식에 더 잘 부합하는 듯하다. 10절의 직설법 문장에는 11절의 명령을 지키는 데 필요한 희망과 격려의 의미가 담긴 말씀이 기록되어 있다. 개편의 입장을 비판한 내용을 살펴보려면 다음의 자료를 참조하라. Pipa, Lord's Day, 119-22. For a thorough exegesis of the position I have presented, see Owen, *Day of Sacred Rest*, 411ff.

(*sabbatismos*)"이 남아 있다고 말했다. 이 용어는 흔하게 사용되지 않는 용어이며 히브리서 4장에서 "안식"으로 번역된 또다른 용어와 차이가 있다. "사바티스모스(*sabbatismos*)"는 영원 안에서 하나님과 함께하면서 안식일을 지키는 소망을 가리키는 것이 분명해 보인다. 이러한 해석은 11절의 권고인 "그러므로 우리가 **저** 안식에 들어가기를 힘쓸지니 이는 누구든지 저 순종하지 아니하는 본에 빠지지 않게 하려 함이라"(11절, 굵은 글씨로 강조함)라는 말씀에 의해 뒷받침된다.[8] 많은 저술가들은 이 용어가 하나님의 영원한 안식에 대한 담보로서 우리가 계속해서 지켜야 하는 기독교 안식일을 가리킨다고 이해하였다. 이런 의미가 본문 안에 즉각적으로 확언되고 있지는 않지만 그 외의 다른 해석은 불가능하다. "사바티스모스"는 안식일 준수와 영광의 소망을 밀접하게 연관시킨다. 하늘의 안식은 영원한 안식일을 지키는 것이고, 땅에서의 안식일은 하늘의 안식에 대한 약속을 상기시킨다. 하나님의 안식에 들어갈 약속은 미래에 이루어지지만, 땅에서 안식일을 가지지 않는 것은 있을 수 없는 일이다. 또한 신자인 우리에게 하늘에 대한 소망은 우리가 이미 하늘나라에 있기라도 한 것처럼 확실하지만 우리는 아직 실제로 그 안식에 들어가지 못한 상태다. 우리는 그리스도께서 이루신 사역을 믿는 믿음으로 그때가 오기를 고대하며, 인내해야 한다. 태초부터 종말까지

---

8) "순종하지 아니하는"은 "믿지 않는"으로 번역되기도 하나 앞의 번역이 헬라어 원문의 의미에 좀 더 가깝다.

땅에는 항상 안식일이 존재한다. 이 안식일이 성도들이 하늘에서 누리는 영원한 안식을 갈망하도록 돕는다. 이런 맥락에서 봐야만 성령의 영감을 받은 사도들이 그리스도께서 부활하신 날을 예배의 날로 삼았던 이유를 알 수 있다. 존 오웬이 말한 대로 하나님이 창조 사역을 완수하신 것이 일곱째 날을 거룩히 구별하는 이유가 되기에 충분했던 것처럼 그리스도께서 구속 사역을 이루신 것은 안식일을 일주일의 첫째 날로 바꾸는 이유가 되기에 충분했다.[9]

그밖에도 본문에서 이끌어내야 할 교훈들은 많다. 그러나 가장 중요한 교훈은 안식일 준수의 개념이 하늘나라의 영원한 안식에 대한 소망과 긴밀한 관계를 맺고 있다는 것이다. 안식일은 하늘나라의 현실을 나타내는 그림자다. 성찬이 아브라함과 족장들과 세상 모든 곳에서 부르심받은 성도들과 함께 어린 양의 혼인 잔치를 즐길 날을 예표하는 것처럼, 안식일은 하늘에서 하나님과 그분의 교회와 함께 교제를 나누게 될 날을 예표한다. 안식일이 없는 교회는 암묵적으로 하늘나라에 대한 소망을 포기한 교회다. 물체가 그림자의 형태를 결정하며 그 반대가 아니듯이 영원한 안식이 땅에서의 안식일의 형태와 기준을 결정해야 한다.

---

9) Owen, *Day of Sacred Rest*, 409 – 10.

영원한 안식 안에서 행하는 활동들

윌리엄 플러머는 "땅에 있는 사람은 하늘나라를 잘 모른다."라고 통찰력 있게 말했다.[10] 청교도 토머스 맨튼도 "하늘의 기쁨은 세상의 말로 표현할 수 없다. 성경은 어쩔 수 없이 불완전한 말을 사용해 우리가 조금이나마 이해할 수 있도록 현세의 것들에 빗대어 내세의 일을 가르친다. 따라서 우리의 영광은 대부분 알려지지 않은 채로 남아 있다. 이런 상태가 장차 우리가 깨어나 우리를 위해 어떤 영광의 면류관이 예비되었는지를 직접 보게 될 그날까지 계속될 것이다."라고 말했다.[11] 하늘나라에서 이루어지는 성도들의 활동에 대해 온갖 사변이 난무하는 것을 보면 이런 말들이 매우 중요하게 느껴진다. 우리는 아직 장래에 어떻게 될지 분명하게 알 수 없다. 그리스도께서 나타나시면 그분의 참모습을 그대로 볼 것이기 때문에 우리도 그분과 같을 것이다(요일 3:1, 2). 우리의 죽어 썩어질 육신이 영원히 죽지 않고, 썩지 않는 그리스도의 형상으로 변화될 것이다(빌 3:21, 고전 15:49). 현재 우리는 하늘나라에서의 활동에 관해서 많은 것을 알지는 못하지만 성경에 하늘나라와 결부되어 있는 거의 유일한 활동은 하나님을 예배하는 것이다. 땅에서의 안식일이 하늘나라의 안식

---

10) William S. Plumer, *Theology for the People* (New York: The American Tract Society, 1875; repr., Harrisonburg, Va.: Sprinkle Publications, 2005), 214.

11) Thomas Manton, *The Complete Works of Thomas Manton*, ed. A. B. Grossart (London: J. Nisbet, 1870), 20:457.

일을 본받은 것이라면, 우리의 영원한 상태에 관해 계시된 것을 안식일 준수의 지침으로 삼아야 마땅하다.[12]

하나님을 직접 보며 예배하는 것

인간으로서 알기 어려운 내세의 영원한 영광을 이해하려고 애쓰는 일에는 많은 제약이 뒤따르지만 하늘나라에 대한 성경의 기본적 묘사는 매우 간단명료하다. 하늘나라의 활동은 "**예배**"라는 한 마디로 간단히 압축될 수 있다. "영원한 예배"를 하늘나라와 동의어로 취급하더라도 조금도 무리가 아니다. 땅에서의 예배는 시작된 하늘나라이고, 영광 중의 예배는 완전하게 된 하늘나라다. 그 이유는 삼위일체 하나님의 영광보다 우리의 본성을 더 만족스럽게 하고, 우리의 관심을 더 강하게 사로잡을 만한 것은 존재하지 않기 때문이다. 바울 사도는 "셋째 하늘"에 이끌려 올라갔을 때 "말로 표현할 수 없는 말", 곧 "사람이 가히 이르지 못할 말"을 들었다(고후 12:2, 4). 하나님은 모세에게 "나를 보고 살 자가 없음이니라"(출 33:20)라고 말씀하셨다. 인간에게 부과된 한계는 구약 시대만이 아니라 신약 시대에도 여전히 계속된다. 요한 사도는 "본래 하나님을 본 사람이 없으되 아버지 품 속에 있는 독생하신 하나님이 나타내셨느니라"라고 말했다(요 1:18; 요일 4:12 참조).[13] 바울이 나중에 "오직 그에게만 죽

---

12) 하늘나라에 대한 성경의 가르침을 잘 설명한 내용을 살펴보려면 다음의 자료를 참조하라. Edward Donnelly, *Biblical Teaching on the Doctrines of Heaven and Hell* (Edinburgh: Banner of Truth, 2001).

지 아니함이 있고 가까이 가지 못할 빛에 거하시고 **어떤 사람도 보지 못하였고 또 볼 수 없는 이시니**"(딤전 6:16)라고 말한 것을 보면, 그가 심지어 "셋째 하늘"에 이끌려 올라갔으면서도 하나님의 위엄을 직접 볼 수 있는 능력이 없었고, 그런 특권을 누리지도 못했던 것을 알 수 있다.[14] 심지어 죄가 없는 하늘의 천사들도 엄위로우신 하나님 앞에서는 얼굴을 가려야 한다(사 6:2). 죄악된 피조물은 하나님의 찬란한 영광을 보고는 살아남을 수가 없다. 영원하고, 무한하고, 변하지 않는 우주의 창조주께는 아무리 많은 찬양과 영광을 돌려도 턱없이 부족하기만 하다. 그분은 위대하시고, 크게 찬양받기에 합당하시다. 하나님의 위대하심은 측량하기가 불가능하다. 그러나 그리스도께서는 "마음이 청결한 자"가 하나님을 볼 것이라고 약속하셨다(마 5:8). 하나님의 참모습을 그대로 보고, 무한한 가치와 헤아릴 수 없는 영광을 지니신 존재 앞에 서 있는데 달리 무엇에 관심을 기울일 수 있겠는가? 그런 하나님 앞에서 어떻게 딴 곳에 정신을 팔거나 "지루해" 할 수가 있겠는가?[15] 설혹 우리가 그리스도를 통해 구원받을 일이 없는 무죄한 피조물이라고 하더라도 하늘나라에서 하나님의 무한한 영광과 아름다움을 탐구하며, 그 경이로움을 새롭게 느낄 때마다 그분을 더 많이 예배하는 것 외에 다른 무엇을 더 바라

---

13) 여기에서 "독생하신" 아들이 실제로 하나님이시라는 증거가 본문에 강력하게 드러나 있다. 세상에 와서 하나님의 영광을 나타내신 분이 곧 인간의 몸을 입으신 유일한 참 하나님이셨다.

14) 흥미롭게도 전후 문맥을 살펴보면 인용한 말씀이 실제로 그리스도를 가리키는 것을 알 수 있다.

기가 불가능할 것이다.

그렇다면 구속받은 죄인들로서는 하늘나라에서 하나님을 예배하는 일에 온전히 전념해야 할 이유가 얼마나 더 많은가. 하늘나라에 가면 구속의 위대함과 죄책의 막중함과 그리스도 안에서 우리를 향한 하나님의 놀라운 사랑을 온전히 깨닫고, 거기에 전적으로 압도될 것이다. 하늘나라를 자세하게 묘사하기는 어렵지만 즐거운 예배가 영원히 계속될 것이라는 점은 의심의 여지가 없다. 요한계시록 4, 5장은 이 점을 분명하게 밝히고 있다. 요한계시록 4장은 하나님이 보좌에 앉아 그분의 영광과 창조 사역을 기리는 하늘의 천사들과 장로들로부터 예배를 받으시는 광경을 묘사한다(계 4:8, 11). 요한은 그 광경을 묘사하면서 "거룩하다 거룩하다 거룩하다 주 하나님 곧 전능하신 이여 전에도 계셨고 이제도 계시고 장차 오실 이시라"(8절)라고 기록했다. 이런 충만한 예배의 광경은 예수 그리스도께서 등장하심으로써 절정에 달한다(5장). 그리스도께서 두루마리를 펴실 때 네 생물과 이십사 장로들이 힘차게 찬양을 외친다(계 5:8-10). 그 후에 곧바로 보좌 주위에 있는 수많은 천사들이 찬양에 합류한다(11절). 이 우렁찬 찬양의 목소리가 우레처럼 예수 그리스도를 향해 퍼

---

15) 폴 헬름은 하늘나라에서는 인간의 창조적인 활동이 갈수록 더 증가할 것이기 때문에 지루함을 느낄 일이 없을 것이라고 말했다. 그러나 그런 일이 가능하더라도 구원받은 백성이 삼위일체 하나님의 영광을 경이로워하는 것 외에 다른 데서 하늘나라에 대해 싫증을 느끼지 않는 이유를 찾으려고 애쓸 필요는 없다. 다음의 자료를 참조하라. Paul Helm, *The Last Things: Death, Judgment, Heaven, and Hell* (Edinburgh: Banner of Truth, 1989), 95.

져나갈 때 "하늘 위에와 땅 위에와⋯그 가운데 모든 피조물이"함께 찬양하기 시작한다(13절). 천사들이 잃어버린 죄인들을 구속하신 어린 양의 사역을 찬양하는데 어떻게 그 피로 깨끗해진 우리가 영원한 찬양과 예배 외에 다른 것에 관심을 기울일 수 있겠는가? 우리가 하늘나라에서 예배 외에 다른 것을 바랄 수 없는 이유를 이해하지 못하는 까닭은 복음 안에 나타난 삼위일체 하나님의 은혜가 얼마나 경이롭고, 영광스러운지를 깨닫지 못하기 때문이다. 당신이 그리스도 안에 있다면 장차 그분의 참모습을 그대로 보고, 그분처럼 되어 그분과 같게 될 날이 반드시 올 것이다(요일 3:2). 만일 성삼위 하나님께 감사를 드리는 일에 왜 영원한 시간이 필요한지 의문스럽다면 훗날 하늘나라에 가면 모든 의문이 말끔히 해소될 것이다.

하늘나라에서의 다른 활동들

하늘나라를 구속받은 영혼들이 죽어서 몸을 떠났을 때 가는 장소로 생각하는 그리스도인들이 많다. 그러나 그것은 단지 하늘나라의 시작일 뿐이다. 궁극적으로 하늘나라는 주 예수 그리스도께서 타락으로 인한 결과를 모두 없애시는 곳이 될 것이다. 주님은 원수들을 제거해 불못에 던지고 나서 "만물"이 자기와 화해하는 세상을 여실 것이다(골 1:20). 하늘나라를 육체가 없는 무형의 존재들이 거하는 장소로 생각해서는 안 된다. 그리스도 안에 있는 자들의 육체는 무덤에서 안식을 취한 후 부활의 때에 그리스도의 영광스러운 몸의 형체로 변할 것이다(빌 3:21). 이 새로운 육체는 자신의 본성에 알맞은 환경에 거하게 될 것이다. 바울은 현 세상이 완전히 없어지지 않고, 우리의 육체가 부활하는 것과 같은 방식으로 새롭게 될 것이라고 말했다(롬 8장).[16] 이것은 현세와 내세가 어느 정도의 연속성을 지닌 다는 뜻이다. 이런 이유로, 고전 문학을 읽거나 일상적인 노동을 하는 등 사람들이 세상에서 즐겼던 다양한 활동들이 내세에서도 계속 될 것이라는 사변을 일삼는 사람들이 지금까지 적지 않았다.

내세에 관해 아는 것이 거의 없기 때문에 그런 생각들을 완전히 거부할 수는 없지만 그렇다고 해서 인정하고픈 생각은 더더욱 없다. 성경이 현 세상이 구속받아 타락 이전의 목적들이 다시 회복될 것이라고 가르치는 것은 사실이지만 영원한 상태가 이르면 새로운 변화가 많을 것이라는 사실도 충분히 인지해야 한다. 창조 규례들이 영원한 상태에서도 여전히 적절한지를 생각해 보면 이 점을 쉽게 이해할 수 있을 것이다. 창조 규례들은 영원한 상태에서도 의미를 가지겠지만 그 표현 방식은 지금과는 매우 다를 것이다. 구속과 영원을 통해 모든 창조 규례들이 변화될 것이다. 지금과 같은 결혼은 존재하지 않겠지만(마 22:30), 어린 양의 혼인 잔치는 있을 것이다 (계 19:6-9, 21:9). 또한 하늘나라 자체가 영원한 안식이기 때문에 매주 돌아오는 안식일도 폐지될 것이다. 그렇다면 노동이라는 창조 규례

---

16) 여기에서는 영원한 상태에 관한 다양한 견해들을 논의하기가 적절하지 않다. 그리스도 의 재림과 더불어 세상이 파괴되어 없어지는 것이 아니라 새롭게 된다는 것을 논한 내 용을 살펴보려면 다음의 자료를 참조하라. Joseph A. Pipa and David W. Hall, *Did God Create in 6 Days?* (Greenville, S.C.: Southern Presbyterian Press, 1999).

는 어떻게 될까? 다른 창조 규례들과 비교해 보면 노동의 규례도 영원한 상태에서 어느 정도는 적절성을 계속 유지할 가능성이 있다. 그러나 다른 창조 규례들과 마찬가지로 이 규례도 세상에서의 노동을 희미하게 닮은 것에 그칠 것이다. 하물며 세상에서 안식일을 지킬 때도 노동을 중단해야 하는데 어떻게 영원한 안식일을 지키면서 일상적인 노동이 지속될 수 있겠는가? 노동과 안식일 준수가 궁극적으로 예배라는 한 가지 활동으로 결합되어 하늘나라의 성도들이 하는 유일한 일이 되지 않겠는가? 사실 우리로서는 이런 일들에 대해 아는 바가 거의 없다. 나중에 하늘나라에 갔을 때에야 비로소 확실하게 알게 될 것이다. 하늘나라에 관한 말들 가운데 무엇이 사실이든 간에 지복직관(하나님을 직접 보는 축복)이라는 옛 개념은 기본적으로 옳다고 생각된다.[17] 하늘나라에 관한 말들 가운데 다른 것들도 더러는 사실일 수 있겠지만 삼위일체 하나님을 영원토록 쉬지 않고

---

17) 하늘나라에 관한 전통적인 "지복직관"의 견해를 잘 설명한 내용을 살펴보려면 다음의 자료를 참조하라. Jonathan Edwards, "The Pure in Heart Blessed", *Works*, 905-12. 이 설교에서 에드워즈가 천국을 묘사한 내용 가운데서 내가 선뜻 받아들이기 어려운 한 가지는 그가 이따금 물리적인 것을 과소평가하거나 무시하는 경향이 있다는 것이다. 그는 성도들이 육신의 눈이 아닌 마음의 눈으로만 하나님을 볼 것이라고 주장했다. 그는 물질을 참된 현실에 속하지 않은 것처럼 다룸으로써 초기의 많은 청교도의 생각에서 벗어났다. 에드워즈는 때로 영적 현실만을 유일한 참된 현실로 취급하는 플라톤적인 "모형론"을 주장하곤 했다. 이 문제에 대한 에드워즈의 견해를 통찰력 있게 분석한 내용을 살펴보려면 다음의 자료를 참조하라. John Carrick, *Preaching of Jonathan Edwards*, 194-99. 맨튼은 에드워즈와는 대조적으로 하늘나라에서 하나님을 직접 보는 즐거움은 "육안으로 느끼는 것이어야 한다…왜냐하면 우리의 감각도 우리의 영혼만큼 나름의 행복을 느끼기 때문이다."라고 말했다. *Complete Works*, 20:460. 그러나 이런 사실에도 불구하고 하나님을 보는 신자의 즐거움을 묘사한 에드워즈의 글은 타의추종을 불허할 정도로 탁월하다.

예배하는 것은 성경에 계시된 확실한 사실이다. 안식일이 하늘나라의 소망을 일깨우고, 찬란한 영원한 영광을 세상에서 어렴풋이 드러내는 기능을 한다면 우리는 안식일을 지킬 때마다 성경의 증언에 충실한 방식으로 예배에만 온전히 전념해야 할 것이다.

신앙생활의 내세 지향적 특성

안식일을 바라보는 우리의 관점은 좀 더 중요한 문제들을 몇 가지 밝혀낸다. 안식일을 어기는 것이 세속성의 징후라면 그것은 우리의 초점이 내세의 삶에서 멀어졌거나 내세에 관한 성경의 가르침을 왜곡하고 있다는 징후이기도 하다. 이 문제는 우리가 현 세상에서 살아가는 방식과 관련해 매우 중요한 의미를 지닌다. 존 캐릭은 "특히 19세기 후반부터 기독교 신앙의 내세 지향적 특성이 크게 쇠퇴하면서 현세 지향적인 해석이 주를 이루게 되었다. 현대 신학은 대부분 하나님과 내세를 도외시하고, 인간과 현세와 이 세상에 갈수록 더 큰 비중을 두고 있다."라고 말했다.[18] 물론 안식일을 예배를 위해 따로 구별된 날로 생각하지 않는 사람이 모두 경건하지 못하다거나 하늘나라의 소망을 포기했다는 말은 아니지만 하늘나라와 내세를 바라보는 교회의 시각이 지난 세기를 거치면서 크게 달라졌다는 것은 분명한 사실이다. 그런 사실이 불가피하게 현실에 반영

---

18) John Carrick, *The Preaching of Jonathan Edwards* (Edinburgh: Banner of Truth), 118.

되어 나타난 결과 중 하나가 주일 성수의 쇠퇴이다. 교회가 하늘나라에서 그리스도를 직접 보고, 그분의 베일을 벗은 영광 안에서 그분을 예배하는 것을 가장 중요한 소망으로 삼아야만, 이 위대한 소망이 교회 멤버들의 주요한 특징이 되어 나타날 것이다. 아울러 하나님이 세상에서 하늘나라를 예시할 의도로 제정하신 안식일은 이러한 사실을 반영하지 않을 수 없다. 내세를 가장 중요한 소망으로 삼고, 하나님께 대한 예배와 교제가 그곳에서 누리는 가장 큰 특권이자 즐거움이라고 믿는다면 우리의 땅에서의 안식일이 하늘나라의 현실을 가능한 최대로 반영할 것이다.

신앙생활의 내세 지향적 특성이 쇠퇴하고 있다면, 그 이유 가운데 하나는 사람들이 하늘나라에 대한 현세 지향적인 견해를 채택했기 때문이다.[19] 이것은 교묘하고도 위험한 진리 왜곡이다. 왜냐하면 현세 지향적인 소망으로 사람들을 미혹시켜 그것을 기독교의 이름으로 정당화하고, 독려하도록 유도하기 때문이다. 믿음의 선조들은 하늘나라를 생각하는 방식이 위선을 가려내는 시금석이라고 말하곤 했다. 죄에서 온전히 벗어난 상태에서 하나님을 예배하는 것을 가장 큰 기쁨으로 생각하고, 그날이 오기를 간절히 고대하지 않

---

19) 리처드 개핀은 안식일에 관한 웨스트민스터 표준문서의 입장이 예배에만 지나치게 많은 관심을 기울이는 바람에 종말론에는 거의 아무런 관심도 기울이지 않았다고 주장했다. Gaffin, "Westminster and the Sabbath", 142. 그러나 웨스트민스터 총회에 참석한 목회자들이 안식일의 종말론적인 측면에 더 많은 관심을 기울였더라도 그들은 여전히 안식일에 대해 똑같은 결론을 내렸을 것이 분명하다. 그 이유는 그들의 종말론이 예배에 초점을 두고 있었기 때문이다. 안식일이 예배 외에 다른 활동을 허용하지 않는다는 견해는 종말론을 무시하는 것이 아니라 형태가 다른 종말론에 해당한다.

는 사람은 복음을 올바로 이해해 그것을 굳게 붙잡을 가능성이 희박하다. 또한 그들은 안식일에 아무런 기쁨도 느끼지 못하는 사람들에 대해서도 경고의 말을 아끼지 않았다. 플러머는 "성경은 안식일이 하나님의 백성이 하늘나라에서 누리게 될 영광스러운 안식을 예표한다고 가르친다. 이 예표를 기쁘게 여기지 않는다는 것은 곧 그 원형인 하늘나라에 갈 준비가 되지 않았다는 확실한 증거다. 우리 모두 부지런히 은혜를 구해 '하나님의 백성에게 남아 있는 안식의 때에 있을 예배와 교제와 즐거움을 위해' 준비하자."라고 말했다.[20] 안식일의 의무를 이행하고, 은혜의 수단을 활용하는 것이 성가시게 느껴진다면 이는 매우 심각한 상황이 아닐 수 없다. 존 오웬은 이렇게 말했다.

마음의 생각은 행위를 규정하고, 거기에 영향을 미치기 마련이다. 따라서 세상과 세상의 일들로부터 하루를 온전히 구별해 하나님과 교제를 나누는 것을 괴롭고, 성가신 일로 생각하는 사람, 곧 그것이 하나님이 요구하시는 일도 아니고, 우리에게 유익한 일도 아니라고 생각하는 사람은 그런 일에 전혀 낯선 사람으로 간주해야 마땅하다…세상에서 하루 동안 하나님께 관심을 기울이는 일을 큰 속박으로 생각하는 사람이 하늘나라에 가서 영원토록 그분만을 섬기게 된다면 과연 무엇을 할 수 있겠는가?[21]

---

20) Plumer, *Law of God*, 341.

많은 저술가가 하늘나라를 세속적인 관점에서 생각하는 사람들에게 위와 비슷한 경고의 말을 아끼지 않았다. 윌리엄 베이츠는 이렇게 경고했다.

육신적인 사람들이 거룩한 안식의 장소인 하늘나라를 생각하면 그곳이 조금도 바람직하거나 사랑스럽게 느껴지지 않을 것이다. 물론 그들도 하늘나라를 지옥에서 벗어나기 위한 도피처로 삼기를 원할 테지만 항상 하나님 앞에서 그분만을 사랑하며, 영원토록 그분을 즐거워하는 상태를 바라지는 않을 것이 분명하다. 육신적인 사람들은 그 즐거움을 맛볼 수 없다. 그들에게는 그런 즐거움을 느낄 수 있는 미각이 없다. 그런 즐거움은 오직 성도의 마음만이 느낄 수 있다. 분명히 말하지만 이것이 하늘나라의 복의 본질이다.[22]

하늘나라에 대해 알려진 사실이 많지 않기 때문에 세상을 떠나 주님과 함께 있는 우리의 가족이나 친지들과 장차 어떤 관계를 맺게 될지는 확실히 알기 어렵다. 그들과 다시 교제하며 즐거움을 누릴 것으로 생각되지만 우리가 알고 있는 삶이 하늘나라에서 어떤 식으로 계속될지는 알 수 없다. 우리는 육체와 영혼으로 이루어진 존재이기 때문에 우리의 육체적 본성과 영적 본성에 적합한 환경

---

21) Owen, *Day of Sacred Rest*, 451.

22) William Bates, *The Everlasting Rest of the Saints in Heaven*, in *The Complete Works of William Bates* (repr., Harrisonburg, Va.: Sprinkle Publications, 1990), 3:21.

속에서 살 것은 분명하지만 하나님을 예배하고, 찬양하는 것이 하늘나라의 가장 중요한 일이라는 사실을 잊어서는 안 된다. 하늘나라는 방 한가운데에 가장 큰 보석이 있는 거대한 보물 창고와도 같다. 방 중앙에 있는 보석은 너무 대단해서 그 안에 들어오는 사람들의 시선을 온통 사로잡으며 다른 보석들은 거의 신경쓰지 않게 만든다. 방을 가득 메운 보물들의 경이로움과 아름다움은 이 가장 큰 보물을 위해 적절한 배경을 만들어낸다. 방에 있는 모든 보화는 중앙에 있는 보석의 아름다움을 더욱 돋보이게 한다. 우리는 하나님이 하늘나라의 가장 위대한 보석과 같으시다는 사실을 잊어서는 안 된다. 그분이 만드신 다른 모든 하늘나라의 보물들은 그분의 아름다움을 돋보이게 만들어 영혼을 더욱 황홀하게 만드는 예배로 이끈다.

안식일이 하늘나라의 소망과 밀접한 관계를 맺고 있다면 하늘나라에 대한 성경적인 개념을 안식일 준수의 지침으로 삼아야 마땅하다. 그리스도 안에서 있는 신자들이 들어가기를 원하는 하나님의 영원한 안식은 하나님의 무한한 속성과 삼위일체적인 본성의 깊이와 그리스도 안에서 나타난 그분의 사랑의 깊이를 헤아리며 기쁨과 경이로움과 경탄을 발하는 안식일 것이 분명하다. 하늘나라의 특징이 예배라면 안식일의 특징도 예배가 되어야 마땅하지 않겠는가? 하나님께 대한 예배가 하늘 안식의 중심을 차지한다면 세상 안식의 중심도 예배가 차지해야 마땅하지 않겠는가? 이것이 안식일을 예배의 목적을 위해 하나님께 거룩히 구별해 바쳐야 하는 날로 여겨야 하는 이유 가운데서 가장 중요한 이유다. 우리는 현세에서 어려움

속에서도 하나님과의 교제를 즐거워하지 않나? 우리는 영원히 하나님을 온전히 즐거워하기를 갈망하는 사람이 아닌가? 안식일이 예배를 위해 따로 구별된 이유는 바로 그런 목적들에 이바지하기 위해서다. 아래에 인용한 토머스 보스턴의 말을 통해 우리가 주일을 어떻게 생각하고 있는지 시험해보라.

성도들의 마음에 안식일은 날들의 여왕이다. 그들은 하늘나라에서 영원한 안식을 누릴 것이고, 그들의 옷은 항상 하얗게 빛날 것이다. 그들은 항상 기뻐하면서 영원한 안식을 누릴 것이다. 하늘나라는 사람들이 영원히 잠을 자는 안식의 장소가 아니다. 그들은 밤이나 낮이나 쉬지 않을 것이다. 그들의 일이 곧 그들의 안식이자 그치지 않는 휴양이 될 것이다. 그곳에서는 힘들거나 지치는 일이 없다. 그들은 자기들의 영혼의 중심이신 하나님 안에서 안식한다. 그들은 거기에서 모든 욕망의 온전한 만족을 발견하고, 하나님을 온전히 즐거워하며, 그분과 중단 없는 교제를 나눈다. 우리의 영혼은 그런 상태에 이를 때까지 안식이 없을 것이다. 그러나 마침내 그런 상태에 도달하면 비로소 안식할 것이다. 그 이유는 하나님이 마지막 목적이 되시며, 우리의 영혼은 그 이상 더 나아갈 수 없기 때문이다. 우리의 영혼은 그 이상의 것을 이해할 수도 없고, 바라지도 않을 것이다. 우리의 영혼은 하나님 안에서 그 무한한 욕망에 상응하는 만족을 얻을 것이다.[23]

영원한 안식에 대한 기대

가족 휴가를 계획할 때면 아이들은 대개 큰 기대감을 감추지 못한다. 디즈니월드에 처음 놀러 갈 예정인 아이들은 너무나도 신이 나서 온통 그곳이 어떤 곳일까 하는 생각뿐이다. 그들은 그곳에서 볼 수 있는 것들을 일일이 찾아보기도 하고, 그곳에 대해 알고 있는 사람들에게 물어보기도 하고, 그곳에 갔을 때 하게 될 일을 상상하기도 한다. 아이들은 그런 일에 관해서는 정확하고, 세세한 정보를 알기 위해 매우 구체적인 노력을 기울이는 경향이 있다.

아이들의 설레는 모습을 보면 우리가 삼위일체 하나님과 영원한 안식을 누리는 소망에 대해 얼마나 무관심한지 알 수 있다. 땅의 것이 아니라 그리스도께서 계시는 하늘의 것을 생각하도록 우리를 도와줄 것이 절실히 필요하다. 안식일은 하늘의 영광을 갈망하도록 돕기 위해 하나님이 베푸시는 가장 큰 축복과 도움 가운데 하나다. 안식일을 사랑하고, 거룩하게 지키면 하나님이 그날을 우리의 하늘나라 여정을 도와줄 수단들을 가득 채우셨다는 사실을 발견하게 될 것이다. 안식일 준수가 하늘나라를 고대하도록 돕는 이유를 크게 세 가지로 나눠 말하면 다음과 같다.

첫째, **안식일 준수는 하늘나라의 활동을 모방한다.** 하늘나라는 안

---

23) Thomas Boston, *Human Nature in its Fourfold State* (repr., Edinburgh: Banner of Truth, 2002), 441–42.

식일 준수를 위한 원형이자 패턴이다. 어떤 점에서 보면 세속적인 오락이 세속적인 일보다 안식일의 목적에 더 크게 위배된다.[24] 세속적인 일은 세상에서 우리의 삶을 유지하는 데 필요한 합법적인 소명을 추구하는 것이라는 변명이라도 할 수 있지만(노동은 세상에서 하나님께 순종하며 사는 삶에서 매우 큰 비중을 차지한다), 안식일에 텔레비전 시청이나 스포츠와 같은 오락을 즐기는 것은 하나님을 예배하는 것보다 세속적인 오락을 더 재미있게 여기는 속마음을 드러내 보일 뿐이다. 안타깝게도 세상에서 가장 훌륭한 신자들도 종종 그런 재미에 빠져들 때가 적지 않다. 우리는 연약하고, 죄짓기를 좋아하기 때문에 하나님이나 그분에 대한 예배를 사랑해야 마땅한데도 그렇게 하지 못할 때가 많다. 우리는 주님을 예배하기 위해 거룩하게 구별된 날에 오락을 즐기려는 우리의 성향을 심각한 약점으로 솔직하게 인정해야 한다. 우리는 안식일에 공적으로나 사적으로 하나님을 예배하는 일에 시간을 온전히 바침으로써 세상에서 우리가 하는 그 어떤 것보다도 육신의 욕망과 속된 마음을 죽여 없앨 것이다. 우리는 안식일 준수를 장차 영광 중에 우리가 즐기게 될 예배를 위한 훈련이자 연습으로 간주해야 한다.

둘째, 안식일 준수는 하늘나라를 향한 우리의 여정을 독려한다. 지상에서, 하나님은 은혜의 수단을 통해 자신을 가장 분명하게 드러내신다. 그런 수단들 가운데는 성경 읽기, 설교, 성례를 통해 제시

---

24) See Dwight, *Theology Explained*, 3:271.

된 복음의 약속을 붙잡는 것, 공동 기도와 교제 등이 포함된다. 하나님이 자기 백성에게 은혜를 베풀기 위해 사용하시는 수단은 이것들이 전부가 아니다. 그러나 이것들은 가장 중요한 수단에 해당하며, 모두 주일 예배의 정규 요소들이다. 앞서 말한 대로 은혜의 수단들은 공예배를 통해 가장 큰 능력과 효과를 발휘한다. 하늘나라에서는 개인예배는 없고 공예배만 있을 가능성이 크다. 이에 더하여 안식일 준수에 부여된 약속 중 하나는 하나님을 즐거워하는 것이다 (사 58:14). 우리는 낯선 타국에서 관광을 즐기는 여행자의 기대감으로 안식일을 맞이해야 한다. 우리는 주일 예배 안에서 어떤 "광경"을 보려고 나오는가? 그것은 예수 그리스도의 얼굴에 있는 하나님의 영광이다(고후 4:6). 그 "광경"을 보기 위해 우리가 사용하는 안경은 무엇인가? 그것은 하나님이 자기 백성에게 은혜를 베풀기 위해 지정하신 은혜의 수단들이다.

셋째, **안식일은 예수 그리스도를 통해 하나님을 믿는 믿음을 증대시킨다.** 우리들을 공예배 안에서 성경이 공예배에 부여하는 그런 영광을 발견하지 못하는 경험에 대해 너무나 잘 알고 있다. 그 가장 큰 이유는 공예배가 성경이 그것에 대해 가르치는 바와 같다고 실제로는 믿지 않기 때문이다. 성경의 약속 안에 포함된 축복을 받아 누리려면 하나님이 그 약속을 이루실 것이라고 믿어야 한다. 오직 믿음으로만 예수 그리스도의 복음의 축복을 우리의 것으로 만들 수 있다. 말씀과 성례 안에 있는 하나님의 약속을 굳게 잡음으로써 우리는 그렇게 축복을 우리의 것으로 만들었다. 안식일은 공예배와 연관된 규례들을 통해 하나님을 굳게 붙잡아 믿음을 발휘하라고 요구함으로써 우리가 하늘나라를 갈망하는 것을 도와야 한다. 하늘나라에서는 더 이상 믿음으로 행하지 않고 보는 것으로 행하지만, 이 땅에서는 보는 것으로 행하지 않고 믿음으로 행한다(고후 5:7). 우리는 그분의 약속을 믿는 믿음을 강화하기 위한 모든 격려의 수단, 특히 하나님이 정하신 은혜의 수단이 필요하다. 안식일은 믿음을 발휘하라고 요구할 뿐 아니라 믿음을 강화시키는 약속을 아울러 제공한다.

하나님이 안식일과 관련해 허락하신 은혜의 수단들을 기도하는 자세로, 부지런히, 즐겁게 활용해 그날을 최대한 유익하게 보낸다면 세속적인 일이나 오락을 할 시간이 없을 것이다. 그렇게 하면 안식일이 어서 지나가기를 바라기보다 오히려 어느새 다 지나갔느냐며 아쉬워할 것이다. 안식일이 하늘나라를 잠시 방문하는 것처럼 느껴진다면 그날이 그렇게 빨리 지나갔다며 아쉬워하는 것조차도 안식일의 축복 가운데 하나일 것이다. 안식일을 통해 주어지는 일시적인 안식은 영원한 안식을 갈망하는 염원으로 이어져야 한다. 물론 안식일 지키는 일이 신자들에게 어렵지 않을 것이라는 말은 아니다. 안식일 준수를 자신이 하는 일 가운데서 가장 어렵게 생각하는 사람들이 많다. 안식일 준수를 처음 시작하는 경우는 특히 더 그렇다. 주님을 의지하라. 주님이 도와주실 것이고, 약속을 이루어 주실 것이다. 그분의 입에서 나온 말이 헛되이 돌아간 적은 단 한 번도 없다.

결론

이 땅에서 삼위일체 하나님과의 교제와 교통을 나누는 즐거움을 느낄 때마다 이것은 우리가 이미 가장 영광스러운 축복을 맛보기 시작했다는 사실을 증거한다. 하나님은 우리에게 일주일에 하루를 거룩히 구별해 다른 모든 일을 중단하고 자기와 교제하고 교통하게 하셨다. 성경에 따르면, 인간이 완전한 상태로 존재하는 두 장소(에덴동산과 하늘나라)에서 인간은 안식일을 예배의 날로 지키고 있다. 창조 규례와 안식일의 궁극적인 목적이 모두 안식일이 공적으로나 사적으로 하나님을 예배하는 일에 온전히 바쳐야 할 날이라는 것을 보여준다. 우리는 모든 날을 하늘나라를 갈망하면서 보내야 하지만 일주일에 하루는 이미 그곳에 있는 것처럼 행동해야 한다. 천국에 관한 잘못된 소망 때문에 제4계명의 명령을 그릇 이해한 적은 없는가? 모두가 올바른 지식을 갖기를 바랄 뿐이다. 하늘나라가 안식일의 기준인데 어떻게 여가와 오락을 즐기며 안식일을 지킬 수 있다고 주장하는 사람들이 그렇게 많을 수 있단 말인가? 유대교라는 원형을 따라 기독교를 형성한 것이 아니라[25] 기독교라는 원형을 따

---

25) 기독교와 유대교의 관계를 묘사한 존 이디의 글은 하늘나라와 안식일의 관계에도 똑같이 적용된다. "스케치는 실물을 토대로 한 것으로 실물의 존재를 전제한다. 그림자는 실재를 모사한 것이다. 다시 말해 기독교가 유대교를 닮게 형성된 것이 아니라 유대교가 기독교를 닮게 형성된 것이다. 원형이 예표의 형태를 띠는 것이 아니라 예표가 원형의 형태를 띠는 것이다. 간단히 말해 원형 때문에 예표가 존재하는 것이다." John Eadie, *Colossians* (1856; repr., Minneapolis: Klock & Klock, 1980), 180.

라 유대교를 형성한 것처럼, 안식일 준수를 따라 하늘나라를 형성한 것이 아니라 하늘나라를 따라 안식일을 형성한 것이다. 만일 하늘나라를 개인용 골프 코스처럼 생각한다면 크게 꾸지람을 듣고도 남을 만한 일이 아닐 수 없다. 내세에 관한 천박하고, 인간 중심적인 견해가 만연한 것을 생각하면 세속적인 일과 오락에 관한 불필요한 생각과 말과 행위를 금지하는 명령을 낯설어하는 사람들이 대다수라는 사실이 조금도 놀랍지 않다. 오히려 놀라운 것은 삼위일체 하나님을 쉬지 않고 예배하고, 그분과 교제를 나누는 것을 갈망하는 사람들 가운데에도 안식일에 세속적인 일과 오락을 배제해야 하는 이유를 납득하지 못하는 사람들이 너무나도 많다는 사실이다.

성경이 어렴풋하게 묘사하는 하늘나라의 영광은 장자들과 영화롭게 된 성도들이 수많은 천사와 더불어 순결한 영혼과 영광스러운 육체를 지니고 밤낮으로 하나님을 예배하는 광경을 보여준다. 하늘나라에 관한 말들 가운데 다른 것들도 더러는 사실일 수 있겠지만 만군의 하나님 여호와를 쉬지 않고 예배하며, 그분과 교제를 나누는 것이야말로 하나님이 그분의 교회에게 알려주신 가장 분명한 사실이다. 하나님은 우리가 하늘나라를 자신에 대한 예배와 교제의 장소로 생각하기를 바라신다. 영원한 예배의 장소는 땅 위의 안식일을 위한 원형이다. 아무쪼록 세상에서 하루 동안 하나님과 함께하는 기쁨을 통해 하늘에서 그분과 영원히 함께하는 기쁨을 깨닫게 되기를 진심으로 기도한다. 토머스 왓슨이 말한 대로 우리는 안식일을 맞이할 때마다 그날이 마지막인 것처럼 생각하고 최선을 다해야 한다.

이 복된 날이 다가오면 하나님이 하늘의 지혜를 얻을 수 있는 수단을 한 번 더 허락하신 것에 감사하면서 마음이 벅차올라야 한다. 이 날은 우리의 영적 추수의 날이다. 성령의 바람이 우리의 심령의 돛에 불어와서 하늘을 향한 항해의 길에서 한 걸음 더 전진하게 한다. 신자들이여, 하나님이 또다시 절호의 기회를 허락하신 것에 감사하면서 마음을 고양시키라. 이번이 마지막일지도 모르니 기회를 잘 살리도록 하라. 은혜의 때는 한 번 놓쳐도 또다시 밀려오는 조수와는 다르다.[26]

---

26) Thomas Watson, *Heaven Taken by Storm: Showing the Holy Violence a Christian Is to Put Forth in the Pursuit after Glory*, ed. Joel R. Beeke (Morgan, Pa.: Soli Deo Gloria, 2000), 35.

부록 1:
안식일의 성경적 근거

B. B. 워필드[1]

나는 오늘 안식일의 유용성이나 그 복됨이 아닌 그 의무에 대해 말
하고자 한다. 또한 안식일의 유용성이나 복됨에서 자연히 비롯되는
의무가 아니라 하나님의 말씀에서 직접 요구하는 의무에 대해 말하
고자 한다. 안식일 하면 자연스레 그날의 기쁨이 떠오르기 마련이
다. 이날은 주님이 무덤의 결박을 끊고, 사망을 없애고 생명과 불멸
을 밝히 드러내신 승리와 기쁨의 날이다. 또한 안식일 하면 자연스

---

1) 내가 이 책의 마지막 부분에 안식일의 영속성을 논한 이 훌륭한 글을 부록으로 채택
한 이유는 안식일이 그리스도인들에게 구속력을 지닌다는 확신 없이 이 주제를 다루
려고 시도하는 사람들을 유익하게 하기 위해서다. 이 강연은 1915년, 캘리포니아 오클
랜드에서 7월 27일부터 8월 1일까지 열린 "국제 주일 대회(International Lord's Day
Congress)"에서 처음 전달되었고, 나중에 소책자(글래스고, 1918년)로는 물론 다음
의 자료들을 통해 출간되었다. Duncan James McMilan and Alexander Jackson,
Sunday the World's Rest Day (Garden City, N.Y.: Doubleday, ade, and Co., 1916),
63-81. *The Free Presbyterian Magazine* (Glagow, 1918), 316-19, 350-54, 378-83.
인용된 성경 구절의 장과 절은 내가 표기했다.

레 그날의 유용성이 생각나기 마련이다. 이날은 피곤한 육체가 노동을 그치고 안식하며, 지친 마음이 회복을 누리는 날이며, 세상의 걱정 근심이라는 사막 안에 존재하는 오아시스와 다름없다. 그날은 다람쥐 쳇바퀴와 같은 일상생활의 수고를 잠시 멈추고 느긋하게 하나님 안에서 우리의 영혼을 새롭게 하는 날이다. 그런데 나는 느닷없이 다소 퉁명스러운 어조로 안식일의 의무를 상기시키며, 권위라는 밋밋한 개념을 생각해 보라고 말하고 있다. 그렇다고 해서 시선을 아래로 떨굴 필요는 없다. 오히려 눈을 높이, 아주 높이 치켜들어야 한다. 결국 "해야 한다"라는 말보다 더 위대한 말은 없다. 안식일을 지켜야 하는 가장 큰 이유는 그것이 응당 해야 할 의무이기 때문이다. 나는 하나님 앞에서 그분의 명령에 따라 안식일을 지켜야 할 의무가 있다.

안식일의 유용성을 생각하는 것을 잠시 멈추고, 그 의무를 생각하려면 약간의 노력이 필요하다. 피에르 조지프 프루동이 온 세상을 향해 안식일의 자연적인 유용성을 가르친 까닭에[2] 안식일이 하나님의 재가를 통해 초자연적으로 기원한 것이라는 사실이 간과되는 경향이 있다. 안식일은 인간에게 많은 유용성을 지니기 때문에 마치 인간의 날인 것처럼 보인다. 그런 이유로 우리는 안식일이 인

---

[2] 무정부주의의 아버지로 불리는 피에르 조지프 프루동(1809-1865)은 프랑스의 사회주의자이자 저널리스트이자 철학자였다. 그는 헌법 제정단에 선출되었고, 스스로를 무정부주의자로 일컬은 최초의 인물이었다. 역사상 가장 영향력 있는 무정부주의 저술가이자 조직가 가운데 한 사람으로 손꼽힌다. *The Encyclopedia of Philosophy*, s.v. "Proudhon, Pierre-Joseph."

간의 날이 되기 이전에 이미 2천 년 동안 주님의 날로 존재해 왔다는 사실을 망각할 때가 많다. 사실, 안식일은 2천 년을 넘어서서 세상의 창조 이후로 줄곧 하나님의 날로 이어져 왔다. 안식일이 자연적 본성, 곧 인간의 본성과 창조된 우주의 본성에 근거하는 것은 사실이다. 중단 없는 노동은 우리에게 좋지 않다. 안식의 날이 정기적으로 돌아오는 것이 육체적으로나 정신적으로나 영적으로 우리에게 유익하다. 그러나 만일 우리 스스로 그런 사실을 깨닫도록 방치되었다면 아마도 매우 오랜 시간이 걸렸을 것이 분명하다. 프루동도 느리게나마 안식일의 휴식이 순수한 본성이 아닌 하나님에 의해 정해진 것이라는 사실을 깨닫기에 이르렀다. 지고하신 권위자가 "안식일이 사람을 위하여 있는 것이요"(막 2:27)라고 말씀하셨다. 인간은 안식일을 필요로 한다. 안식일은 인간의 삶을 복되게 한다. 그러나 안식일이 사람을 위해 만들어지지 않았다면 사람들은 필시 안식일을 갖지 못했을 것이다. 태초부터 자신의 모든 사역과 인간을 잘 알고 계시는 하나님이 태초에 그를 위해 그가 필요로 하는 안식의 날을 제정하셨다. 하나님은 안식이 필요하지 않지만 놀랍게도 스스로를 크게 낮춰 창조 사역을 마치고 안식하심으로써 안식이 필요한 인간에게 안식의 본을 보여주셨다.

따라서 안식일은 인간의 발명품이 아닌 하나님의 창조물이다. 시편에서 "이 날은 여호와께서 정하신 것이라"(시 118:24)라는 구절보다 더 영광스러운 역사를 지닌 구절은 없다. 이 구절은 본래는 안식일을 가리키는 의미가 아니지만 너무 자주 그런 의미로 사용된 까닭에 하나님의 백성들의 입을 통해 그날을 가리키는 명칭 가운데 하나처럼 오르내리게 되었다. 안식일은 하나님이 제정하셨다. 안식일은 인간을 위해 만들어졌지만 인간에게서 비롯한 것이 아니다. 그것은 하나님이 인간에게 허락하신 선물이다. 하나님이 친히 안식일을 만드셨기 때문에 그분은 자신의 손으로 만든 다른 모든 것과 마찬가지로 안식일을 유지하고, 보존하신다. 우리가 아무리 바라더라도 인간의 힘으로는 안식일을 없앨 수도 없고, 하나님이 정하신 그날의 기능과 다르게 고쳐 만들거나 더 낫게 개선할 수 없다. 하나님이 그것을 만드셨으므로 그분이 그것을 직접 끝까지 그대로 보존하실 것이다. 이것이 앞서 인용한 말씀 안에서 우리의 구주께서 말씀하신 의미다. 그분은 하나님이 인간을 위해 안식일을 만드셨다는 의미로 "안식일이 사람을 위하여 있는 것이요"라고 말씀하시고 나서 곧바로 "이러므로 인자는 안식일에도 주인이니라"(막 2:28)라는 말로 자신이 안식일의 유일한 지배권자라고 주장하셨다.

이 말씀에서 "안식일에도"(even)라는 낱말의 의미를 간과해서는 안 된다. "인자는 안식일에도 주인이니라"는 말씀은 "인자는 또한 (also) 안식일의 주인이니라"라고 번역할 수도 있다. 앞의 경우는 주님이 심지어 안식일에도 주인된 주권의 지고함을 강조하고, 뒤의 경우는 주님이 스스로 주장하신 그 주권의 광범위함을 강조한다. 그러나 사실은 각 경우에 이 두 가지 의미가 모두 담겨 있다. 각설하고, 안식일에 대한 주권을 선언하신 주님의 말씀은 그분의 지고한 권위를 부각시킨다. 이 말씀에서 "주인"이라는 용어는 문장의 핵심으로 모든 강조점이 거기에 집중된다. 다니엘의 환상에 나타난 대로, 주님은 하늘의 구름을 타고 와서 세상에 영원한 하나님의 나라를 건설할 천상의 존재, 곧 인자(人子)로서 지고한 통치권을 주장하셨다. 안식일이 사람을 위해 만들어졌기 때문에 인자이신 주님, 곧 권세와 영광과 나라를 부여받고, 모든 백성과 나라들과 다른 언어를 말하는 모든 자들의 섬김을 받으며(단 7:14), 인간은 물론 인간과 관련된 모든 것을 다스리시는 주님이 또한 안식일의 주인이 되신다. 주님의 선언은 두 가지 의미를 지닌다. 첫째, 안식일은 주님의 날이다. 그날은 주님의 소유다. 주님은 안식일의 주인, 곧 지배자이시다. 이것이 "주인"의 의미다. 주님은 자신이 원하는 대로 안식일을 처리하실 수 있다. 안식일을 없애는 것은 본문의 의미와는 전혀 무관하지만 주님은 원하신다면 얼마든지 그것을 없애실 수 있다. 주님은 안식일을 통제할 수 있고, 그것이 본래의 유익한 목적을 수행하게끔 인간의 변화하는 상황에 맞게 조절하실 수도 있다. 둘째, 안식일은 주님의 날이기 때문에 다른 누구의 날도 될 수 없다. 안식일은 인간의 날이 아니다. 그날은 인간에 의해 좌우되지 않는다. 인자가 안식일의 주인이라는 말씀은 인간이 안식일을 통제할 수 없다는 뜻이다. 안식일에 관한 모든 권위는 인자이신 주님에게 있다. 인간이 아니라 인자가 안식일의 주인이시다.

안식일의 성경적 근거를 찾아보려면 먼저 십계명부터 살펴봐야 한다. 거기에 보면 우리 주님이 "내가 안식일의 주인이다."라는 말씀으로 그 신적 권위와 지속적인 유효성을 인정하고, 재차 확언하신 안식일에 관한 계명을 발견할 수 있다. 물론 십계명은 이스라엘 민족에게 주어진 것이며, 그것은 오직 이스라엘 사람에게 말할 수 있는 언어로 표현되어 있다. 십계명의 서두에는 십계명을 이스라엘 백성을 노예 상태에서 구원해 자유 민족으로 세우신 하나님의 가정 법령(household ordinances)으로서 그들의 마음에 정확하게 각인시키기 위한 용도로 고안된 머리말, 곧 "나는 너를 애굽 땅, 종 되었던 집에서 인도하여 낸 네 하나님 여호와니라"(출 20:2)라는 말씀이 등장한다. 구체적으로 이스라엘 백성을 겨냥한 이런 친밀한 호소가 십계명 전반에 걸쳐 나타난다. 십계명은 온통 이스라엘을 염두에 두고 있고, 개개의 부분들이 모두 이스라엘의 구체적인 삶의 상황에 밀접하게 맞춰져 있다. 따라서 우리는 십계명에서 이스라엘에 관한 많은 사실을 읽어낼 수 있다. 예를 들어 우리는 이스라엘이 노예 제도가 존재했던 시대에 살았던 민족이고, 집에서 주로 기르던 가축이 낙타나 말이 아닌 소와 나귀였으며, 종교적인 의식에 희생 제사가 포함되었고, 그들이 약속의 땅에 들어갈 무렵 하나님이 그들에게 그 땅을 취하도록 허락하셨다는 사실을 알 수 있다. 또한 우리는 이스라엘 민족이 안식일을 이미 알고 있었기 때문에 그것을 새롭게 알려줄 필요 없이 단지 "안식일을 기억하여…"라고 상기시켜 주는 것으로 족했다는 것을 알 수 있다. 이처럼 십계명이 이스라엘 민족에게 주어졌고, 특별히 그들에게 부여된 의무들을 명시하고 있다는 것은 너무나도 분명하고, 명백한 사실이다.

그러나 그런 사실보다 훨씬 더 분명한 사실은 이스라엘 백성에게 특별히 부여된 의무들이 그 민족에게만 국한된 의무가 아니라는 것이다. 사무엘 드라이버(Samuel R. Driver)는 십계명은 "하나님과 인간을 향한 이스라엘 민족의 의무를 간결하고, 포괄적으로 요약하고 있다."라고 말했다. 그의 말은 십계명을 상당히 공정하게 평가했다는 점을 제외하고는 그 이상의 의미는 없는 듯하다. 물론 십계명이 이스라엘 민족에게 주어진 것은 사실이다. 십계명은 하나님과 인간을 향한 그들의 의무를 간결하고, 포괄적으로 요약하고 있다. 그러나 이스라엘 민족도 인간이다. 따라서 하나님과 인간을 향한 이스라엘 민족의 의무를 간결하게 진술한 내용이 헬라인이나 유대인이나 할례파나 무할례파나 야만인이나 스구디아인이나 종이나 자유인을 막론하고 인간이라면 누구나 하나님과 동료 인간을 위해 실천해야 할 근본 의무를 명시한 것이라는 사실을 알게 되더라도 놀랄 필요는 전혀 없다. 사실, 이것이 핵심이다. 십계명을 통해 이스라엘 민족에게 부과된 의무 가운데 모든 곳에 있는 모든 사람에게 적용되지 않는 의무는 없다. 이 계명들은 이스라엘 민족에게 반포된 보편적인 인간의 의무, 곧 인류 공통의 도덕법이다.

보편적인 인간의 의무들이 특정한 민족에게 반포되었을 때 특별한 상황에서 특별한 형태로 그들 민족에게 구체적으로 맞춰 공포된 것은 자연스러울 뿐 아니라 필연적인 일이었다. 십계명을 그런 식으로 표현하고, 명령함으로써 이 특별한 민족의 생각을 독려해 기꺼운 태도로 그것을 받아들일 준비를 갖추게 하고, 그들의 마음에 깊은 인상을 심어줄 수 있게 한 것은 매우 바람직한 일이었다. 그러나 십계명의 반포와 관련된 이런 구체성의 요소는 이것이 본질적이고, 보편적인 의무를 명시한 계명이라는 사실을 부인하지 않는다. 그런 요소는 단지 십계명이 직접 반포된 사람들에게 부가적인 효력을 나타낼 뿐이다. 살인하지 말라, 간음하지 말라, 도적질하지 말라, 거짓 증거하지 말라, 이웃의 소유를 탐내지 말라는 것은 만인의 의무다. 이스라엘 민족에게도 그런 일을 하지 말라는 명령이 주어졌다. 특히 그들에게는 그들을 각별한 은혜로 대해주신 하나님께 순종해야 할 책임이 있다는 감동적인 호소가 추가되었다. 유일하고, 참된 하나님 외에 다른 신을 섬기지 말라, 오직 영적 예배를 드려라, 그분의 이름을 모독하지 말라, 그분을 예배하는 데 필요한 시간을 아끼지 말라, 그분을 대표하는 권위자들을 존중함으로써 그분을 공경하라는 것도 만인의 의무다. 이스라엘 민족의 마음을 향해서도 하나님이 그들에게 특별한 방식으로 자신을 나타내셨다는 것을 언급한 말씀과 함께 그런 의무들이 요구되었다. 이런 일련의 근본적인 인간의 의무들이 명시된 그 정중앙에 안식일에 관한 계명이 나타난다. 하나님의 특별한 백성에게 요구된 도덕법의 핵심을 구성하는 이 계명도 인간의 기본적인 선행을 규정하는 본질적인 요소로서 시대와 장소를 불문하고 모든 사람에게 적용된다.

우리 주님도 이 문제를 이런 식으로 생각하셨던 것이 분명하다. 예수님이 십계명을 어떻게 생각하셨는지는 그분이 자기에게 와서 "선한 선생님이여 내가 무엇을 하여야 영생을 얻으리이까"(눅 18:18)라고 물었던 젊은 관원을 어떻게 대하셨는지를 보면 쉽게 알 수 있다. 주님은 그에게 "네가 계명을 아나니 영생을 얻으려면 계명들을 지켜라."라고 대답하셨다. 주님은 새로운 것을 말씀하지 않았다. 그 것은 여호와 하나님이 열 마디의 말씀으로 이스라엘 백성에게 명령 하셨던 옛 계명들이었다. 주님은 "네가 계명들을 아나니"라고 "계 명들을" 언급하셨다. 그것은 이스라엘 백성 모두가 잘 알고 있는 계 명들이었다. 주님의 말씀은 "너희가 이미 알고 있는 것 외에 달리 말할 것이 없다."라는 의미였다. 현대의 주석가 중에서 가장 현대적 인 주석가 가운데 한 사람인 요한네스 바이스(Johannes Weiss)는 주님 의 말씀을 "하나님의 나라에 합당한 삶은 하나님의 옛 계명들을 지 키는 것이다."라고 고쳐 말했다. 주님이 말씀하려는 의미는 오해의 여지가 없었다. 주님은 자신이 염두에 두고 있는 계명들을 고집스 럽게 오해하는 사람들조차도 분명하게 알 수 있도록 십계명 가운데 몇 가지를 구체적으로 열거하기까지 하셨다. 그분은 "살인하지 말 라, 도둑질하지 말라, 거짓 증언하지 말라, 네 부모를 공경하라"고 말씀하고 나서 "네 이웃을 네 자신과 같이 사랑하라"는 말씀으로 그 모든 계명을 간결하게 요약하셨다. 예수님은 십계명을 국지적이 고, 일시적인 의무로 생각하지 않으셨다. 그분은 그것을 자신이 세 우실 영원하고, 보편적인 나라의 율법으로 다루셨다.

더욱이 예수님은 젊은 부자 관원을 대할 때와 같은 상황에서 십 계명을 다루실 때 우리 스스로 그 의미를 추론하도록 놔두지 않으 셨다. 그분은 율법과 관련된 자신의 사명이 그것을 폐하는 것이 아 니라 "이루는 것"이라고 분명하게 말씀하셨다. 율법을 "이룬다"는 것은 그 미치는 범위와 능력에 있어 완전하게 한다는 뜻이다. 그분은 가장 엄숙한 어조로 율법은 없어지지 않고, 계속해서 권위와 구속력을 지닐 것이라고 선언하셨다. 그분은 "진실로 너희에게 이르노니 천지가 없어지기 전에는 율법의 일점일획도 결코 없어지지 아니하고 다 이루리라"(마 5:18)라고 말씀하셨다. "진실로 너희에게 이르노니"는 문자로 기록되어 우리에게 전해진 예수님의 말씀 가운데서 여기에서 맨 처음 등장하는 표현으로 엄숙한 선언의 의미를 지닌 관용 어법이다. 시간이 존재하는 한, 율법도 그 작은 세부 내용까지 모두 온전한 타당성을 유지할 것이다. 〈개정역 성경Revised Version〉에 번역된 대로 이 선언의 결론은 "모든 것(all things)이 성취될 때까지"이다. "모든 것(all)이 이루어질 때까지"라는 〈흠정역 성경〉의 번역은 오해를 불러일으킬 가능성이 이보다 훨씬 더 크다. 아무튼, 이 말씀은 단순히 "천지가 없어질 때까지"를 다시 반복하는 데 그치지 않고, "율법이 요구하는 모든 것이 이루어질 때까지, 율법의 한 가지 조항까지 모두 지켜질 때까지"라는 의미를 지닌다. 세상이 존재하는 한, 율법이 규정하는 것이 모두 실행될 때까지 그 일점일획도 사라지지 않을 것이다. 율법은 어기거나 폐하기 위해 존재하지 않는다. 율법은 순종하기 위해 존재한다. 옛 영어 표현을 빌려 말하면 율법의 존재 이유는 "미완"이 아닌 "완성"을 위해서다. 율법을 지켜야 한다. 마지막 하나까지 온전히 지켜야 한다. 따라서 율법의 단 한 가지 조항도 무시하거나 소홀히 해서는 안전할 수 없다. H. A. W. 마이어(H. A. W. Meyer)는 "천지가 존재하는 한, 율법은 모든 조항이 완전히 이루어질 때까지 의무로서의 구속력을 잃지 않는다."라고 옳게 말했다. 주님이 지속적인 유효성을 강력하게 주장하신 율법에는 그 두드러진 구성요소 가운데 하나로 십계명이 포함되었다. 주님은 적절한 예를 들어 자신의 주장을 구체적으로 밝히시면서, 율법이 어떻게 자신에 의해 완전하게 되는지를 보여주셨다. 그분은 십계명에서 예를 들어 "살인하지 말라, 간음하지 말라"라고 말씀하셨다. 따라서 율법의 일점일획도 결코 없어지지 않고 다 이루어질 것이라고 말씀하실 때 십계명을 염두에 두셨던 것이 분명하다.

제자들의 입장도 주님과 똑같았다. 율법을 언급하면서 모든 계명의 일치성과 구속력을 강하게 강조한 성경 구절이 야고보서에서 발견된다. 야고보는 "누구든지 온 율법을 지키다가 그 하나를 범하면 모두 범한 자가 되나니"(약 2:10)라고 말했다. J. E. B. 메이어(J. E. B Mayor)는 "율법은 하나의 완전체다. 율법은 계시된 하나님의 뜻이다. 단 한 가지 조항만 무시해도 율법 수여자이신 하나님을 무시하는 것이고, 그분께 불순종하는 것이다. 불순종의 태도는 율법 전체를 어기는 것이다."라고 설명했다. 율법을 대부분 지키다가 한 가지 조항만 어겨도 그 조항만이 아니라 그것이 속해 있는 율법 전체를 어기는 것이다. 하나의 조항만 어겼을 뿐, 율법을 모두 어긴 것은 아니라고 주장하는 것은 아름다운 도자기의 주둥이나 손잡이나 받침대를 깨뜨려 놓고서 단지 주둥이나 손잡이나 받침대를 깨뜨렸을 뿐 도자기를 깨뜨린 것은 아니라고 주장하는 것과 같다. 여기에서 우리의 관심을 특별히 사로잡는 것은 야고보가 이런 가르침을 십계명을 예로 들어 설명했다는 점이다. 그는 간음하지 말라고 말씀하신 하나님이 또한 살인하지 말라고 말씀했다고 말했다. 만일 간음은 저지르지 않았는데 살인을 저질렀다면 한 가지 계명만 어긴 것이 아니라 모든 계명에 나타난 하나님의 거룩하신 뜻을 어긴 것이 된다. 아마도 야고보는 단지 제6계명과 제7계명만이 아니라 제4계명이나 십계명의 다른 어떤 계명도 예로 들 수 있었을 것이다. 그는 십계명을 근본적인 의무가 압축된 율법의 요체로 생각했던 것이 분명하다. 그의 말에는 사실상 모든 율법이 하나님에게서 비롯했고, 그분의 거룩한 뜻을 나타내는 것이기 때문에 율법의 모든 계명이 우리 모두에게 구속력을 지닌다는 의미가 담겨 있다.

바울의 로마서에서도 십계명과 관련된 교훈적인 사례를 발견할 수 있다. 바울은 자신이 좋아하는 주제 가운데 하나(즉 율법의 완성인 사랑)를 생각하면서 "사랑하는 자는 율법을 다 이루었느니라"(롬 13:8)라고 말했다. 왜냐하면 율법의 모든 계명이 "네 이웃을 네 자신과 같이 사랑하라"라는 한 가지 계명으로 요약되기 때문이다(바울은 여기에서 동료 인간에 대한 의무만을 염두에 두고 말했다). 그는 이 점을 구체적으로 설명하기 위해 관련된 계명들 가운데 몇 가지를 언급했다. "간음하지 말라, 살인하지 말라, 도둑질하지 말라, 탐내지 말라"는 십계명의 두 번째 돌판에 기록된 계명들이다. 바울도 십계명이 도덕성의 근본 원리가 압축된 율법의 요체로서 영원한 유효성을 지닌다고 생각했던 것이 틀림없다. 사랑이 율법의 완성이라는 그의 말은 사랑이 율법을 대체했기 때문에 하나님께 대한 의무들에는 관심을 기울일 필요 없이 이웃만을 사랑하면 된다는 의미와는 거리가 멀다. 그가 말하려는 의도는 그와 정반대다. 이웃을 사랑하는 사람은 그 내면에 이웃을 향한 올바른 행동의 원천을 가지고 있기 때문에 하나님을 향한 의무들도 충실히 감당하게 된다는 것이다. 사랑은 율법을 폐하지 않고, 완성한다.

사랑과 율법의 관계에 관한 이런 견해를 처음 피력한 장본인은 바울이 아니었다. 그것은 주님의 가르침이었다. 주님은 "네 마음을 다하고 목숨을 다하고 뜻을 다하여 주 너의 하나님을 사랑하라 하셨으니 이것이 크고 첫째 되는 계명이요 둘째도 그와 같으니 네 이웃을 네 자신 같이 사랑하라 하셨으니 이 두 계명이 온 율법과 선지자의 강령이니라"(마 22:37-40)라고 말씀하셨다. 다시 말해 율법의 모든 교훈은 단지 하나님과 인간을 향한 사랑의 자연스러운 작용을 말로 선포된 의무의 형태로 세세하게 발전시킨 것이다. 십계명의 두 돌판을 염두에 두고 각각 이 두 큰 계명으로 요약하신 것이다. 다시 말하지만 예수님의 말씀은 하나님과 인간에 대한 사랑이 두 돌판에 명시된 의무들을 대체하는 것이 아니라 오히려 그것들을 정확하고, 온전하게 이루라고 강력하게 권고한다는 것이다. 동료 인간들을 사랑하는 것이 그들에 대한 우리의 의무를 그렇게 이루는 것이 아니라면 그들을 사랑하면서 마음대로 도둑질하고, 살인해도 된다는 뜻이 되고, 하나님을 사랑하는 것이 그분에 대한 우리의 모든 의무를 그렇게 이루는 것이 아니라면 그분의 이름을 모욕하거나 그분을 예배하지 않아도 된다는 뜻이 될 것이다. 거듭 말하지만 사랑은 율법을 폐하는 것이 아니라 완성한다.

예를 더 들 필요는 없을 듯하다. 주님과 신약 성경의 저자들이 모든 상황에 타당하고, 모든 시대에 권위 있게 적용되는 도덕법의 근본 요소가 이스라엘 민족에게 적합한 계명의 형태로 십계명을 통해 구현되었다고 생각했다는 것은 명약관화한 사실이다. 그들이 십계명을 언급한 이유는 그 신빙성을 훼손하기 위해서가 아니라 오랜 세월 동안 바르게 이해하지 못하고 영적이지 못한 전통을 거치면서 누적되어 온 불명료성의 군더더기를 씻어내고, 그 핵심을 향해 뚫고 들어가서 계명의 가장 순수한 윤리적 취지를 밝히 드러내기 위해서였다. 앞서 언급한 대로, 주님이 산상 설교의 앞부분에서 "살인하지 말라"와 "간음하지 말라"라는 두 계명을 어떻게 다루셨는지를 생각해 보라. 이 계명들을 관습적으로 적용하면서 발생한 외적이고, 기계적인 요소는 즉시 모두 제거되고, 그 핵심적인 도덕적 원리가 굳게 확립되었다. 그 핵심적인 도덕적 원리가 곧바로 가장 분명하게 드러났다. 예를 들어 분노를 품으면 원칙적으로 이미 살인의 죄를 지은 것이다. 단지 분노만이 아니라 거친 말도 마찬가지다. 마음과 의식 속에서 음욕을 품거나 혼인에 의한 결합을 가볍게 여기는 순간 이미 간음의 죄를 저지른 것이다. 이런 사실 속에서 이 계명들을 폐지하거나 그 적용을 제한하려는 의도는 전혀 발견되지 않는다. 오히려 그 적용의 범위가 크게 확장되었다고 말할 수 있다. "확장되었다"는 말은 아주 적합한 표현이 아니기 때문에 "더욱 깊어졌다"고 말하는 것이 더 나을 듯하다. 이 계명들은 우리 주님을 통해 더 풍성해지고, 더 고귀해졌다. 더 가치 있고, 더 풍부하고, 그 아름다움과 광채가 더욱 증대되었다. 계명들은 실제로 아무것도 변하지 않았다. 그러나 우리의 눈이 열려 그것들의 참모습, 곧 모든 것을 포괄하는 절대성과 투명성에 근거해 근본 의무를 일깨워주는 순수한 윤리적 명령의 실체를 볼 수 있게 된 것이다.

우리 주님이 제4계명을 공식적으로 언급하신 적은 없다. 그러나 주님의 삶 자체가 모든 것을 보여준다. 그분의 삶도 똑같이 교훈적이고, 계명을 더 깊고, 고귀하게 만드는 효과를 발휘한다. 후기 유대교의 관습에서 형식적인 외피가 이보다 더 두껍게 형성된 계명은 어디에도 없었다. 주님은 삶의 과정을 통해 이 외피를 뚫고 들어가 안식일에 관한 계명을 사람들의 눈앞에 확연하게 드러내셨다. 그분은 하나님이 안식일을 만드셨고, 인자인 자신이 안식일의 주인이라고 선언하셨다. 주님은 기회가 있을 때마다 여러 차례 분명한 가르침을 베푸셨다. 그 가르침을 모두 종합하면 제6계명과 제7계명에 관한 좀 더 공식적인 가르침에 못지않은, 제4계명에 대한 가르침을 발견할 수 있다. 그런 가르침 가운데 가장 두드러지게 나타나는 것은 "안식일에 선을 행하는 것이 옳으니라"(마 12:12)라는 가르침이다. 이 가르침은 자연스레 "내 아버지께서 이제까지 일하시니 나도 일한다"(요 5:17)라는 좀 더 폭넓은 가르침으로 이어진다. 주님은 안식일을 게으름 피우는 날로 생각하지 않으셨던 것이 분명하다. 무활동이 안식일의 특징이 아니었다. 무활동은 하나님이 창조 사역을 마치고 안식하셨을 때 그분의 안식이 지닌 특징이 아니었다. 지금이 순간까지도 하나님은 계속해서 일해 오셨다. 우리도 하나님을 본받아 안식일에 활동을 해야 한다. 하나님이 안식하신 이유는 피곤하거나 노동을 잠시 중단하는 것이 필요했기 때문이 아니라 "그가 하시던 모든 일을 그치고"(창 2:2)라는 말씀과 "하나님이 지으신 그 모든 것을 보시니 보시기에 심히 좋았더라"(창 1:31)라는 말씀대로, 스스로 계획한 과제를 다 끝마치고, 잘 마무리하셨기 때문이다. 하나님은 다른 일을 시작하실 준비가 되어 있으셨다. "엿새 동안은 힘써 네 모든 일을 행할 것이나"(출 20:9)라는 말씀대로 우리도 하나님처럼 정해진 일을 해야 하고, 그것을 잘 마치고 나서는 다른 일을 시작해야 한다. 안식일에 우리가 중단해야 할 것은 일 자체가 아니라 우리 자신의 일이다. 제4계명은 "엿새 동안은 힘써 네 모든 일을 행할 것이나 일곱째 날은⋯안식일인즉"이라고 말씀한다. 이사야는 이렇게 말했다. "만일 안식일에 네 발을 금하여(안식일을 짓밟지 말라는 의미) 내 성일에 오락(안식일을 짓밟는 행위)을 행하지 아니하고 안식일을 일컬어 즐거운 날이라, 여호와의 성일을 존귀한 날이라 하여 이를 존귀하게 여기고 네 길로 행하지 아니하고 네 오락을 구하지 아니하며 사사로운 말을 하지 아니하면 네가 여호와 안에서 즐거움을 얻을 것이라 너를 땅의 높은 곳에 올리고 네 조상 야곱의 기업으로 기르리라 여호와의 입의 말씀이니라"(사 58:13, 14). 간단히 말해 안식일은 우리의 날이 아니라 주님의 날이다. 따라서 그날에는 우리의 일이 아닌 주님의 일을 해야 한다. 그것이 곧 우리의 "안식"이다. 웨스트콧(westcott) 감독은 지금 우리가 살펴보고 있는 하나님의 말씀을 설명하면서 "인간의 참된 안식은 인간적인, 이 땅의 일로부터 쉬는 것이 아니라 하늘의 신적인 일을 위해 쉬는 것이다."라고 말했다. 완벽하게 정확하지는 않지만 상당한 진리를 내포하고 있는 설명이다. 휴식은 안식일의 본질도 아니고, 그날을 제정하신 목적도 아니다. 휴식은 더 나은 목적, 곧 진정한 안식일의 "안식"을 이루기 위한 수단이다. 우리는 하나님의 일에 전념하기 위해 우리 자신의 일로부터 휴식해야 한다.

그리스도께서는 안식일의 권위나 영광을 박탈하거나 없애지 않고, 오히려 그 권위와 영광을 더욱 강화하셨다. 안식일의 계명도 다른 계명들과 마찬가지로 그때까지만 해도 하나의 민족으로 격리되어 존재했던 하나님의 백성에게 하달된 형태를 띠었지만 이제는 그런 일시적이거나 국지적인 요소가 모두 제거되고, 보편적인 윤리적 취지가 담겨 있는 계명으로 나타났다. 제4계명이 거쳐 온 외적 변화 가운데 하나는 그날을 지키는 요일이 변경된 것이었다. 그런 변화는 유대인들에게 요구된 안식일을 훼손하기는커녕 오히려 그날을 더욱 위대한 날로 만들었다. 우리 주님도 성부를 본받아 자신에게 주어진 일을 완수하고 나서 안식일에 무덤 속에서 안식을 누리셨다. 그러나 그분은 새 주간의 첫째 날에 아직 하셔야 할 일이 있었다. 그날, 새 시대, 곧 구원의 시대를 여는 첫째 날이 밝았다. 카일(C. F. Keil)은 "그리스도께서는 안식일의 주인이시다. 그분은 자신의 사역을 다 이루고 나서 안식일에 안식하셨다. 그러나 그분은 안식일에 다시 살아나셨다. 그분은 **부활**(세상을 향해 구속 사역의 열매를 보증하는 담보)을 통해 그날을 교회를 위한 주님의 날로 만드셨다. 교회는 구원의 대장이신 주님이 다시 오셔서 원수들을 남김없이 심판하시고 나서 하나님이 천지를 창조하고 안식하시면서 온 세상을 위해 예비하신 그 영원한 안식을 허락하실 때까지 그날을 힘써 지켜야 한다.”라는 말로 이런 사실을 아름답게 묘사했다. 그리스도께서는 안식일을 가지고 무덤 속으로 들어가셨다가 부활의 아침에 주일을 가지고 무덤 밖으로 나오셨다.

안식일을 지키는 요일을 변경하라는 주님의 명령이 기록으로 남아 있지 않은 것은 사실이다. 주님으로부터 교회를 세우는 사명을 위임받은 사도들 가운데도 그런 명령을 제시한 사람은 아무도 없다. 그러나 주님과 사도들은 일주일의 첫째 날이 기독교의 안식일이라는 것을 행동으로 보여주었다. 그날에 주님이 죽은 자 가운데서 부활하셨다. 그분이 부활하신 날이 일주일의 첫째 날이라는 사실이 중요했다. 주님의 부활 사건에 대한 기록이 모두 그 사실을 강조한다. 예를 들어 누가는 예수님이 “안식 후 첫날”(눅 24:1)에 부활하셨다고 말하고 나서 그분이 엠마오로 가는 두 제자에게 나타나신 일을 진술하면서 언뜻 불필요하게 보이는 “그날에”(13절)라는 말을 덧붙여가면서까지 그 일이 일어난 날을 강조했다. 이런 현상은 요한의 기록에서 가장 두드러져 나타난다. 그는 “안식 후 첫날 일찍이…막달라 마리아가” 빈 무덤을 발견했다고 말하고 나서 잠시 뒤에 “이 날 곧 안식 후 첫날 저녁 때에” 예수님이 제자들에게 나타나셨다고 말했다(요 20:1, 19). 주석학자 카일이 시간을 명확하게 적시한

것을 가리켜 "매우 강렬하고도 인상적이다."라고 말한 것은 너무나
도 당연하다. 그러나 이것이 전부가 아니다. 요한은 부활하신 예수
님이 한자리에 모여 있던 제자들에게 처음 나타나신 날이 안식 후
첫날이라고 분명히 말했을 뿐 아니라 그분이 다음에 다시 나타나
신 때를 언급하면서도 똑같이 "여드레를 지나서"라고 그 시간을 명
확하게 적시했다. 이 말은 다음번 안식 후 첫째 날에도 "제자들이
집 안에 있었고", 그런 그들 앞에 예수님이 자기를 나타내셨다는 뜻
이다. 예수님은 부활하신 당일에도 여러 차례 모습을 드러내셨고,
그 후 일주일 동안 사라졌다가 다음 주일에 다시 모습을 드러내셨
다. 따라서 주님이 일주일의 첫째 날을 제자들과 만나는 날로 정하
셨다는 사실이 갖는 의미는 그분의 나타나심과 사라짐을 함께 고려
해야만 적절하게 이해할 수 있다는 조지 자브리스키 그레이(George
Zabriskie Gray)의 말은 일리가 있어 보인다. 그는 "예수님은 부활하신
당일과 그로부터 여덟 번째 되는 날을 제외한 나머지 엿새 동안 모
습을 보이지 않으셨다…이 시간의 공백을 진지하게 고려해야만 그
분의 현현이 남긴 인상의 의미를 명확하게 규명할 수 있지 않겠는
가?"라고 말했다.

그 이후의 주일에는 어떤 일이 있었는지 알 길이 없다. 예수님
의 승천이 있기까지 주일이 네 차례 더 있었다. 그러나 부활하신 주
님이 일주일의 첫째 날을 그리스도인들이 모이는 날로 정하신 것
은 확실해 보인다. 그리스도인들이 일찍부터 유대인들에게서 따
로 떨어져 나와(행 19:9) 정기적으로 "함께 모이는 날"을 정했다는 사

실이 히브리서에 기록된 권고의 말씀에서 분명하게 확인된다. 바울도 그리스도인들이 모이는 날이 매주 첫째 날이었다고 암시했다(고전 16:2). 사도행전 20장 7절을 보면 바울의 선교 사역의 중반기에 "그 주간의 첫날에…떡을 떼러 모이는" 관습이 정착되었다는 것을 알 수 있다. 바울은 주일에 드로아에 있는 형제들을 만나기 위해 그곳에서 일주일을 지체하는 번거로움을 기꺼이 감수했다. 따라서 "그날은 이미 그리스도인들이 모이는 날로 따로 정해져 있었다."라는 프리드리히 블라스(Friedrich Blass)의 말은 지당하다. 스쳐 지나가듯 말하는 요한계시록의 한 구절을 통해서도 "주의 날"(계 1:10)이라는 명칭이 당시의 그리스도인들 사이에서 이미 통용되고 있었던 사실을 확인할 수 있다. 요한네스 바이스(Johannes Weiss)는 "주의 날, 곧 부활의 날을 기념하는 것이 소아시아 교회들의 관습으로 이미 정착되었다."라고 설명했다. 이런 사실들을 고려하면 사도 시대를 막 지날 무렵에는 일주일의 첫째 날이 종교적인 의식을 지키는 날로 확고히 정착되었다는 것을 부인하기 어렵다. 그런 관습의 확립에 대해 사도적 재가가 이루어졌던 것이 분명해 보인다.

한편 이런 점들을 고려할 때, 바울이 골로새 신자들에게 "먹고 마시는 것과 절기나 초하루나 안식일"(골 2:16) 등등을 열거하면서 "장래 일의 그림자"라고 묘사하는 것들을 사용하는 것과 관련하여 이것들이 도덕적으로 무관하다는(indifference) 견해를 잘 견지하라고 권면했을 때, 그가 염두에 두고 있었던 것은 주의 날을 기독교 안식일로 준수하는 문제였다고는 볼 수 없다. "그것들의 실재는 그리스도 안에 있다. 그런데 그림자로 스스로를 번거롭게 할 이유가 무엇인가?"라는 것이 그의 의도였다. 바울은 실제로 그런 말들을 동원하여 그가 반복하여 말해 온 "세상의 약하고, 천박한 초등학문"의 모형적인 종교의식의 전체 체계를 일소하고 있었던 것이다(갈 4:3, 9 참조). 그는 비슷한 맥락에서 갈라디아 신자들에게도 "너희가 날과 달과 절기와 해를 삼가 지키니 내가 너희를 위하여 수고한 것이 헛될까 두려워하노라"(갈 4:10, 11)라고 말했다. 그는 구약 시대의 그림자 의식들로부터 신자들을 해방시켰지만 십계명에 요약된 도덕법의 의무들을 훼손할 의도는 전혀 없었다. 따라서 그런 그가 도덕성의 근본 원리를 선포한 계명 가운데 어느 하나라도 폐지하는 것을 용납했을 리 만무하다.

바울은 확실히 계명들이 이스라엘 민족에게 공표되었을 때의 특정한 형태와 그것들의 영원한 실체를 구분할 줄 알았다. 이번에는 골로새서의 자매 서신으로 불리는 에베소서를 잠시 살펴보자. 에베소서도 골로새서와 같은 시기에 쓰였고, 동일한 사람들의 손을 통해 전달되었다. 4장 25절부터 읽어보면 십계명의 두 번째 돌판에 쓰인 내용을 마치 주님이 직접 설명하신 것으로 생각될 정도로 그 가르침을 더욱 깊이 있게 보편화시켜 말하고 있는 것을 알 수 있다. 바울은 "그런즉 거짓을 버리고 각각 그 이웃과 더불어 참된 것을 말하라 이는 우리가 서로 지체가 됨이라"라고 말했다. 이것은 제9계명을 풀어 설명한 것이다. 또한 "분을 내어도 죄를 짓지 말라 해가 지도록 분을 품지 말고 마귀에게 틈을 주지 말라"는 제6계명을, "도둑질하는 자는 다시 도둑질하지 말고 돌이켜 가난한 자에게 구제할 수 있도록 자기 손으로 수고하여 선한 일을 하라"는 제8계명을, "무릇 더러운 말은 너희 입 밖에도 내지 말고 오직 덕을 세우는 데 소용되는 대로 선한 말을 하여 듣는 자들에게 은혜를 끼치게 하라"는 제7계명을 각각 깊이 있게 풀어 설명한 것이다.

십계명의 요지와 권위를 훼손하지 않고 그것을 기독교화하고, 보편화하는 데 능숙한 바울의 능력은 에베소서 6장의 "자녀들아 주 안에서 너희 부모에게 순종하라 이것이 옳으니라 네 아버지와 어머니를 공경하라 이것은 약속이 있는 첫 계명이니 이로써 네가 잘되고 땅에서 장수하리라"(엡 6:1-3)라는 말씀을 읽어보면 더욱 분명하게 알 수 있다. 첫째, 부모에 대한 순종이 옳다는 것을 입증하는 증거로 제5계명이 어떻게 활용되었는지에 주목하라. 바울은 부모에 대한 순종이 옳다고 말하고 나서 그것을 요구하는 계명을 인용했다. 기독교 교회 안에서 제5계명의 권위가 당연시되었다. 둘째, 제5계명의 권위가 의문의 여지 없이 인정되는 방식이 십계명 전체로 어떻게 확장되는지에 주목하라. 제5계명은 따로 외떨어진 계명으로 인용되지 않았다. 그것은 일련의 계명 중에 하나로 인용되었다. "약속이 있는 첫 계명이니"라는 말씀대로 제5계명은 약속이 부가된 계명 중 첫 번째 계명이라는 점을 제외하고는 나머지 계명들과 동일한 권위를 가지고 있다. 셋째, 제5계명이 구약 시대에 알맞은 형태와 형식으로 반포되었던 방식이 사라지고, "네가 잘 되고 땅에서 장수하리라"는 보편적인 진술로 대체된 것에 주목하라. 가나안, 곧 이스라엘의 하나님 여호와께서 이스라엘 민족에게 약속하신 땅은 물론, 그것과 더불어 이스라엘 민족에게만 독점적으로 적용되던 약속이나 계명들에 대한 언급이 전혀 발견되지 않는다. 예루살렘에서 하나님을 예배했던 유대인들만이 아니라 어디서나 하나님을 영과 진리로 참되게 예배하는 사람들에게까지 모두 적용되는 보편적인 선언이 이루어졌다. 특히 바울이 제5계명을 언급하면서 이 약속에 대한 특별한 관심을 촉구하며 그것도 그 신적 기원에 호소하는 방식으로 그러하고 있음을 감안하면 이 점이 더욱 두드러져 보인다. 그는 당시의 신자들이 그런 자신의 입장에 공감을 표하리라고 굳게 확신했던 것이 분명하다. 이런 사실은 십계명을 보편적인 관점에서 생각하는 경향이 하나의 관습으로 사도적 교회 안에 확립되어 있었다는 것을 암시한다.

바울과 그를 비롯한 사도적 교회는 제4계명도 제5계명과 똑같이 다루었을 것이 틀림없다. 그는 분명히 제4계명의 전체적인 본질과 그 온전한 권위는 그대로 보존한 채 국지적이고, 일시적인 특성을 띤 요소들만 제거했을 것이다. 하나님의 백성을 애굽 땅, 종 되었던 집에서 구원하신 이스라엘의 하나님의 날이 애굽보다 훨씬 더 혹독한 속박에서 그들을 구원하신 주 예수님의 날, 곧 예표에 불과했던 애굽으로부터의 구원보다 훨씬 더 위대한 구원을 베푸신 주님의 날로 대체된 것이 분명해 보이는데, 그날을 지키지 않아야 할 이유가 무엇인가? 단언컨대, 바울은 제4계명을 제5계명과 똑같은 방식으로 다루면서 더 이상 그림자 안식일에 얽매이지 말고, 주님의 날, 곧 더 나은 두 번째 창조의 기념비가 되는 새날을 주님 앞에서 거룩히 지키라고 가르쳤을 것이다.

그는 실제로 그렇게 했다. 그를 비롯한 사도적 교회가 모두 그랬다. 이는 의심의 여지가 없는 사실이다. 이런 사실은 사도들의 권위에 의해 주님의 날이 하나님의 영원한 법의 조금도 약해지지 않은 법적 구속력을 지닌 채로 우리에게 주어졌다는 것을 의미한다.

부록 2:
제이 애덤스의 《오늘날에도 안식일을 지켜야 하는가》에 대한 서평[1]
라이언 M. 맥그로우

1853년, 미국 장로교 총회는 "안식일을 지키지 않는 교회는 배교자다."라고 선언했다.[2] 심지어 대브니와 찰스 하지와 같은 경쟁자들도 안식일 준수에 관해서는 서로 완벽한 의견의 일치를 이루었다. 그러나 19세기 이후로 안식일 준수와 관련해 획기적인 변화가 일어났다. 오늘날의 장로교인들 사이에서 웨스트민스터 표준문서에 명시된 안식일 준수의 원칙을 의심하는 경향이 갈수록 더 짙어지고 있다. 특히 제이 애덤스가 《오늘날에도 안식일을 지켜야 하는가》에서 주장한 입장은 좀 더 급진적인 변화를 나타내고 있다.

---

1) *Keeping the Sabbath Today?* by Jay Adams에 대한 이 서평은 본래 다음의 자료에 실린 것인데 허가를 받고 게재했다. *Puritan Reformed Journal* 1, no. 2 (July 2009): 274–81

2) Thomas Peck, *The Works of Thomas Peck* (Richmond: Presbyterian Committee of Publication, 1895; repr., Edinburgh: The Banner of Truth Trust, 1999), I:195.

그 책에서 다루는 문제는 "그리스도인들이 안식일을 어떻게 지켜야 하는가?"가 아니라 "그리스도인들이 안식일을 지켜야 하는가?"이다. 애덤스는 짧게 구성된 스무 장의 논의를 통해 이 질문에 대해 "지키지 않아도 된다"라고 단언했다. 이 책의 목적은 십계명, 특히 제4계명이 개인적인 경건에 대한 기준으로서 그리스도인들에게 더 이상 적절하지 않다는 것을 논증하는 데 있다. 그리스도인들은 사랑으로 간단히 압축되는 "그리스도의 계명들"을 지켜야 한다 (102). 그리스도인들이 십계명을 지키면 유대화되어 "유대인과 같은 이방인"처럼 사는 죄를 짓게 된다(85). 애덤스 자신도 "솔직히 이 책은 논란의 소지가 많은 책이다."라고 인정했다(ix).

이 책의 모든 장들은 한결같이 하나님의 율법과 안식일에 관한 개혁파의 전통적인 견해에서부터 출발한다. 애덤스의 책이 모두 그렇듯이 이 책도 논리정연하게 쓰였다. 더욱이 저자의 명성과 평판 때문에 이 책에 관심을 기울이는 사람이 많다. 따라서 간단하게나마 각 장의 논지를 정리해 보는 것이 필요할 듯하다.

1장은 삼단논법으로 시작한다. 안식일은 유대인의 성일(聖日)이다. 로마서 14장과 골로새서 2장에 따르면 유대인의 성일은 그리스도인들에게 구속력을 지니지 않는다. 따라서 애덤스는 "성경은 안식일이 폐지되었다고 가르친다."라고 결론지었다. 애덤스는 2장과 3장에서는 안식일은 창조규례가 아니기 때문에 일곱째 날에서 일주일의 첫 번째 날로 변경되는 일도 있을 수 없고, 또 예수님과 사도들이 언급하지 않은 십계명의 계명들은 신약 시대에 적절하지 않다고 주장했다(13). 그는 창세기 2장을 무시한 채, 노동이 금지되지 않았다는 이유를 내세워 출애굽기 16장의 안식일이 "온전하게 발전된 안식일"이 아니었다고 말했다. 유대인이나 이방인이나 출애굽기 20장 이전에는 안식일을 어겨도 징계를 받지 않았다. 따라서 출애굽기 20장 이전의 안식일은 아무에게도 구속력을 지니지 못했다(11). 이런 애덤스의 주장을 논박하는 데에는 "일부다처제도 구약 성경에서 명확하게 금지되지는 않았지만 그리스도의 가르침은 결혼에 대한 하나님의 창조 목적이 그보다 훨씬 이전부터 한 남자와 한 여자의 파기할 수 없는 결합을 요구한다는 것을 전제로 한다(마 19:8)"는 한 마디면 충분하다. 아울러 애덤스는 십계명에 관해 "제4계명을 제거함으로써 한 덩어리로 성문화된 계명들의 배열이 흐트러졌다."라고 말하기도 했다(13).

이런 주장은 자연스레 4장으로 이어진다. 애덤스는 그곳에서 히브리서 3장과 4장을 토대로 하늘나라가 기독교의 유일한 안식처라고 주장했다. 그는 자신의 주장을 입증하기 위해 칼빈과 〈하이델베르크 요리문답〉을 인용했고, 명백한 근거도 없이 안식일 준수를 독려하는 듯 보이는 신약 성경 본문은 히브리서 4장뿐이라고 단정했다(20-22). 그리고 나서 그는 5장에서 십계명을 옛 언약과 동일시함으로써 그것을 거부하는 논리를 전개했다(27). 그는 "교회는 십계명을 지나치게 중시해 왔다. 교회의 요리문답과 가르침은 십계명을 부당하게 부각시켰다."라고 말했다(29). 그러나 만일 애덤스가 옳다면 그 이유는 교회가 십계명을 부당하게 부각시켰기 때문이 아니라 제대로 부각시키지 못했기 때문일 것이다. 그는 그런 식으로 율법을 강조한 책임이 청교도에게 있다고 말했지만(29-30) 루터와 종교개혁자들은 그들의 신조와 주요 신학 서적에서 십계명을 해설했다. 더욱이 애덤스의 주장과는 달리 율법을 세 부분(도덕법, 의식법, 재판 관련 법)으로 나눈 것은 청교도가 아닌 칼빈보다 앞서 활동했던 하인리히 불링거였다.

6장의 논의는 "십계명은 단지 도덕법의 요약이 아니었다. 그것은 이스라엘 백성이 시내 산에서 맺은 하나님의 언약을 증거한다. 이것은 의심할 수 없는 사실이다."라는 말로 간단히 요약된다(38). 십계명은 이스라엘을 위한 언약의 문서가 들어 있는 증거궤에 보관되었다. 이런 이유로 애덤스는 7장에서 에베소서 2장 15절을 근거로 율법은 유대인과 이방인을 분리하는 기능을 했는데 이제는 그들이 따로 분리되지 않는 상황이 되었기 때문에 율법도 모두 폐지되었다고 주장했다(39). 애덤스는 십계명이 하나님의 영원한 성품에 근거해 그분에 대한 순종의 원리들을 간략하게 요약하고 있다고 생각하지 않고, 십계명 배후에 더 심오하고, 지속적인 원리들이 존재한다고 믿었다(43). 만일 그것이 사실이라면 그런 원리들은 과연 무엇이고, 어떤 식으로 구체화되었으며, 또 그것들이 왜 십계명을 부적절하게 만드는지 궁금하기 짝이 없다. 8장은 예수님이 보여주신 본보기를 안식일 준수의 근거로 삼을 수 없다고 주장한다. 그분이 이 문제와 관련해 본보기가 되실 수 없는 이유는 우리와는 달리 율법 아래 있으셨기 때문이다(45-46).

9장은 구약 성경에서 안식일을 준수해야 할 세 가지 이유(창조 사역, 출애굽, 하나님이 이스라엘을 거룩히 하셨다는 것을 기억하는 것)가 제시되었기 때문에 신약 성경에서는 그 세 가지 이유를 대체할 네 번째 이유(하늘나라의 안식을 바라보는 것)가 주어졌다고 주장한다. 제4계명의 지속적인 요소는 물리적인 휴식밖에 없다. 일주일 중에 하루 전체를 휴식하는 것은 부적절하다(51-54). 10장과 11장은 안식일은 그것이 상징하는 실체가 나타났기 때문에 더 이상 유지될 수 없고, 출애굽기 20장과 신명기 5장이 서로 차이가 나는 것은 실제로 "두 종류의 제4계명"이 존재했다는 증거이며, 그런 점에서 제4계명은 나머지 아홉가지 계명과 다르다는 논리를 펼쳐 그런 주장을 더욱 발전시킨다. 애덤스는 하나님이 항상 한 가지 이유만을 근거로 명령을 하달하신다는 그릇된 생각에 치우쳤다. 바울의 경우만 보아도 한 가지 이상의 이유를 들어 제5계명을 제시한 것을 알 수 있다(엡 6:1-3). 따라서 여러 가지 이유가 부가적으로 덧붙여졌다면 그것은 제4계명이 일시적인 성격을 띠고 있다는 증거가 아니라 오히려 그 중요성을 더욱 강조하기 위한 의미로 이해하는 것이 온당하지 않겠는가? 오웬은 제4계명을 "첫 번째 돌판의 수호자"로 일컬었다.[3]

애덤스는 12장에서 초대 교회가 한 주간의 첫째 날을 기독교의 안식일로 지켰다는 "암시조차 없다."는 대담한 주장을 제기하고 나

---

3) John Owen, *A Day of Sacred Rest, in An Exposition to the Epistle to the Hebrews* (repr., Edinburgh: Banner of Truth, 1991), II:289.

서 13장에서는 "유대인의 안식일 같은 것을 세상의 모든 사회에서 지킬 수는 없다."라고 말했다(69). 그는 안식일이 팔레스타인이라는 독특한 환경(출 35:3)에 맞춘 명령이기 때문에 불이나 전열기에 의존하는 추운 지방에서는 지킬 수 없다는 논리를 내세워 그런 주장을 제기했다. 그는 책의 서두에서도 여러 사람이 예배의 날에 적합한 대화를 길게 나누는 것이 어렵기 때문에 안식일을 지키는 것이 불가능하다고 암시했다(ix). 그러나 죄인들에게 가능한지 여부가 과연 율법의 구속력을 좌우하는 기준이 될 수 있을까? 죄인들에게 과연 어떤 계명이 지키기 가능할까? 더욱이 그런 입장은 제4계명의 원리와 그 적용을 적절하게 구별하지 못한다. 주일에 예배를 위해 모이는 것이 중요한 이유는 안식일을 지키기 위해서가 아니라 단지 역사적인 선례 때문이라는 14장의 주장은 이상하기도 하고, 12장과 모순되는 듯 보이기도 한다(71).

애덤스는 15, 16장에서는 야고보서 2장 8-13절과 마태복음 5장 17-20절을 근거로 자신의 주장을 반박할 것에 대비한다. 그는 야고보가 율법을 행위의 규범이 아닌 예시의 목적으로만 활용했다고 주장하며, 야고보서 본문이 "십계명의 지속성과는 아무런 관계가 없다."는 것이 "분명하다"고 말했다(79). 그러나 실제로는 그렇게 분명해 보이지 않는다. 왜냐하면 야고보가 자신의 가르침을 예시하기 위한 목적이 아니라 그것에 근거해 가르침을 전하기 위한 목적으로 율법을 인용했기 때문이다. 또한 그는 마태복음 5장과 관련해서는 "율법과 선지자"의 영구적인 유효성을 그리스도를 통해 성취된 구약 성경의 예언적 의미에만 국한시켰다(81). 그런 해석의 약점은 마태복음의 해당 본문이 십계명의 여러 계명을 하나님 나라를 위한 거룩함의 기준으로 삼아 가르친 예수님의 산상 설교의 서론에 해당한다는 사실을 무시한 것에 있다.

애덤스는 17장에서는 갈라디아서 2장 14절에 언급된 베드로의 부정적인 사례를 이용해 그리스도인은 유대인보다는 이방인처럼 살아야 한다는 개념을 확립하려고 시도했다(85). 그는 모든 종류의 안식일주의자들을 대놓고 논박했다. "그들은 안식일 준수와 관련된 유대교의 요소를 대부분 폐지하지 않고, 보존하는 데 깊은 관심을 기울인다. 안식일을 그대로 보존해 유대인처럼 사는 것이 그들의 목적이다. 물론 그들은 지금 옛 방식대로 안식일을 지키지는 않지만 실제로는 정확히 그런 일을 하고 있다. 안식일과 관련된 유대인의 생활 방식을 묘사하는 구약 성경의 본문들을 그리스도인들에게 일관되게 적용하는 것이 그 명백한 증거다. 근본적인 문제는 '안식일 준수와 관련해 유대인처럼 행동할 것이냐, 이방인처럼 행동할 것이냐?'하는 것이다"(88). 애덤스는 문제를 지나치게 단순화시켰다. 베드로는 우리가 지난간 시절에 충분히 이방인처럼 살았다고 말했다(벧전 4:3). 가장 중요한 문제는 하나님이 요구하시는 거룩함의 기준을 유지하는 것이다. 그 기준이 유대인의 생활 방식과 어울리느냐, 아니면 이방인의 생활 방식과 어울리느냐 하는 문제는 그 다음 문제이다.

애덤스는 18장에서 안식일이 예배의 날로 제정되었다는 사실을 부인했다. 그는 안식일을 공예배와 연관시킨 증거가 구약 성경에서 전혀 발견되지 않는다고 주장했다(89). 안식일이 "거룩하다"는 것은 노동을 쉰다는 점에서 다른 날과 다르다는 의미일 뿐이다. 그런 주장은 "거룩하다"고 일컬어진 물건이나 사람이나 날이 "다른" 이유가 그것들이 여호와를 예배하고, 섬기는 일을 위해 따로 구별되었기 때문이라는 사실을 무시한다(레 27장).[4] 애덤스는 안식일에 "성회"로 모이라는 명령과 관련해서도 그것이 공예배가 아닌 "비공식적인 예배와 교제"를 가리킨다고 제멋대로 주장했다(91). 그는 마지막 두 장에서 안식일과 십계명을 지지하는 개혁파의 신념들을 거의 모두 다루고 나서 율법폐기론자라는 비판을 받게 될 것을 예상하고, 스스로를 옹호하면서 휴식은 육체를 잘 유지하는 데 꼭 필요하다고 결론지었다.

십계명을 거부한 애덤스의 입장을 성경에 근거해 자세하게 논박할 필요가 있지만 서평의 한계 때문에 그렇게 하기가 어렵다. 여러 사람 가운데 로버트 레이먼드(Robert L. Reymond)가 최근에 안식일 준수에 관한 웨스트민스터 표준문서의 입장을 성경적으로 충실하게 옹호한 책을 펴냈다.[5] 존 오웬의 《거룩한 안식의 날》도 매우 탁월하다. 이 자리에서는 세 가지만 지적하고 마무리하는 것이 좋을 듯

---

4) See Ryan McGraw, "Sabbath Keeping: A Defense of the Westminster Standards" (unpublished manuscript), chapter 1.

5) Robert L. Reymond, "Lord's Day Observance," in *Contending for the Faith: Lines in the Sand that Strengthen the Church* (Fearn, Ross-shire, U.K.: Christian Focus Publications, 2005), 165–86.

하다.

첫째, 애덤스는 "수년 동안 내 손이 닿는 대로 안식일을 다룬 모든 책을 두루 섭렵했다."(뒤표지)라고 주장하지만 교회의 역사적 신학과 소통한 흔적이 거의 보이지 않는다. 율법이 세 부분으로 나뉜 것의 기원에 대한 그의 부정확한 이해는 앞에서 이미 언급한 바 있다. 그는 6쪽에서는 모든 종교개혁자들이 안식일이 폐지되었다고 가르쳤다는 필립 샤프의 주장을 인용했다. 그런 주장은 하인리히 불링거가 자신의 《설교집Decades》에서 제4계명에 관해 설명한 것만으로도 쉽게 논박할 수 있다. 애덤스는 역사적인 문서들을 언급할 때도 때로 실수를 저질렀다. 그는 주일에 관한 〈하이델베르크 요리문답〉의 내용 가운데 전반부는 생략하고, 후반부만 두 차례 인용했다. 요리문답의 전반부는 기독교 교육을 특별히 강조하며 안식일에 공예배를 드릴 것을 요구하는 내용이다. 애덤스는 요리문답의 후반부만 인용함으로써 마치 요리문답이 안식일이 폐지되었다는 자신의 주장을 뒷받침하는 듯한 그릇된 인상을 부추겼다. 애덤스는 또한 개혁파 역사에 나타난 안식일 준수에 관한 사소한 견해 차이를 지나치게 과장했다. 웨스트민스터 총회에 참석한 목회자들은 자신들의 신앙고백과 요리문답에서 안식일 준수에 관해 충분한 합의에 이르렀다. 장로교인들은 이런 원리들에 대해 비교적 최근까지 의견의 일치를 나타냈다. 장로교 진영에서 발생한 안식일에 관한 논쟁은 100년 전에는 적용 방법과 관련된 것이 주를 이루었지만 요즘에는 원리와 관련된 논쟁이 대부분을 차지한다. 애덤스는 "엄격한" 안식일주의자든 "관대한" 안식일주의자든 가리지 않고 모든 안식일주의자를 유대주의자로 몰아붙임으로써 암암리에 개혁파 전통을 단죄했다.

둘째, 애덤스는 장로교 목회자이지만 십계명을 완전히 거부함으로써 장로교 신앙원리를 크게 훼손했다. 그는 안식일을 거부하는 장로교 목회자들이 "더 큰 자신감"을 가지고 사역에 임할 수 있게 하려고 자신의 책을 썼다고 말했다(x). 그러나 그와 그를 따르는 사람들은 그런 입장을 취함으로써 개혁파 정통 신앙에서 벗어났다. 모든 사람은 어떤 대가를 치르더라도 하나님께 책임을 져야 하고, 그분의 말씀에 자신의 양심을 복종시켜야 한다. 특히 장로교 목회자는 구약과 신약의 관계는 물론, 율법과 복음의 관계에 대한 역사적인 개혁파의 입장을 거부하는 가르침을 무작정 따라서는 안 된다. 최소한 오랜 세월 동안 유지되어 온 신앙고백과 신조는 비평적인 공감을 기울일 만한 가치가 충분하다.

셋째, 애덤스는 안식일 준수를 사랑을 요구한 그리스도의 명령에 역행하는, 기쁘지 않은 고된 일로 나타냈다. 심지어는 그의 책 겉표지에도 매우 우울해 보이는 한 가족의 모습이 실려 있다. 신자들이 하나님의 명령에 순종하는 것을 즐겁지 않은 일로 생각하지 않기를 간절히 기도한다. 하나님은 자기 백성이 율법을 신중하고, 정확하게 지키기를 바라신다. 그리스도의 사랑도 그런 태도를 요구한다(고후 5:4, 15). 십계명을 그리스도의 손에서 받은 그리스도의 율법으로 알고 지켜야만 그분의 명령이 무겁게 느껴지지 않는다. 일주일에 하루 동안 공적으로나 사적으로 예배를 드리며 영적 대화를 나누고, 그리스도의 부활을 기념하며, 그분의 재림을 고대하는 것보다 더 기쁜 일이 어디에 있겠는가? 요즘처럼 교회들이 하나님을 예배하는 일과 일상의 다른 활동들을 구별하지 않는 경향이 날로 커지고 있는 상황에서는 안식일에 관한 애덤스의 입장은 당연한 결과가 아닐 수 없다. 모든 개혁파 신자는 개혁파 진영에 속한 목회자가《오늘날에도 안식일을 지켜야 하는가》라는 책을 썼다는 사실에 경각심을 갖고, 율법과 복음의 관계에 대한 성경적인 토대를 재검토함으로써 다시금 그것을 굳게 붙잡으려고 노력해야 한다.

개혁된 실천 시리즈 ————————

1. 조엘 비키의 교회에서의 가정
설교 듣기와 기도 모임의 개혁된 실천
조엘 비키 지음 | 유정희 옮김

이 책은 가정생활의 두 가지 중요한 영역에 대한 실제적 지침을 포함하고 있다. 첫째, 공예배를 위해 가족들을 어떻게 준비시켜야 하는지, 설교 말씀을 어떻게 받아야 하는지, 그 말씀을 어떻게 실천해야 하는지 설명한다. 둘째, 기도 모임이 교회의 부흥과 얼마나 관련이 깊은지 역사적으로 고찰하면서, 기도 모임의 성경적 근거를 제시하고, 그 목적을 설명하며, 나아가 바람직한 실행 방법을 설명한다.

2. 존 오웬의 그리스도인의 교제 의무
그리스도인의 교제의 개혁된 실천
존 오웬 지음 | 김태곤 옮김

이 책은 그리스도인 상호 간의 교제에 대해 청교도 신학자이자 목회자였던 존 오웬이 저술한 매우 실천적인 책으로서, 이 책에서 우리는 청교도들이 그리스도인의 교제를 얼마나 중시했는지 엿볼 수 있다. 이 책은 그리스도인의 교제에 대한 핵심 원칙들을 담고 있다. 교회 안의 그룹 성경공부에 적합하도록 각 장 뒤에는 토의할 문제들이 부가되어 있다.

3. 개혁교회의 가정 심방
가정 심방의 개혁된 실천
피터 데 용 지음 | 조계광 옮김

목양은 각 멤버의 영적 상태를 개별적으로 확인하고 권면하고 돌보는 일을 포함한다. 이를 위해 교회는 역사적으로 가정 심방을 실시하였다. 이 책은 외국 개혁교회에서 꽃피웠던 가정 심방의 실제 모습을 보여주며, 한국 교회 안에서 행해지는 가정 심방의 개선점을 시사

해준다.

4. 네덜란드 개혁교회의 자녀양육
자녀양육의 개혁된 실천
야코부스 꿀만 지음 | 유정희 옮김

이 책에서 우리는 17세기 네덜란드 개혁교회 배경에서 나온 자녀양육법을 살펴볼 수 있다. 경건한 17세기 목사인 야코부스 꿀만은 자녀양육과 관련된 당시의 지혜를 한데 모아서 구체적인 282개 지침으로 꾸며 놓았다. 부모들이 이 지침들을 읽고 실천하면 큰 도움을 받을 수 있게 하였다. 의도는 선하더라도 방법을 모르면 결과를 낼 수 없다. 우리 그리스도인 부모들은 구체적인 자녀양육 방법을 배우고 실천해야 한다.

5. 신규 목회자 핸드북
제이슨 헬로포올로스 지음 | 리곤 던컨 서문 | 김태곤 옮김

이 책은 새로 목회자가 된 사람을 향한 주옥같은 48가지 조언을 담고 있다. 리곤 던컨, 케빈 드영, 앨버트 몰러, 알리스테어 베그, 팁 챌리스 등이 이 책에 대해 극찬하였다. 이 책은 읽기 쉽고 매우 실천적이며 유익하다.

6. 신약 시대 신자가 왜 금식을 해야 하는가
금식의 개혁된 실천
대니얼 R. 하이드 지음 | 김태곤 옮김

금식은 과거 구약 시대에 국한된, 우리와 상관없는 실천사항인가? 신약 시대 신자가 정기적인 금식을 의무적으로 행해야 하는가? 자유롭게 금식할 수 있는가? 금식의 목적은 무엇인가? 이 책은 이런 여러 질문에 답하면서, 이 복된 실천사항을 성경대로 회복할 것을 촉구한다.

7. 개혁교회 공예배
공예배의 개혁된 실천
대니얼 R. 하이드 지음 | 이선숙 옮김

많은 신자들이 평생 수백 번, 수천 번의 공예배를 드리지만 정작 예배에 대해서 제대로 이해하지 못하는 경우가 많다. 당신은 예배가 왜 지금과 같은 구조와 순서로 되어 있는지 이해하고 예배하는가? 신앙고백은 왜 하는지, 목회자가 왜 대표로 기도하는지, 말씀은 왜 읽는지, 축도는 왜 하는지 이해하고 참여하는가? 이 책은 분량은 많지 않지만 공예배의 핵심 사항들에 대하여 알기 쉽게 알려준다.

8. 아이들이 공예배에 참석해야 하는가
아이들의 예배 참석의 개혁된 실천
대니얼 R. 하이드 지음 | 유정희 옮김

아이들만의 예배가 성경적인가? 아니면 아이들도 어른들의 공예배에 참석해야 하는가? 성경은 이에 대해 무엇을 말하는가? 아이들의 공예배 참석은 어떤 유익이 있으며 실천적인 면에서 주의할 점은 무엇인가? 이 책은 아이들의 공예배 참석 문제에 대해 성경을 토대로 돌아보게 한다.

9. 마음을 위한 하나님의 전투 계획
청교도가 실천한 성경적 묵상
데이비드 색스톤 지음 | 조엘 비키 서문 | 조계광 옮김

묵상하지 않으면 경건한 삶을 살 수 없다. 우리 시대에 일어나고 있는 일이 바로 이것이다. 오늘날은 명상에 대한 반감으로 묵상조차 거부한다. 그러면 무엇이 잘못된 명상이고 무엇이 성경적 묵상인가? 저자는 방대한 청교도 문헌을 조사하여 청교도들이 실천한 묵상을 정리하여 제시하면서, 성경적 묵상이란 무엇이고, 왜 묵상을 해야 하며, 어떻게 구체적으로 묵상을 실천하는지 알려준다. 우리는 다시금 이 필수적인 실천사항으로 돌아가야 한다.

10. 장로와 그의 사역
장로 직분의 개혁된 실천
데이비드 딕슨 지음 | 김태곤 옮김

장로는 무슨 일을 하는 사람인가? 스코틀랜드 개혁교회 장로에게서 장로의 일에 대한 조언을 듣자. 이 책은 장로의 사역에 대한 지침서인 동시에 남을 섬기는 삶의 모델을 보여주는 책이다. 이 책 안에는 비단 장로뿐만 아니라 모든 그리스도인이 본받아야 할, 섬기는 삶의 아름다운 모델이 담겨 있다. 이 책은 따뜻하고 영감을 주는 책이다.

11. 북미 개혁교단의 교회개척 매뉴얼
URCNA 교단의 공식 문서를 통해 배우는 교회개척 원리와 실천

이 책은 북미연합개혁교회(URCNA)라는 개혁교단의 교회개척 매뉴얼로서, 교회개척의 첫걸음부터 그 마지막 단계까지 성경의 원리에 입각한 교회개척 방법을 가르쳐준다. 모든 신자는 함께 교회를 개척하여 그리스도의 나라를 확장해야 한다.

12. 질서가 잘 잡힌 교회(근간)
교회 생활의 개혁된 실천
윌리암 뵈케슈타인, 대니얼 하이드 공저

이 책은 두 명의 개혁파 목사가 교회에 대해 저술한 책이다. 이 책은 기존의 교회성장에 관한 책들과는 궤를 달리하며, 교회의 정체성, 교회 안의 다스리는 권위 체계, 교회와 교회 간의 상호 관계, 교회의 사명 등 네 가지 영역에서 성경적 원칙이 확립되고 '질서가 잘 잡힌 교회'가 될 것을 촉구한다. 이 네 영역 중 하나라도 잘못되고 무질서하면 그만큼 교회의 삶은 혼탁해지며 교회는 약해지게 된다. 어떤 기관이든 질서가 잘 잡혀야 번성하며, 교회도 예외가 아니다.